상법총칙 · 상행위법

정쾌영 著

 21세기사

▌ 머리말

본서는 상법의 총칙편과 상행위편을 엮어 출간 한 것이다. 상법은 그 동안 수차 개정되었으며, 총칙편과 상행위편에 있어서는 최근만 하더라도 2010년 5월 14일의 개정 상법과 2010년 3월 31일의 상업등기법 제정, 2011년 4월 14일 합자조합의 신설을 비롯한 일부 개정 등이 있었다. 본서는 이러한 개정상법과 상업등기법 등을 반영하여 학생들이 상법총칙과 상행위편을 쉽게 이해할 수 있도록 펴냈다.

사실 상법은 법학분야 중에서도 특히 어려운 분야라 할 수 있다. 시중에 나와 있는 교재들도 분량이 방대하여 읽고 이해하기가 쉽지 않다. 대학 강의를 하면서 이러한 어려움을 호소하는 학생들이 적지 않아 내용이 충실하면서도 분량이 적당한 교재의 필요성을 느껴 1994년 「新商法」(상),(하) 두 권을 발간한 바 있다. 1996년에 이를 합쳐 「상법원론」으로 출간하였는데, 이를 다시 분리하고, 개정법을 반영하고 보완하여 강의를 해 오다 최근 이를 정리하여 본서를 출간하였다.

본서의 집필에 있어서 학생들이 상법의 내용을 효과적으로 파악할 수 있도록 복잡한 이론을 간결하게 정리하고 평이하게 기술하여 이해도를 높이는데 중점을 두었다. 학설의 소개에 있어서도 학설의 흐름과 내용을 설명하면서 그 주장 학자들을 열거하는 것은 피했다. 이론적 깊이를 충족하지 못한 아쉬움이 크지만, 이번에 판례를 보완하였으며, 앞으로도 미진한 부분은 계속 보완해 나갈 생각이다.

본서가 출간되기까지 물심양면으로 도와주신 출판사 21세기사 이범만 사장님과 편집 및 교정에 애쓰신 임직원 여러분께 깊은 감사를 드린다.

2015. 2.
저자

목차

제2편 상행위

제 1 편

상법총칙

제1장
서 론

제1절 상법의 개념

제1. 형식적 의의의 상법

형식적 의의의 상법은 상법이라는 명칭을 가진 성문법인 상법전(商法典)을 말한다. 우리나라 상법전은 1962년 1월 20일 법률 제1000호로 공포되어 1963년 1월 1일부터 시행된 이후 지금까지 여러 차례에 걸쳐 개정되었으며, 그 체제는 총칙·상행위·회사·보험·해상·항공운송의 6편으로 이루어져 있다. 현행 상법전은 기업의 조직과 거래활동에 관한 사법적 규정을 그 중심으로 하고 있으나, 이 외에도 기업활동에 관한 소송법규와 형벌법규 등의 공법적 규정도 다수 포함하고 있다.

제2. 실질적 의의의 상법

실질적 의의의 상법은 상법의 적용대상인 생활관계를 중심으로 상법을 이론적·통일적으로 파악하는 학문상의 개념이다. 이에 관하여 역사적 관련설, 매개행위설(媒介行爲說), 집단적 거래설, 상적 색채설(商的 色彩說) 등 여러 학설이 있으나 오늘날의 통설은 기업법설(企業法說)이다. 기업법설은 상법을 기업활동의 특수한 수요를 충족시키기 위한 기업에 관한 법이라고 본다. 여기서 기업은 영리를 목적으로 경영활동을 계속하는 독립적인 경제적 생활체를 말한다. 우리나라에서도 기업을 상법 해석의 보조적 개념으로 사용하여 기업적 거래관계에 특유한 법규의 총체를 실질적 의의의 상법으로 파악하고 있다. 다만, 기업에 관한 공법적 규정도 실질적인 의미의 상법에 포함되는가에 관하여는 부정설도 있으나, 긍정설이 다수설이다.

제3. 실질적 의의의 상법과 형식적 의의의 상법의 관계

형식적 의의의 상법은 입법정책적 고려에서 실제성·편의성에 기하여 제정된 성문법전이나, 실질적 의의의 상법은 그 적용 대상을 중심으로 학문적 입장에서 통일적·체계적으로 파악하는 것이므로 그 범위가 일치하지 않는다.

제2절 상법의 지위

제1. 상법과 민법의 관계

1. 특별법으로서의 지위

민법은 개인 사이의 대등한 사법적 생활관계 일반을 규율하는 법이지만 상법은 그 중 특히 기업적 거래관계를 규율하는 법으로서 민법에 대하여 특별법의 지위에 있다. 따라서 상법은 민법의 규정을 적용하거나 준용하는 경우도 있으나, 민법의 일반 규정을 기업적 거래관계에 그대로 적용하는 것이 부적당하다. 그리하여 상법은 민법상의 법률제도를 보충하거나 변경하여 규정하거나 또는 기업적 거래의 특수한 수요에 따라 민법에는 없는 특별한 제도를 창설하여 규정하는 경우도 다수 있다.

2. 상법의 자주성

상법의 자주성은 상법을 민법과 독립된 자주적인 법영역으로 파악할 수 있는가 하는 문제이다. 민법과 상법을 하나의 법전으로 통일하여 규정하려는 민·상법통일론(民·商法 統一論)과 이에 따른 스위스의 1911년 채무법, 중화민국의 1929년 민법전, 이탈리아의 1942년 민법전 등은 상법의 자주성을 부정하는 입장이다. 그러나 이러한 입장은 기업적 거래의 특수한 구조와 성격에 비추어 불합리하다는 비판을 받아 왔다.

또한 민법상의 법률제도나 규정이 상법에서 규정되고, 상법상의 법률제도나 법률관계가 보편화되어 민법에서 채택되는 경향이 있다. 이러한 경향을 민법의 상화(商化)라 한다. 이러한 민법의 상화로 말미암아 상법의 자주성이 인정될 수 있는가에 관하여 의문이 제기될 수 있다. 그러나 민법에는 신분관계와 같이 상화의 대상이 될 수 없는 것도 있고, 상법의 적용 대상인 기업적 거래관계에는 민법의 일반생활관계에서와는 달리 거래의 목적과 성질 및 형태 등에 있어서 현저한 특수성이 있다. 이러한 점에서 상법은 민법에 대하여 자주성을 갖는다고 하지 않을 수 없다.

제2. 상법과 경제법의 관계

상법은 개별경제주체인 사기업의 조직과 그 활동을 규율하는 법인데 비하여, 경제법은 개별 경제 주체의 이익을 초월하여 국민경제 전체를 조직화하고 시장경제를 통제하는 입법이다.

경제법이란 용어는 1918년에 독일에서 처음으로 카안(R. Kahn)에 의하여 사용되었다. 그는 그 당시의 경제적 혼란을 수습하기 위한 비상입법을 경제법이라고 하였다. 그러나 그 후 자본주의 경제의 발전에 따라 독과점과 대기업의 시장지배적 지위의 남용, 불공정거래, 노사대립 등 자본주의 경제구조 아래에서 여러 가지 문제가 나타났다. 이를 해결하기 위하여 국가가 대기업 등 사적 경제주체의 경제활동에 대해 통제·간섭하거나 또는 조정을 하는 입법을 하게 되었다. 이러한 입법을 경제법이라 한다.

상법과 경제법의 관계에 관하여 이 두 법을 별개의 독립한 법의 영역으로 보고 대립적으로 파악하는 분리설과, 두 법을 통일적으로 파악하려는 합일설이 대립하고 있다. 분리설은 경제법에 대해 상법과 구별되는 독자적인 지위를 인정하고 있으나, 합일설은 경제법을 상법의 발전적 형태로 보고 있다.

제3. 상법과 노동법의 관계

기업주와 기업보조자의 관계에 대하여 상법은 기업주를 위한 기업보조자의 대리관계를 중심으로 규율한다. 노동법은 근로조건의 유지·개선을 통한 근로자의 지위 보호라는 사회정책적 관점에서 기업주와 근로자의 고용관계를 중심으로 규율한다. 상법과 노동법은 그 목적과 이념이 다르기 때문에 별개의 법영역에 속한다.

제4. 상법과 어음법 및 수표법의 관계

어음과 수표는 일반인들 사이에서도 이용이 가능한 신용 또는 금전지급수단이므로 반드시 기업만이 발행할 수 있는 주권, 채권, 화물상환증, 창고증권, 선하증권 등의 유가증권과는 다르다. 어음법과 수표법은 상법전에 속하지 않는 독립된 단행법으로서, 형식적 의의의 상법에 속하지 아니한다. 다수설은 어음법과 수표법이 사법체계 중에서 재산법의 새로운 분야를 이루고 있다고 보고 있다. 다만, 어음과 수표는 주로 기업 거래에서 이용되고 있는 실정이며, 또 그 기술적 성격도 현저하므로, 어음법과 수표법은 실질적 의의의 상법의 한 부문에 속한다고 볼 수 있다.

제5. 상법과 기타 법역의 관계

1. 행정법과의 관계

기업은 국민경제에 미치는 영향력이 크므로 기업에 대한 국가의 행정작용은 불가피하다. 따라서 자본주의 경제가 발전할수록 상법의 영역에서 행정법의 역할은 중요한 의미를 갖게 된다. 기업활동에 대한 행정적 규제는 조세·환경 등 다방면에 걸쳐 작용하나, 특히 중요한 분야는 기업의 경제활동에 관한 행정적 규제라 할 수 있다. 기업활동에 대한 이같은 행정적 규제는 주로 경제법에서 규정하고 있다. 따라서 행정법과 상법의 관계는 경제법과 상법의 관계로 이해할 수 있다.

2. 민사소송법과의 관계

민사소송법은 회사법상의 각종 소와 관련하여 상법과 밀접한 관계에 있다. 회사법상의 소에 있어서 상법은 민사소송법에 대한 특별법의 지위에 있다.

3. 형법과의 관계

기업활동에 있어서도 다양한 범죄가 발생되며, 기업의 구성원과 이해관계인들의 이익이 침해되거나 또는 기업의 존립자체가 위협되기도 한다. 여기서 상법전은 회사 이사 등의 의무 위반에 대하여 징역·벌금·몰수 등의 형벌과 과태료의 행정벌 등의 벌칙규정을 두고 있다. 상법의 이러한 벌칙규정은 법체제로서는 형법의 특수한 일부분에 속한다고 할 수 있다.

제3절 상법의 이념과 특성 및 경향

제1. 상법의 이념

상법은 국민경제에 있어서 중요한 기능과 지위를 가지는 기업이 용이하게 설립되어 존속할 수 있게 함과 동시에 그 독립성을 유지하면서 기업 활동을 원활하고 확실하게 수행할 수 있도록 하는 것을 그 이념으로 하고 있다.

제2. 상법의 특성

1. 기업조직에 관한 특성

상법은 기업에 대하여 영리성의 확보, 자본집중의 촉진, 노력의 보충, 책임 한도의 제한, 위험의 분산, 기업의 독립성 확보 등에 필요한 법적 제도를 규정하여, 기업이 용이하게 조직되어 그 존립을 유지·강화할 수 있도록 하고 있다.

2. 기업활동에 관한 특성

기업이 그 본래의 경제적 활동을 원활하고 확실하게 할 수 있도록 하기 위하여 상법은 공시주의·외관주의·엄격책임주의·기존상태 존중주의 등을 강화하여 거래의 동적 안전을 보호하고, 나아가 권리의 증권화와 회사소송에 관한 특칙 등을 정하여 기업에 관한 법률관계의 간이·신속한 해결을 도모하고 있다.

제3. 상법의 경향

상법은 경제적 합리주의를 기초로 하는 기술적인 법이므로, 기업거래의 발전에 상응하여 진보적이며 발전적인 경향을 가진다. 이와 동시에 상법은 국제교역의 확대와 기업거래의 국제화에 기하여 세계적으로 통일법화하는 경향이 현저하다.

제4절 상법의 역사

제1. 고　대

고대국가의 경제생활은 자급자족적인 폐쇄적 가내경제로서 자연경제에 불과하였으므로 법적 규율의 필요가 없었다. 그러나 집단의 범위가 확대되고 이민족간의 평화적 교환이 이루어짐으로써 시장이 성립되고, 시장의 평화와 안정을 위한 시장법(市場法)과 빈객우선법(賓客優先法)이 성립하였다.

특히 지중해 연안의 이집트, 앗시리아, 바빌로니아 등의 고대국가에서는 일찍부터 화폐경제시대에 들어갔으나, 그 당시 거래관계를 규율하는 일반적인 상법규정은 없었다. 그리스와 로마시대에도 은행제도, 해상제도, 신용장, 임치 등 개별적인 상사제도는 어느 정도 발전하였으나, 독립된 상법은 없었다.

제2. 중　세

교회법에 의하여 지배되었던 중세에는 상거래가 위축되었으나, 상인단체인 Guild 조직을 중심으로 도시가 형성되면서 상거래가 발전하였고 이에 따라 상법이 비약적으로 발전하였다. 길드는 자치권과 재판관할권을 가지고 있었던 결과, 이 자치권에 의하여 정해진 자치규약이 상인단체법으로 성립하였다. 상인의 자치규약에는 행정법, 형법, 소송법 등도 포함되어 있으나, 정기시(定期市)에서 각국 상인 간의 교류를 통하여 중세의 통일적인 상법으로 발전되었다. 오늘날의 상호, 중개인, 상표, 위탁매매업, 상업장부, commenda계약, 상호계산, 합명회사, 어음, 보험 등의 제도는 이 상인단체법에서 발전한 것이다.

제3. 근대 상법

중세봉건제도가 무너지고 중앙집권국가가 성립되면서 상인단체의 자치법인 상법도 국가 입법으로 흡수되어 성문화되었다.

1. 프랑스

프랑스의 최초의 통일적인 상사입법은 루이 14세의 상사조례(1673년)와 해사조례(海事條例, 1681년)이고, 이 두 조례를 바탕으로 제정된 1807년의 프랑스 상법전(code de commerce)이 근대적 상법의 시초이다. 이 법전은 제2차 대전 이후 전면 개정되어 1966년의 프랑스 상사회사법으로 개편되었다.

2. 독 일

독일에 있어서 최초의 상사입법은 1794년 프로이센왕국의 보통프로이센주법이나, 독일 전체의 통일법으로서 상법이 성립된 것은 1861년의 보통독일어음조례와, 프랑스 상법전을 모델로 제정된 통일상법인 보통독일상법(ADHGB)이다. 보통독일상법은 독일민법(BGB)의 제정에 따라 개정되어 1897년 5월에 독일제국상법전(HGB)으로 성립되어 1900년 1월 1일부터 시행되었으며, 이 중 주식회사와 주식합자회사에 관한 부분은 1937년 단행법인 주식법의 제정(1965년 개정)으로 독립되었다. 이 밖에 1933년 어음수표법과 1950년의 상법정리법 등의 제정이 있었다.

3. 스위스

스위스 상법은 1881년의 연방법 성립 후 1911년에 민법전 제5편에 편입됨으로써 법 형식상 민법과 상법의 통일이 이루어졌다. 이 스위스 민법전은 1936년 12월에 개정되어 1937년 7월 1일부터 시행되고 있다.

4. 영 국

영국에서는 상사에 관하여도 일반적으로 보통법과 형평법의 관습법에 의하여 규율되었으나, 1890년의 Partnership Act, 1907년의 Limited Partnership Act, 1929년의 Companies Act, 1906년의 해상보험법, 1924년의 해상물건운송법 등 다수의 성문법이 성립되었으며, 특히 회사법은 1985년의 Companies Act로 전면 개정되었다.

5. 미 국

미국에서는 상사에 관한 입법권이 각 주에 있으므로, 주마다 법률이 달랐으나, 19세기 말부터 주법의 통일이 시도되었으며, 1952년에 통일상법전(Uniform Commercial Code; UCC)이 성립되어 미국의 대부분의 주에서 채택되었다. 회사법의 영역에서도 1950년에 미국법조협회의 모범사업회사법(Model Business Corporation Act)이 제정되어, 각 주 회사법의 통일이 추진되었다.

제5절 상법의 법원

제1. 의 의

법원(法源)이란 법의 존재를 인식할 수 있는 근거로서의 자료를 말하는 것으로 상법의 법원은 실질적 의의에 있어서의 상법의 존재형식을 의미한다. 상법 제1조에서는 상사에 관하여 상법의 규정이 없으면 상관습법에 의하고 상관습법도 없으면 민법에 의한다고 규정하고 있으나, 민법은 상법의 법원이 아니다. 상법의 법원 중 가장 대표적인 것은 상법전이며, 이 외에 상사특별법령과 상사조약, 상관습법 등이 있다. 상사특별법령은 실질적 의의의 상법의 개념에 따라 그 범위가 정하여진다.

제2. 종 류

1. 상사제정법

상사제정법으로서 상법전과 상사특별법령 및 상사조약이 있다. 상사특별법령에는 상법시행법과 '상법의 일부규정의 시행에 관한 규정'과 같이 상법에 부속하여 상법의 규정을 시행하고 구체화하기 위한 상법부속특별법령(商法附屬特別法令)과, 은행법·보험업법·자본시장과금융투자업에관한법률 등과 같이 상법과 독립하여 상법의 규정을 보충·변경하는 상법독립특별법령(商法獨立特別法令)이 있다.

상사조약은 우리나라 정부가 외국 정부와 체결하여 공포함으로써 국내법과 동일한 효력을 가지는 것이 원칙이나, 조약의 취지가 체약국에 대하여 일정한 법규를 제정·실행해야 할 의무를 지우는 경우(예컨대, 어음법 통일조약, 선하증권통일조약 등)에는 이에 기한 국내법의 제정과 시행이 있어야 국내법으로서 효력을 가진다.

2. 상관습법

상관습법은 상거래에서 형성된 상사에 특유한 관습법을 말한다. 상관습법은 기업거래의 진보적·발전적 특성에 비추어 상거래에 있어서 중요한 법원이 된다. 상관습법과 사실인 상관습과의 관계에 대하여 법적 확신의 유무를 기준으로 구별하는 구별설과, 그 구별을 인정하지 않는 구별부정설이 있다. 그러나 이 두 가지를 구별해야 할 실익이 없다고 보는 것이 학설의 일반적인 추세이다.

3. 상사자치법

상사자치법은 회사 기타 단체가 그 조직과 운영에 관하여 자주적으로 정한 법규로서 강행법규 또는 사회질서에 어긋나지 않는 한 상법의 법원이 된다. 회사의 정관, 정관의 위임에 의하여 작성되는 이사회규칙, 증권거래소의 업무규정 등이 이에 속한다.

4. 보통거래약관

보통거래약관(普通去來約款)은 그 명칭이나 형태 또는 범위를 불문하고 동종의 거래가 집단적·정형적으로 이루어지는 은행·보험·창고임치·운송 등의 일정한 거래분야에서 그 거래관계에 획일적으로 적용할 목적으로 계약의 내용을 정형화하여 부동문자(不動文字)로 작성된 계약의 조항을 말한다. 보통거래약관은 그 약관이 이용되는 부합계약(附合契約)에서는 그 적용에 관하여 당사자의 명시적인 구체적·개별적 합의가 없더라도 당사자를 구속하는 법적 효력이 있다.

이러한 약관이 계약당사자에게 적용되는 법적 구속력의 근거에 관하여 종래 자치법설, 상관습법설, 의사설(계약설) 등이 있었다. 자치법설은 약관을 정관과 같은 자치법규의 일종으로 보며, 상관습법설은 부합계약에서는 특별한 사정이 없는 한 거래는 약관에 따른다는 상관습 또는 상관습법이 존재한다고 보는 설이다. 의사설은 기업이 약관에 의한다는 사실을 상대방에게 고지하고 상대방이 그 내용을 알 수 있게 제시한 경우에 그 약관은 계약의 내용이 되므로 법적 구속력을 가진다는 견해이다.

약관의 법적 구속력에 관하여 과거의 다수설은 상관습법설이었으나, 현행 「약관의 규제에 관한 법률」은 약관을 사용하는 사업자에 대하여 거래 상대방에게 약관의 내용을 명시하여 설명하도록 의무화하고, 이에 위반한 경우에는 그 약관을 계약의 내용으로 주장할 수 없게 하고 있으므로(동법 §3), 의사설이 타당하다.

5. 조 리

민법 제1조의 조리(條理)에 관한 규정은 상법에서도 적용된다. 다만 조리를 법원의 하나로 볼 것인가에 관해서는 긍정설과 부정설이 대립되고 있다.

6. 판 례

현행법상 법원의 판례에는 직접 법적 구속력이 인정되지 않는다. 법원조직법은 상급법원의 판결에 대하여 당해 사건에 한하여 하급심을 구속하는 효력을 인정하고 있을 뿐이므로(동법 §8), 판례를 일반적인 법적 구속력이 있는 법원(法源)으로 보기는 어렵다. 그러나 하급법원이 상급법원의 판결에 어긋나는 재판을 하는 경우에는 상급심에서 파기될 우려가 많으므로, 하급법원은 상급법원의 판결을 존중하지 않을 수 없으며, 그 결과 상급법원의 판결은 하급법원 등을 사실상 구속하게 된다. 따라서 법원의 판례는 법의 해석과 적용에 관한 법원의 유권적 판단기준으로서 일종의 관습법으로서의 효력을 가지게 된다.

제3. 법원의 적용순서

상거래는 사적 거래관계이므로 사적자치의 원칙이 지배한다. 따라서 상사자치법이 제정법에 비하여 우선적으로 적용된다. 제정법 상호간의 관계에서는 특별법이 일반법보다 우선 적용되며, 관습법이 성문법에 대한 보충적 효력을 가진다는 일반 원칙은 상사법률관계에도 동일하다. 따라서 상거래에 대한 법원은 상사자치법 → 상사특별법령(상사조약) → 상법전→ 상관습법 →민사자치법 → 민사특별법령(민사조약) → 민법전 → 민사관습법 → 조리의 순서로 적용된다.

특히 여기서 문제가 되는 것은 상관습법과 민법의 관계이다. 상관습법이 관습법이면서 성문법인 민법에 우선하여 적용되는 것은 관습법의 성문법 개폐(改廢)적 효력(성문법 변경적 효력)에 기한 것이 아니라, 상관습법이 실질적인 의미의 상법에 속하므로 민법에 대한 특별법의 지위에서 성문법인 민법보다 우선하여 적용된다는 법리에 기인한다.

제6절 상법의 효력

제1. 시간적 효력

상법은 그 시행일로부터 효력이 있다. 상법이 개정되는 경우에도 개정법은 그 시행일로부터 효력을 가진다. 상사에 관한 법규가 두 개 이상인 경우에 그 효력에 있어서 신법(新法)은 구법(舊法)을 변경하나, 그 법규가 일반법과 특별법의 관계에 있는 때에는 일반법인 신법은 특별법인 구법을 변경하지 않는다.

상법의 영역에서는 특히 시제법(時際法) 또는 경과법(經過法)에 관한 문제가 중요하다. 시제법이나 경과법은 시간적으로 선후관계에 있는 두 개 이상의 법규가 존재하는 경우에 특정한 법률사실에 어느 법규를 적용할 것인가를 정하는 법규이다. 이 시제법의 중심 문제는 신법의 시행 전에 발생하여 신법의 시행 후에도 존속하는 법률상의 상태 또는 행위에 대하여 신법의 소급효를 인정할 것인가 하는 점이다.

법의 적용에 있어서 법적 안정성의 확립과 기득권의 존중을 위하여 일반적으로 법은 그 시행 이후에 발생한 사항에 대해서만 적용된다는 법률불소급(法律不遡及)의 원칙이 지배된다. 그러나 이 원칙이 절대적인 것은 아니다. 상법의 영역에서 신법은 진보적이며 합리적인 경향을 가지므로 이해관계자에게 유리한 신법의 이익을 균점시키기 위한 경우나 신법의 이상을 실현하기 위하여 또는 법률관계의 획일적 안정을 위한 경우 등 여러 가지의 목적에서 정책적으로 신법의 소급효가 인정되는 경우가 있다(상법부칙 §2).

제2. 대인적 효력

상법은 국법(國法)으로서 한국의 영토 내에 있는 모든 한국인에게 적용된다. 그러나 특정한 사항에 있어서는 국제사법에 의하여 한국의 상법이 외국인에게 적용되는 경우도 있고, 반대로 외국의 상법이 한국인에게 적용되는 경우도 있다.

상법은 상인의 영업활동에 관하여 일반적으로 적용되므로, 상인의 영업규모에 관계없이 적용되는 것이 원칙이다. 다만, 상법의 지배인·상호·상업장부·상업등기에 관한 규정은 영업의 규모가 작은 소상인에게는 적용되지 않는다(상법§9).

제3. 장소적 효력

상법은 한국의 모든 영토에 적용됨을 원칙으로 한다. 다만 특정한 사항에 있어서는 한국 상법이 외국의 영토에서 적용되는 경우도 있고, 반대로 외국의 상법이 한국의 영토에서 적용되는 경우도 있다.

제4. 사항적 효력

상법은 상사(商事)에 한하여 적용된다. 상법의 규정은 상인간의 거래관계뿐만 아니라 상인과 비상인 사이의 일방적 상행위에도 적용된다(상법§3). 또한 상사에 관하여 상법의 규정이 없는 때에는 민법의 규정도 보충적으로 적용된다(상법§1).

제2장
상인(기업의 주체)

제1절 상인

제1. 상인의 의의

상인이란 기업적 거래로 인하여 발생하는 법률관계에 있어서 권리·의무의 귀속 주체를 말한다. 즉 상인은 형식적으로 기업적 거래에서 발생되는 권리·의무가 귀속되는 주체이다. 따라서 개인 기업에 있어서는 개인인 영업주가 상인이며, 회사 기업에 있어서는 회사 그 자체가 상인이다.

제2. 상인개념에 관한 입법례

상인을 어떻게 정의할 것인가에 관하여 영업의 실질인 상행위를 기준으로 하는 객관주의(실질주의 또는 상행위법주의)와, 기업경영의 형식을 기준으로 하는 주관주의(형식주의 또는 상인법주의), 그리고 이 두 가지를 병용하는 절충주의가 있다.

현행 상법은 상인개념을 정하는데 있어서 상행위를 기준으로 하여 상행위를 하는 자를 당연상인(當然商人), 상행위 이외의 영업을 하는 자를 의제상인(擬制商人)

으로 구분하고, 특히 영업의 규모가 작은 상인을 소상인(小商人)으로 규정하고 있다. 현행 상법은 영업을 중심으로 상인개념을 정하면서, 의제상인을 인정하고 있다는 점에서 주관주의적 절충주의의 입장을 취하고 있다.

제3. 당연상인

당연상인(當然商人)은 자기의 명의로 상행위를 하는 자이다(상법§4). 상행위란 상법 제46조에서 정하고 있는 22종의 기본적 상행위를 영업으로 하는 경우이다. 이 밖에 담보부사채신탁법에 의한 담보부사채 총액의 인수도 상행위이다.

여기서 「자기의 명의」라 함은 상행위로 인한 권리・의무의 귀속 주체가 자기인 경우를 의미한다. 상행위의 권리・의무가 자기에게 귀속되는 한 영업의 실행 여부, 납세의 주체, 상호의 명의인 등은 묻지 아니한다. 상사회사(商事會社)는 물론 자연인이나 민법상의 조합도 상행위를 하는 한 당연상인이다.

다만 자기명의로 상행위를 하더라도 오로지 임금을 받을 목적으로 물건을 제조하거나 노무에 종사하는 자의 행위는 상행위로 보지 아니하므로(상법§46 단서), 이러한 행위를 하는 자는 상인이 아니다.

[판례] 대법원 2001.1.5. 선고 2000다50817 판결

수산업협동조합은 상인이 아니어서 그의 거래행위는 상행위라 할 수 없으나, 수산업협동조합에 의하여 지정된 중매인이 그 협동조합과의 거래약정 등에 따라 그 협동조합으로부터 수산물을 다른 사람들에게 전매하기 위하여 매수하는 것은 상인으로서 한 상행위가 된다 하겠다. 기록에 나타난 증거들과 대조하여 살펴보니, 원심판결의 설시에 다소 부적절한 점은 있으나, 이 사건 청구채권을 수산업협동조합 중매인인 나OO의 상행위로 인하여 발생한 채권으로 보고, 원고는 나OO과 1992.9.14.까지 거래를 하였고, 그 대금은 즉시 납입을 청구할 수 있었으므로 이 사건 조정신청서가 법원에 접수된 1998.8.21.은 1992.9.14.부터 상사채권의 시효기간인 5년이 경과하였음이 계산상 명백하다 하여 이 사건 청구채권은 상사소멸시효의 완성으로 시효소멸 하였다고 한 원심의 인정과 판단은 결국 정당하고, 거기에는 심리를 다하지 않았다거나 증거법칙을 위배하여 사실을 오인하였다거나 상인, 상행위, 소멸시효의 기산

점 및 시효중단 등 상사시효에 관한 법리를 오해하였다는 등의 위법이 없다.

제4. 의제상인

1. 설비상인

설비상인(設備商人)은 점포 기타 유사한 설비에 의하여 상인적 방법으로 영업을 하는 자이다. 설비상인은 기본적 상행위 이외의 행위를 주된 영업으로 하는 자로서 특히 일정한 외관적 설비에 의하여 상인으로 의제한 것이다. 여기서 점포 기타 유사한 설비란 일반 공중과 계속적으로 거래할 수 있는 장소적 시설을 말하고, 상인적 방법은 당연상인이 영업상 일반적으로 이용하는 경영방법으로서 상호와 상업장부 등을 사용하고 상업사용인을 이용하는 것을 의미한다.

[판례] 대법원 1993.9.10. 선고 93다21705 판결

낙찰계가 상호신용금고법상의 상호신용계와 유사한 무명계약으로서 원고가 이 사건 계를 비롯한 여러 개의 계를 운영하여 얻은 수입으로 가계를 꾸려왔다 할지라도 원고가 상인적 방법에 의한 영업으로 이 사건 계를 운영하였음을 인정할 아무런 자료가 없는 이 사건에 있어서 원고를 상법 제5조 제1항 소정의 의제상인이나 같은 법 제46조 제8호 소정의 대금, 환금 기타 금융거래를 영업으로 운영한 것에 해당한다고 볼 수는 없다 할 것이므로 같은 취지에서 원고의 위 계 불입금채권을 5년의 소멸시효가 적용되는 상사채권으로 볼 수 없다.

[판례] 대법원 2007.7.26. 자 2006마334 결정

변호사법은 제1조에서 "변호사는 기본적 인권을 옹호하고 사회정의를 실현함을 사명으로 한다. 변호사는 그 사명에 따라 성실히 직무를 수행하고 사회질서의 유지와 법률제도의 개선에 노력하여야 한다."고 규정하고, 제2조에서 "변호사는 공공성을 지닌 법률전문직으로서 독립하여 자유롭게 그 직무를 행한다."고 규정하고, 제3조에서 "변호사는 당사자 기타 관계인의 위임 또는 국가·지방자치단체 기타 공공기관의 위촉 등에 의하여 소송에 관한 행위 및 행정처분의 청구에 관한 대리행위와 일반 법률사무를 행함을 그 직무로 한다.”고 규정한 다음, 변호사의 자격과 등록을 엄격히 제한하고(같은 법 제 4조, 제5조, 제7조 내지 제12조, 제14조), 변호사에게 품위유지의무, 비밀유지의무, 공익활동 등 지정업무처리의무 등을 부과하는 규정을 두고 있고(같은 법 제24조, 제26조, 제27조), 법률사무소의 위치와 수, 사무직원의 자격과 인원수 등을 엄격히 제한하고(같은 법 제21조, 제22조), 광고사항 및 방법 등에 일정한 제한을 가하고 연고관계의 선전을 금지하고(같은 법 제23조, 제30조), 수임사건을 제한하고, 계쟁권리의 양수행위, 독직행위, 변호사 아닌 자와 동업 등을 하는 행위, 사건유치 목적으로 법원·수사기관·교정기관 및 병원에 출입하는 행위, 재판·수사기관 공무원, 직무취급자 등의 사건소개 등을 금지하고(같은 법 제31조 내지 제37조), 변호사가 그 직무를 수행하면서 소속 지방변호사회의 허가 없이 상업 기타 영리를 목적으로 하는 업무를 경영하는 행위 등을 금지하는 규정 등을 두고 있으며(같은 법 제38조), 변호사로 하여금 소속 지방변호사회·대한변호사협회 및 법무부장관의 감독을 받도록 규정하고 있다(같은 법 제39조).

위와 같이 변호사의 영리추구 활동을 엄격히 제한하고 그 직무에 관하여 고도의 공공성과 윤리성을 강조하는 변호사법의 여러 규정에 비추어 보면, 위임인·위촉인과의 개별적 신뢰관계에 기초하여 개개 사건의 특성에 따라 전문적인 법률지식을 활용하여 소송에 관한 행위 및 행정처분의 청구에 관한 대리행위와 일반 법률사무를 수행하는 변호사의 활동은, 간이·신속하고 외관을 중시하는 정형적인 영업활동을 벌이고, 자유로운 광고·선전활동을 통하여 영업의 활성화를 도모하며, 영업소의 설치 및 지배인 등 상업사용인의 선임, 익명조합, 대리상 등을 통하여 인적·물적 영업기반을 자유로이 확충하여 효율적인 방법으로 최대한의 영리를 추구하는 것이 허용되는 상인의 영업활동과는 본질적으로 차이가 있다 할 것이고, 변호사의 직무 관련 활동과 그로 인하여 형성된 법률관계에 대하여 상인의 영업활동 및 그로 인한 형성된 법률관계와 동일하게 상법을 적용하지 않으면 아니 될 특별한 사회경제적 필요 내지 요청이 있다고 볼 수도 없다. 따라서 근래에 전문직업인의 직무 관련 활동이 점차 상업적 성향을 띄게 됨에 따라 사회적 인식도 일부 변화하여 변호사가 유상의 위임계약 등을 통하여 사실상 영리를 목적으로 그 직무를 행하는 것으로 보는 경향이 생겨나더라도, 위에서 본 변호사법의 여러 규정과 제반 사정을 참작하여 볼 때, 변호사를 상법 제5조 제1항이 규정하는 ‘상인적 방법에 의하여 영업을 하는 자’라고 볼 수는 없다 할 것이므로, 변호사는 의제상인에 해당하지 아니한다. 위 법리와 기록에 비추어 살펴보면, 원심이 변호사는 그 직무수행과 관련하여 의제상인에 해당한다고 볼 수 없고, 조세정책적 필요에 의하여 변호사의 직무수행으로 발생한 소득을 사업소득으로 인정하여 종합소득세를 부과한다고 하여 이를 달리 볼 것은 아니며, 변호사가 상인이 아닌 이상 상호등기에 의하여 그 명칭을 보호할 필요가 있다고 볼 수 없다는 취지로 판단하였음은 정당하고, 거기에 재항고이유에서 주장하는 바와 같은 변호사 직무의 공공성과 영리성에 대한 법리오해 등의 위법이 있다고 할 수 없다.

··· 변호사가 변호사법 제40조에 의하여 그 직무를 조직적·전문적으로 행하기 위하여 설립한 법무법인은, 같은 법 제42조 제1호에 의하여 그 정관에 '상호'가 아닌 '명칭'을 기재하고, 같은 법 제43조 제2항 제1호에 의하여 그 설립등기 시 '상호'가 아닌 '명칭'을 등기하도록 되어 있으므로, 이러한 법무법인의 설립등기를 '상호' 등을 등기사항으로 하는 상법상 회사의 설립등기나 개인 상인의 상호등기와 동일시할 수 없다. 따라서 법무법인에 대하여 상호등기를 허용하면서 변호사에게는 상호등기를 허용하지 아니하는 것이 헌법상 평등의 원칙에 위반된다는 재항고이유의 주장은 그 전제가 잘못된 것이므로, 더 나아가 살펴볼 필요 없이 받아들일 수 없다. 또한, 일부 변호사에 대하여 상호등기가 마쳐진 사례가 있다고 하더라도 이는 등기되어서는 아니 될 사항이 잘못 등기된 것에 불과하므로 이를 이유로 이 사건 상호등기신청을 받아들여야 한다는 근거로 삼기 어려우며, 등기관이 이 사건 상호등기신청을 각하한 처분이 헌법상 평등의 원칙에 위반된다고 볼 수 없다.

2. 민사회사

민사회사(民事會社)는 상법 제46조에서 열거하는 기본적 상행위 이외의 영업을 목적으로 하는 영리사단법인을 말한다. 농업회사나 수산업회사 등이 이에 속한다. 민사회사에 대해서도 상사회사의 경우와 마찬가지로 상법의 회사에 관한 규정이 적용되므로, 상법의 적용에 있어서는 상사회사와 아무런 차이가 없다. 다만 상사회사가 상행위를 영업으로 하는데 대하여 민사회사는 상행위 이외의 영업을 하는 회사라는 점에서 상법이 주의적으로 규정하고 있는 것이다.

제5. 소상인

소상인(小商人)은 자본금액이 1천만 원 미만의 상인으로서 회사가 아닌 자를 말한다(상법시행규정 §2). 회사의 경우에는 비록 자본금이 없는 합명회사나 합자회사에 대해서도 지배인이나 상호, 상업등기 등의 규정을 적용하여야 하므로, 소상인의 범위에서 제외한 것이다. 회사 이외에 영업규모가 영세한 개인상인에 있어서는 영업재산 이외의 자본이 존재하지 아니하므로, 1천만 원 미만의 자본금액은 단순히 영업재산의 현재 가격을 의미한다고 보아야 한다.

소상인에 대해서는 지배인·상호·상업등기·상업장부에 관한 상법의 규정이 적용되지 않는다(상법§9). 따라서 소상인이 지배인을 선임하여 영업에 관한 포괄적인 대리권을 부여하더라도 민법상의 대리인에 지나지 않으며, 상행위의 대리에 관한 상법 제48조와 제49조 및 제50조가 적용될 뿐이다. 소상인이 상호를 선정하여 사용하더라도 상법상의 상호전용권에 의한 보호를 받지 못한다. 또 소상인에게는 상업장부의 작성의무가 없으며, 행위무능력자의 영업을 법정대리인의 동의하거나 또는 그 영업을 법정대리인이 대리하더라도 이를 등기할 필요가 없다.

다만 상호에 관한 규정 중에서도 회사임을 표시하는 문자의 사용제한 규정, 부정한 목적에 의한 상호 사용의 제한, 명의대여자의 책임에 관한 규정, 상호를 속용하는 영업양수인의 책임에 관한 상법의 규정 등은 영업활동에 관하여 일반 공중 또는 거래 상대방을 보호하기 위한 것이므로, 소상인에게도 적용된다고 본다.

제2절 상인자격과 영업능력

제1. 상인자격

상인자격(商人資格)은 권리능력을 가진 자가 일정한 내용 또는 형식의 영업을 함으로써 취득하는 상인으로서의 지위 또는 자격을 말한다. 상인자격은 그 주체가 자연인인가 또는 법인인가에 따라 그 취득 및 상실시기에 있어서 차이가 있다.

1. 자연인의 상인자격

자연인은 행위능력에 관계없이 누구나 상인자격을 취득할 수 있다. 자연인의 상인자격은 영업을 개시함으로써 취득하나, 그 이전이라도 개업준비행위 기타 영업의사가 객관적으로 외부에 실현된 때에는 상인자격이 인정된다. 상인자격의 상실 시기는 영업을 사실상 종료하여 잔무처리를 종결한 때이다.

2. 법인의 상인자격

법인은 일반적으로 사법인과 공법인 및 중간법인으로 구분된다. 사법인에는 영리법인과 비영리법인이 있으며, 공법인에는 일반적 공법인과 특수한 공법인으로 구분된다.

1) 영리법인

영리법인은 상행위 기타 영리를 목적으로 하는 사단법인을 말한다. 상행위를 목적으로 하는 영리법인은 상사회사이며, 상행위 이외의 영리를 목적으로 하는 사단법인은 민사회사이다. 따라서 영리법인은 모두 회사이며 상인이다. 영리사단법인은 설립등기 또는 개업준비행위를 하는 때에 상인자격을 취득하고, 청산등기를 하거나 또는 청산절차를 사실상 종결한 때에 상인자격을 상실한다.

2) 비영리법인

비영리법인은 공익 기타 일정한 비영리사업을 목적으로 하는 사단법인 또는 재단법인이다. 비영리법인은 그 목적이 비영리사업이나, 그 목적을 달성하는 데 필요한 범위 내에서 영업을 할 수 있으며, 그 한도 내에서 상인자격을 가진다. 비영리법인이 영업을 하는 경우에는 자연인의 경우와 같이 영업을 개시하는 때에 상인자격을 취득하고, 영업을 폐지하는 때에 상인자격을 상실하게 된다.

3) 중간법인

중간법인은 구성원 간의 공동이익을 증진하기 위한 법인으로서 농업협동조합이나 수산업협동조합, 노동조합, 상호보험회사 등이다. 이 중간법인은 그 목적이 근거

법률에 특정되어 있고, 그 밖의 다른 영업활동은 제한되므로 상인이 될 수 없다. 그러나 농업협동조합이나 수산업협동조합 중앙회의 신용사업은 일반 은행의 영업과 그 성질이 동일하며, 특히 은행법은 제5조는 수산업협동조합중앙회의 신용사업 부문을 하나의 은행으로 보므로, 그 신용사업부문에 있어서는 상인으로 보는 것이 타당하다.

4) 일반적 공법인

일반적 공법인은 국가나 지방자치단체를 가리킨다. 일반적 공법인은 국고의 주체로서 영업활동을 할 수 있으며, 법령에 특별한 제한이 없는 한 상인자격을 취득할 수 있다. 일반적 공법인의 상행위 기타 영업에 대하여는 법령에 다른 규정이 없는 경우에 한하여 상법이 적용되나(상법§2), 이 밖에 상법의 상업사용인과 상호, 상업장부, 상업등기 등에 관한 규정은 그 성질상 적용되지 않는다. 일반적 공법인의 상인자격의 취득 및 상실시기는 비영리법인의 경우와 같다.

5) 특수한 공법인

특수한 공법인은 특수한 공공 목적을 달성하기 위하여 설립된 공법인을 말한다. 이러한 특수한 공법인은 그 목적이 근거 법률에 특정되어 있고, 그 사업목적에 영리성이 없는 경우에는 상인자격이 인정되지 않는다. 그러나 특수한 공법인이라도 영리성이 있는 수익사업을 하는 경우에는 그 사업부문에서 상인자격이 인정되고, 그 영업상의 행위에 대해서는 법령에 다른 규정이 없는 한 상법이 적용된다. 이러한 특수한 공법인의 상인자격의 취득 및 상실시기는 비영리법인의 경우와 같다.

제2. 영업능력

영업능력(營業能力)은 상인자격을 가지는 자가 스스로 영업을 할 수 있는 영업상의 행위능력을 말한다. 행위능력이 있는 상인에게는 일반적으로 영업능력이 인정되나, 미성년자와 피한정후견인과 피성년후견인 등 행위능력이 없는 자는 영업능력도 없다.

따라서 미성년자와 피한정후견인은 민법의 일반원칙에 의해 친권자나 후견인 등 법정대리인이 영업을 특정하여 허락한 때 그 영업에 관하여 영업능력을 가진다. 미성년자나 피한정후견인이 법정대리인의 허락을 얻어 영업을 하는 때에는 상업등기부에 이를 등기하여야 하며, 법정대리인이 그 영업허락을 취소하거나 제한하는 경우에는 지체 없이 변경등기를 하여야 한다.

미성년자나 피한정후견인의 영업에 대하여 법정대리인의 동의가 없는 경우에는 그 영업은 법정대리인이 대리하여야 한다. 피성년후견인의 영업에 있어서는 법정대리인이 영업의 범위를 특정하여 동의를 하더라도 피성년후견인은 영업능력을 가지지 못하며, 법정대리인이 그 영업을 대리할 수 있을 뿐이다. 법정대리인이 미성년자나 피한정후견인 또는 피성년후견인의 영업을 대리하는 경우에는 그 영업을 대리하는 사실을 상업등기부에 등기하여야 한다.

제3절 영업의 제한

제1. 총 설

헌법 제15조는 모든 국민에 대해 직업선택의 자유를 천명함으로써 영업의 자유를 인정하고 있다. 그러므로 누구든지 어떠한 영업이라도 할 수 있고 상인이 될 수 있다. 다만 영업의 자유는 공익의 확보와 경찰행정상의 목적 또는 사회질서 내지 공익의 유지 등 여러 가지 목적에서 공법 또는 사법에 의하여 제한된다.

제2. 공법상의 제한

ⅰ) 영업에 관한 공법상의 제한으로는 일정한 행위가 공법상의 금지 또는 제한규정에 위반하여 상행위로 될 수 없는 경우가 있다. 즉 공익상의 이유에 의하여 음란한 문서·도화 기타 물건을 반포·판매·임대·제조·수출입(형법§243, §244)하는 행위 등이 금지된다. 또한 국가재정상의 이유에 기하여 사인에 의한 연초의 제조·수출입(담배전매법§2, §22, §23), 홍삼의 제조·판매·수출입(홍삼전매법§2, §14, §15, §16) 등의 행위는 원칙적으로 제한된다.

ⅱ) 경찰행정상의 목적 또는 국민경제적 목적에서 일정한 행위를 영업으로 하는 경우에는 행정관청의 허가 또는 면허가 있어야 하는 경우가 있다. 즉 일반 공안, 위해 예방, 보건위생 등의 이유에 의하여 행정관청의 허가가 요구되는 영업으로서 전당포영업(전당포영업법§2), 고물상영업(고물상영업법§2), 식품영업(식품위생법§185), 약품제조판매업(약사법§3, §16, §22, §24, §25) 등이 있다. 또 사업의 공익성으로 인하여 주무관청의 인가를 필요로 하는 은행업(은행법§98), 신탁업(신탁법§3, §6), 보험업(보험업법§3), 전기사업(전기사업법§5) 등의 예가 있다. 이 밖에 신분상의 이유에 기하여 공무원(국가공무원법§64), 법관(법원조직법§49 제5호), 변호사(변호사법§28②) 등에 대하여 영업이 금지된다.

제3. 사법상의 제한

상법은 영업주체의 이익을 보호하기 위하여 일정한 자에 대하여 일정한 범위의 영업을 제한하고 있다. 그리하여 상업사용인(상법§17), 영업양도인(상법§41①), 대리상(상법§89), 회사의 업무집행기관 구성원(상법§198, §259, §397, §567) 등은 영업주 또는 회사의 영업부류에 속하는 거래에 대하여 경업금지의 부작위의무를 부담한다. 이 밖에 선량한 풍속 기타 사회질서에 반하지 않는 한 당사자 간의 계약에 의하여 영업을 제한하는 것도 가능하다(민법§103). 이러한 사법상의 제한을 위반한 경우에도 그 행위는 원칙적으로 유효하나, 그 계약에 반하여 의무를 위반한 자는 상대방에게 손해배상책임을 부담한다.

제3장

상인의 인적 시설

제1절 상업사용인

상업사용인은 특정한 상인에 종속하여 영업상의 대외적 업무를 보조하는 자를 말한다. 따라서 특정한 상인을 위하여 그 영업상의 업무를 보조하더라도 그 상인으로부터 독립되어 있는 대리상이나 또는 특정 상인의 대내적인 업무를 보조하는데 지나지 않는 자는 상업사용인이 아니다. 상업사용인은 그 영업활동에 관하여 일정한 범위에서 대리권을 가지는데, 그 대리권의 범위에 따라 지배인(支配人), 부분적 포괄대리권(部分的 包括代理權)을 가진 사용인, 물건판매점포의 사용인으로 구분된다.

제 2 절   지배인

제1. 지배인의 의의

지배인(支配人)은 영업주에 갈음하여 그 영업에 관한 재판상 또는 재판외의 모든 행위를 대리할 수 있는 포괄적 대리권(지배권)을 가진 상업사용인이다.

제2. 지배인의 선임과 종임

1. 선 임

지배인은 영업주 또는 그 대리인에 의하여 선임되며, 일반적으로 영업주와의 사이에 고용계약 또는 위임계약관계에 있다. 지배인의 선임은 영업주가 지배인의 대리권(支配權)을 부여하는 수권행위로서 영업주의 단독행위이다.

지배인은 자연인이어야 하지만, 의사능력이 있는 한 미성년자나 피한정후견인 등의 행위무능력자라도 무방하다. 지배인의 선임에 있어서 개인상인의 경우에는 그 선임 형식에 대한 법적 제한이 없으나, 회사의 경우에는 그 선임에 관한 이사회의 결의 등 소정의 내부절차를 거쳐 대표기관이 선임한다(상법§203, §274, §393, §564).

2. 종 임

지배인의 종임은 그 대리권이 소멸되는 경우이다. 지배인의 종임사유로서 지배인의 사망, 금치산, 파산, 영업주의 해임, 수권행위의 철회, 지배인의 사임, 영업주의 파산, 영업의 폐지, 회사의 해산 등이 있다. 그러나 지배인의 대리권은 민법상의 대리의 경우와는 달리 영업주가 사망하더라도 당연히 소멸되는 것은 아니다. 영업주가 사망하더라도 그 영업이 계속되는 한 대리권의 다른 소멸원인이 없는 때에는 지배인은 여전히 상속인의 대리인으로서 그 대리권을 유지하는 것이다.

3. 등 기

지배인의 선임과 종임은 그 지배인을 둔 본점 또는 지점소재지의 지방법원 등기소에서 등기하여야 한다(상법§13).

제3. 지배인의 대리권

1. 개 설

지배인의 대리권에 관하여 상법은 영업주에 갈음하여 그 영업에 관한 재판상 또는 재판외의 모든 행위를 할 수 있다고 하여(상법§11①), 지배인의 대리권의 내용과 범위를 매우 포괄적이며 정형적으로 규정하고 있다.

2. 대리권의 내용

지배인은 영업에 관한 재판상 또는 재판외의 모든 행위에 대하여 포괄적이며 정형적인 대리권을 가진다. 재판상의 행위는 소의 제기, 응소, 증거 제출, 반소 제기 등 모든 소송행위를 말한다. 따라서 지배인은 영업에 관한 소송행위에 대하여 영업주의 법정소송대리인(法定訴訟代理人)으로서 어느 심급의 법원에서도 직접 소송을 수행할 수 있고, 필요한 경우에는 소송대리인을 선임할 수 있다.

재판외의 행위란 소송행위를 제외한 영업에 관한 행위로서, 지배인 이외의 사용인의 선임이나 해임, 영업상의 계약 체결, 영업을 위한 금전대차, 어음·수표행위 등 사법상의 모든 적법행위를 일컫는다.

지배인의 이러한 대리권은 상법에 의하여 포괄적으로 부여되어 있으므로, 지배인이 개개의 구체적인 행위를 대리함에 있어서 영업주의 개별적인 수권이 요구되지 않는다.

3. 대리권의 범위

지배인의 대리권은 영업에 관한 행위에 한하여 인정된다. 따라서 영업주의 신분행위와 같이 영업과 무관한 행위에 대해서는 지배인의 대리권이 인정되지 않는다.

영업에 관한 행위인가 아닌가 여부는 지배인의 주관적 의도나 목적에 관계없이 행위의 객관적 성질에 따라 추상적으로 판단하여야 한다. 그러나 지배인의 대리권의 범위 내의 행위라 하더라도 영업주의 이익이나 의사에 반하거나, 지배인 자신의 이익을 위한 것임이 객관적으로 명백한 때에는 신의칙 또는 권리남용금지의 원칙에 따라 지배인의 대리행위로서의 효력을 부정하는 것이 타당하다.

지배인의 대리권은 영업의 존속을 전제로 한다. 영업의 폐지나 양도, 지점 설치 등과 같이 영업의 존립 자체에 관한 행위는 영업주의 고유한 권한 사항에 속하므로 지배인의 대리권의 범위에 포함되지 아니한다. 또한 지배인은 특정한 영업소의 영업에 관하여 인정되므로, 영업주의 특별한 수권이 없는 한 다른 지배인의 임면에 대한 대리권도 인정되지 않는다.

영업주가 수개의 상호로 또는 수종의 영업을 하거나 영업소가 수개인 경우에는 지배인의 대리권은 특정한 상호 아래 운영되는 특정한 영업소의 영업에 한정하여 인정되며, 영업주의 특별한 수권행위가 없는 한 상호 또는 영업이 다른 영업소의 영업에 대해서는 지배인의 대리권이 인정되지 않는다.

[판례] 대법원 1999. 3. 9. 선고 97다7721,7738 판결

지배인은 영업주에 갈음하여 그 영업에 관한 재판상 또는 재판 외의 모든 행위를 할 수 있고, 지배인의 대리권에 대한 제한은 선의의 제3자에게 대항하지 못한다고 할 것인데(상법 제11조 제1항, 제3항), 여기서 지배인의 어떤 행위가 영업주의 영업에 관한 것인가의 여부는 지배인의 행위 당시의 주관적인 의사와는 관계없이 그 행위의 객관적 성질에 따라 추상적으로 판단되어야 할 것이다(대법원 1987. 3. 24. 선고 86다카2073 판결, 1997. 8. 26. 선고 96다36753 판결 등 참조). 그러나 지배인의 행위가 영업에 관한 것으로서 대리권한 범위 내의 행위라 하더라도 영업주 본인의 이익이나 의사에 반하여 자기 또는 제3자의 이익을 도모할 목적으로 그 권한을 행사한 경우에 그 상대방이 지배인의 진의를 알았거나 알 수 있었을 때에는 민법 제107조 제1항 단서의 유추해석상 그 지배인의 행위에 대하여 영업주 본인은 아무런 책임을 지지 않는다고 보아야 할 것이고, 그 상대방이 지배인의 표시의사가 진의 아님을 알았거나 알 수 있었는가의 여부는 표의자인 지배인과 상대방 사이에 있었던 의사표시 형성 과정과 그 내용 및 그로 인하여 나타나는 효과 등을 객관적인 사정에 따라 합리적으로 판단하여야 할 것이다(대법원 1987. 7. 7. 선고 86다카1004 판결, 1987. 11. 10. 선고 86다카371 판결,

1996. 4. 26. 선고 94다29850 판결, 1998. 2. 27. 선고 97다24382 판결 등 참조). …(은행 지점장이 자신이 유용한 씨디 매도 대금을 마련하기 위하여 그 지점에서 담보용으로 보관중인 어음을 임의로 유출하여 할인하거나 그 할인금 채무의 담보조로 교부한 경우, 그 어음할인과 어음양도는 은행의 이익과 의사에 반하여 그 지점장 자신의 이익을 위하여 한 배임적인 행위로서), 금융업을 하고 있는 피고로서는 적어도 통상의 주의만 기울였다면, 지배인 소외 1의 위 어음할인이 개인적인 자금거래로서, 그가 행한 이 사건 제1, 2어음에 대한 배서·양도행위가 자기 또는 제3자의 이익을 위하여 배임적인 의도에서 영업주인 원고 은행을 위한 진의 없이 하는 것임을 충분히 알 수 있었음이 분명하여, 위 어음할인 및 배서·양도행위는 원고 은행과의 관계에 있어서는 무효로서 그 효력이 없다….

4. 대리권의 제한

영업주는 지배인의 대리권을 영업의 종류나 거래금액, 거래지역, 상대방 등을 한정하여 그 대내적인 관계에서는 제한할 수 있으나, 그 제한으로써 선의의 제3자에 대항하지 못한다(상법§22의 2③). 이 경우 영업주가 내부관계에서 지배인의 대리권을 제한하더라도 그 제한을 등기할 수도 없다. 영업주가 지배인에 대하여 가령 일정한 금액 이상의 거래를 대리하지 못하도록 제한한 경우에 지배인이 이를 위반하더라도 그 제한 사실을 모르는 선의의 제3자에 대해서는 그 거래가 무권대리임을 주장하지 못하게 되는 것이다.

제4. 공동지배

1. 공동지배의 의의

영업주가 수인의 지배인에게 공동으로 대리권을 행사하게 한 경우(상법§12①)를 공동지배(共同支配)라 하고, 그 수인의 지배인을 특히 공동지배인(共同支配人)이라 한다. 지배인이 수인인 경우에는 원칙적으로 각 지배인이 단독으로 지배권을 행사하나, 공동지배는 각 지배인이 지배권을 단독으로 행사하지 못하고 공동으로만 행사하여야 한다.

공동지배는 지배인이 그 대리권을 남용하는 것을 방지하기 위하여 대리권의 행사 방식을 제한하는 것으로서 지배인의 대리권에 대한 법적제한의 한 형태라 할 수 있다. 공동지배는 거래상대방에게 중대한 영향을 미치므로 영업주는 공동지배에 관한 사항과 그 변경, 소멸을 상업등기부에 등기하여야 한다(상법§23).

2. 능동대리의 경우

능동대리(能動代理)는 지배인이 영업주를 위하여 상대방에게 의사표시를 하는 것이므로 반드시 공동으로 대리하지 않으면 안 된다. 다만 이 경우 공동으로 대리한다고 하여 반드시 동일한 일시에 동일한 장소에서 똑같이 대리행위를 하여야 하는 것은 아니며, 공동대리인 각자가 시간과 장소를 달리하여 단독으로 상대방에 대하여 각각 대리의 의사표시를 해도 그 효력이 생긴다. 등기된 공동지배인이 단독으로 대리한 경우에는 그 대리행위는 무권대리(無權代理)로서 영업주의 추인이 없는 한 무효로 된다.

3. 수동대리의 경우

공동지배에 있어서도 영업주에 대한 상대방의 의사표시를 수령하는 수동대리의 경우에는 각 지배인이 단독으로 대리하더라도 권한 남용의 우려가 없고, 또 이 때에도 반드시 공동으로 대리하도록 한다면 거래 상대방에게 번거로움만 주게 될 뿐이다. 따라서 수동대리(受動代理)에 있어서는 공동지배인은 영업주에 대한 상대방의 의사표시를 각자 단독으로 수령할 수 있다(상법§12②).

제5. 표현지배인

1. 표현지배인의 의의

표현지배인은 본점 또는 지점의 본부장, 지점장, 그 밖에 지배인으로 인정될 만한 명칭을 사용하는 영업주의 사용인으로서 진실한 지배인이 아닌 자가 선의의 제3자와 그 영업에 관한 거래를 한 경우에 그 제3자에 대한 관계에서 지배인과 동일한 대리권이 인정되는 자를 말한다(상법§14①).

표현지배인에게는 본래 지배권이 없으므로 그 대리행위는 무권대리로서 영업주의 추인이 없는 한 무효가 되나, 상법은 외관이론 또는 금반언의 법리에 기하여 표현지배인에게 지배인과 동일한 대리권이 있는 것으로 의제하고 있다. 영업에 관하여 일정한 외관이 있는 경우에 그 외관을 신뢰한 자를 보호하고, 또 외관을 야기한 자에게 거래상의 책임을 귀속시키는 것이 거래 안전을 위하여 합리적이기 때문이다.

2. 표현지배인의 요건

1) 본점 또는 지점의 사용인

표현지배인으로 되기 위해서는 본점 또는 지점의 사용인이 본부장, 지점장, 그 밖에 지배인으로 인정될 만한 명칭을 사용하여야 한다. 표현지배인의 영업장소가 본점 또는 지점으로서의 실질을 갖추고 있어야 하는가에 관하여, 그 실질에 관계없이 본·지점으로서의 외관을 갖추고 있으면 충분하다는 외관설이 있으나, 통설과 판례는 본점 또는 지점으로서 어느 정도 독립하여 영업활동을 수행하는 장소적 거점으로서의 실질을 갖추고 있어야 한다고 본다.

사실 본점 또는 지점으로서의 실질도 없는 곳에서 명칭만 사용한다고 하여 표현지배인의 행위로서의 효력을 인정하는 것은 곤란하다. 명칭사용자가 만일 진정한 지배인이었더라면 적법하게 대리할 수 있는 거래가 이루어지는 경우에 그 표현적 대리행위의 효력이 인정될 수 있는 것이다. 따라서 표현지배인이 성립되기 위해서는 그 영업장소인 본점 또는 지점이 영업소의 실질을 갖추어야 한다고 보는 것이 타당하다.

[판례] 대법원 1998. 8. 21. 선고 97다6704 판결

원심판결 이유에 의하면, 원심은 그 거시 증거에 의하여, 피고 회사 부산 분실은 그 판시와 같은 인적 조직을 갖추고, 부산 일원의 약국 등에 피고 회사가 제조한 약품을 판매하고 그 대금을 수금하며 거래처에서 수금한 약속어음 등을 할인하여 피고 회사에 입금시키는 등의 업무를 담당하여 온 사실을 인정한 다음, 위 부산 분실은 피고 회사 부산지점으로서의 실체를 구비한 것으로 판단하였다. 상법 제14조 제1항 소정의 표현지배인에 관한 규정이 적용되기 위하여는 당해 사용인의 근무 장소가 상법상 지점으로서의 실체를 구비하여야 하고, 어떠한 영업장소가 상법상 지점으로서의 실체를 구비하였다고 하려면 그 영업장소가 본점 또는 지점의 지휘·감독 아래 기계적으로 제한된 보조적 사무만을 처리하는 것이 아니라, 일정한 범위 내에서 본점 또는 지점으로부터 독립하여 독자적으로 영업활동에 관한 결정을 하고 대외적인 거래를 할 수 있는 조직을 갖추어야 할 것인바, 기록에 의하여 살펴보면, 원심은 이러한 법리에 따라 위 부산 분실이 본점으로부터 어느 정도 독립하여 독자적으로 약품의 판매 여부에 관한 결정을 하고 그 결정에 따라 판매행위를 하는 등 영업활동을 하여 왔다는 전제하에 위와 같이 판단한 것으로 보여지므로, 원심의 사실인정과 판단은 정당한 것으로 여겨지고, 거기에… 표현지배인의 성립요건으로서의 지점의 실체에 관한 법리오해의 위법이 있다고 할 수 없다.

2) 표현적 명칭의 사용

본점 또는 지점의 사용인이 본부장, 지점장, 그 밖에 지배인으로 오인할 정도로 유사한 명칭을 대외적으로 사용하여야 한다. 사용인은 지배인이 아니어야 함은 당연하나, 반드시 부분적 포괄대리권을 가진 사용인에 국한하는 것은 아니며, 표현적 명칭을 사용하는 한 아무런 대리권이 없는 단순한 사용인이라도 무방하다.

표현적 명칭에 관하여 상법은 본부장, 지점장을 예시하고 있으나, 이밖에 지사장, 지배인, 영업소장 등과 같이 일반적인 거래통념상 특정 영업소의 영업활동에 관하여 책임을 지고 있는 자로 오인될 수 있는 명칭이면 다른 명칭이라도 무방하다.

3) 영업주의 명칭 사용 허락

표현지배인이 본부장 등의 표현적 명칭을 대외적으로 사용하는데 관하여 영업주의 허락이 있었어야 한다. 사용인이 영업주의 허락 없이 자의로 표현적 명칭을 사용하였다면 영업주에게 민법 제756조의 사용자 책임을 지울 수는 있지만, 대외적인 거래상의 책임까지 지우는 것은 부당하기 때문이다. 다만 영업주의 허락은 반드시 명시적이어야 하는 것은 아니며, 묵시적인 허락도 포함한다.

[판례] 대법원 1994.9.30. 선고 94다20884 판결

건설회사의 현장소장은 일반적으로 특정된 건설현장에서 공사의 시공에 관련한 업무만을 담당하는 자이므로 특별한 사정이 없는 한 상법 제14조 소정의 본점 또는 지점의 영업주임 기타 유사한 명칭을 가진 사용인 즉 이른바 표현지배인 이라고 할 수는 없고, 단지 같은 법 제15조 소정의 영업의 특정한 종류 또는 특정한 사항에 대한 위임을 받은 사용인으로서 그 업무에 관하여 부분적 포괄대리권을 가지고 있다고 봄이 상당하다. 원고와 피고 주봉진 사이에 체결된 이 사건 중기임대차계약으로 인하여 발생하는 중기임대료의 지급을 보증한 소외 박수만은 피고 현대건설주식회사가 시공하는 충남 서산군 대산면 소재 현대종합화학공장 건설현장의 현장소장으로서 그 업무의 범위는 그 공사의 시공에 관련한 자재, 노무관리 외에 그에 관련된 하도급계약 계약체결 및 그 공사대금 지급, 공사에 투입되는 중기 등의 임대차계약 체결 및 그 임대료의 지급 등에 관한 모든 행위이고, 아무리 소규모라 하더라도 그와 관련 없는 새로운 수주활동을 하는 것과 같은 영업활동은 그의 업무범위에 속하지 아니하였음이 분명하므로, 위 박수만이 피고 회사의 현장소장이라는 직함을 가지고 있다고 하여 막바로 그를 표현지배인이라고 말할 수는 없다.

[판례] 대법원 1993.12.10. 선고 93다36974 판결

지점 차장이라는 명칭은 그 명칭 자체로서 상위직의 사용인의 존재를 추측할 수 있게 하는 것이므로 상법 제14조 제1항 소정의 영업주임 기타 이에 유사한 명칭을 가진 사용인을 표시하는 것이라고 할 수 없고, 따라서 표현지배인이 아니라 할 것이다.

4) 영업에 관한 대리행위

표현지배인으로 되기 위해서는 표현적 명칭을 사용하여 영업에 관한 거래행위를 대리하여야 한다. 표현지배인의 대리행위는 표현지배인 자신의 권한 밖의 행위이어야 함은 당연하나, 이 밖에 진정한 지배인의 권한 범위 내의 행위로서 재판상의 행위를 제외한 재판외의 거래행위에 속하는 것이어야 한다(상법§14①). 따라서 표현적 명칭을 사용하는 자가 영업주의 영업에 관하여 선의의 제3자와 영업양도계약의 체결을 무권대리한 경우에는 아무리 다른 요건이 다 갖춰져도 표현지배인의 행위로서의 효력이 인정되지 아니한다. 영업에 관한 거래행위인가 여부는 행위 당시의 표현적 명칭 사용자의 주관적인 의사에 관계없이 행위의 객관적 성질에 따라 추상적으로 판단하여야 한다.

5) 상대방의 선의

표현지배인과 거래하는 상대방은 선의이어야 한다(상법§14②). 여기서 선의라 함은 표현지배인과 거래행위를 하는 상대방이 표현적 명칭을 사용하는 자를 진정한 지배인으로 오인하였음을 말한다. 상대방이 악의, 즉 표현적 명칭을 사용하는 자가 지배인이 아님을 알고 있는 경우에는 무권대리가 되어 무효이다. 상대방이 선의인데 과실이 있는 경우에는 경과실이면 선의로 볼 것이나, 중과실이 있는 때에는 악의로 보는 것이 통설이다. 선의 여부에 대한 판단 시기는 거래행위를 한 때이며, 상대방의 악의에 대한 입증책임은 영업주에게 있다.

3. 효 과

표현지배인은 영업에 관한 거래를 한 경우에, 재판상의 행위를 제외하고는, 선의의 제3자에 대한 관계에서 지배인과 동일한 대리권이 있는 것으로 본다(상법§14①). 표현지배인은 본래 진정한 지배인이 아니므로 지배권이 없으나, 선의의 제3자와 한 영업상의 특정 거래행위에 한하여 지배인과 동일한 대리권이 있는 것으로 의제하여 그 효력을 인정하는 것이다. 따라서 표현지배인의 행위에 대해서는 영업주가 거래상의 책임을 지며, 표현지배인은 무권대리인으로서의 책임을 지지 아니한다.

제3절 부분적 포괄대리권을 가진 사용인

부분적 포괄대리권을 가진 사용인은 부장, 차장, 과장, 대리 등 영업의 특정한 종류 또는 특정한 사항에 관하여 재판 외의 행위에 대하여 포괄적 대리권을 가진 상업사용인이다. 부분적 포괄대리권을 가진 사용인은 영업주 이외에 지배인에 의하여 선임 또는 해임될 수 있으며, 그 대리권의 소멸사유도 지배인의 경우와 같으나, 선임 및 대리권의 소멸은 등기사항이 아니다.

부분적 포괄대리권을 가진 사용인의 대리권의 범위는 지배인의 경우와는 달리 영업주로부터 위임받은 영업의 특정한 종류 또는 사항에 관한 재판 외의 행위에 한한다. 다만, 부분적 포괄대리권을 가진 사용인의 대리권은 상법에 의하여 제한된 범위 내에서 포괄적으로 인정되므로 영업주가 그 대리권에 대하여 내부적으로 제한하더라도 그 제한으로써 선의의 제3자에게 대항하지 못하는 것은 지배인의 경우와 같다.

[판례] 대법원 2007.8.23. 선고 2007다23425 판결

상법 제15조의 부분적 포괄대리권을 가진 사용인은 영업의 특정한 종류 또는 특정한 사항에 관한 재판 외의 모든 행위를 할 수 있는 대리권을 가진 상업사용인을 말하는 것이므로, 이에 해당하기 위해서는 그 사용인의 업무 내용에 영업주를 대리하여 법률행위를 하는 것이 당연히 포함되어 있어야 하는 것이다(대법원 2002. 1. 25. 선고 99다25969 판결 등 참조). 원심은, 그 채용 증거들을 종합하여, 이 사건 매매계약 당시 피고 강남지사 영업2팀의 팀장은 소외 2이고, 소외 1은 피고 강남지사의 영업2팀에서 과장으로 불리며 근무하던 3급 사원으로서, 피고의 거래처를 정기적으로 방문하여 거래처의 새로운 통신수요를 파악하고 이에 맞는 통신서비스를 제안하여, 그에 따라 거래처가 새로운 통신서비스의 제공을 원하는 경우 이에 관한 사항을 사업추진보고서로 작성하여 영업2팀장인 소외 2에게 보고하는 업무를 담당하였을 뿐, 스스로 피고를 대리하여 영업과 관련된 계약을 체결할 권한을 가지지는 않았던 사실, 피고의 2003년 당시 영업계약관리기준에 의하면 영업팀장인 소외 2도 1,000만 원 이상의 거래시에는 담당임원이나 대표이사의 결재를 받아야 계약을 체결할 수 있도록 되어 있는 사실 등을 인정한 다음, 이와 같은 인정 사실에 나타나는 여러 사정들에 비추어 보면 소외 1이 피고의 영업에 관하여 부분적 포괄대리권을 갖는 사용인이라고 보기 어렵다고 판단하여, 소외 1이 피고의 부분적 포괄대리권을 갖는 사용인이라는 원고의 주장을 배척하였다. 앞서 본 법리와 기록에 비추어 살펴보면, 원심의 이러한 사실인정과 판단은 옳은 것으로 수긍이 가고, 거기에 원고의 상고이유 주장과 같은 채증법칙 위배나 부분적 포괄대리권을 가진 사용인에 관한 법리오해 등의 위법이 있다고 할 수 없다.

…상법 제14조 제1항은, 실제로는 지배인에 해당하지 않는 사용인이 지배인처럼 보이는 명칭을 사용하는 경우에 그러한 사용인을 지배인으로 신뢰하여 거래한 상대방을 보호하기 위한 취지에서, 본점 또는 지점의 영업주임 기타 유사한 명칭을 가진 사용인은 표현지배인으로서 재판상의 행위에 관한 것을 제외하고는 본점 또는 지점의 지배인과 동일한 권한이 있는 것으로 본다고 규정하고 있으나, 부분적 포괄대리권을 가진 사용인의 경우에는 상법은 그러한 사용인으로 오인될 만한 유사한 명칭에 대한 거래 상대방의 신뢰를 보호하는 취지의 규정을 따로 두지 않고 있는바, 그 대리권에 관하여 지배인과 같은 정도의 획일성, 정형성이 인정되지 않는 부분적 포괄대리권을 가진 사용인들에 대해서까지 그 표현적 명칭의 사용에 대한 거래 상대방의 신뢰를 무조건적으로 보호한다는 것은 오히려 영업주의 책임을 지나치게 확대하는 것이 될 우려가 있으며, 부분적 포괄대리권을 가진 사용인에 해당하지 않는 사용인이 그러한 사용인과 유사한 명칭을 사용하여 법률행위를 한 경우 그 거래 상대방은 민법 제125조의 표현대리나 민법 제756조의 사용자책임 등의 규정에 의하여 보호될 수 있다고 할 것이므로, 부분적 포괄대리권을 가진 사용인의 경우에도 표현지배인에 관한 상법 제14조의 규정이 유추적용 되어야 한다고 할 수는 없다. 이와 달리 부분적 포괄대리권을 가진 사용인의 경우에도 표현지배인에 관한 상법 제14조의 규정이 유추적용 되어야 한다는 전제 하에, 소외 1이 '피고 강남지사 영업팀장'이라는 명칭을 사용하였으므로 상법 제14조에 의하여 소외 1을 부분적 포괄대리권을 가진 사용인과 동일한 권한이 있는 자로 보아야 한다는 원고의 주장은, 그 전제가 그릇된 이상 … 받아들일 수 없다.

제4절 물건판매점포의 사용인

물건을 판매하는 점포의 사용인은 선의의 고객에 대하여 그 점포 내에 있는 물건

의 판매행위에 관하여 대리권이 있는 것으로 의제된다(상법§16②, §14②). 물건판매점
포에서 물건의 판매에 종사하는 사용인에게는 일반적으로 대리권이 없는 경우가
대부분일 것이나, 고객의 입장에서는 대리권이 있는 것으로 오인하기 쉬우며 또 고
객이 그 권한의 유무를 확인하는 것도 현실적으로 곤란하므로 상법은 거래의 안전
을 고려하여 물건판매에 관한 대리권이 있는 것으로 의제하고 있다.

이러한 사용인에게 물건판매에 관한 대리권이 의제되기 위해서는 그 사용인이
물건판매점포 내에서 물건의 판매에 종사하여야 하며, 상대방은 선의로서 사용인
에게 물건 판매의 권한이 없음을 알지 못하여야 한다. 이 경우 사용인에게 인정되는
대리권의 범위는 현금판매·외상판매·대금감액·대금추심·변제의 연기에 미치
나, 물건의 구매나 자금차입 등에 관하여는 대리권이 인정되지 않는다.

제5절 상업사용인의 의무

제1. 경업피지의무

1. 의무의 내용

상업사용인은 영업주의 허락 없이 자기 또는 제3자(사용인 자신과 영업주를 제외한 자)의
계산으로 영업주의 영업부류에 속하는 거래를 하지 못한다(상법§17① 전단). 이를 경업
피지의무(競業避止義務)라고 하는데, 영업주와의 계약에 기한 의무와는 별도로 상
법에 의하여 인정되는 법률상의 부작위의무(不作爲義務)이다.

상업사용인의 경업피지의무는 영업주의 허락 없이 영업주의 영업부류에 속하는
거래를 하지 않아야 할 의무이다. 여기서 영업부류에 속하는 거래라 함은 영업주의
영업의 목적에 속하는 거래와 동일한 종류의 거래를 말한다. 자기 또는 제3자의 계

산이란 그 거래로 인한 경제적 효과의 귀속 주체가 사용인 자신이나 그 밖의 제3자인 경우이다. 이러한 거래는 영업시간에 관계없이 금지된다.

그러나 이 의무는 영업주의 허락이 없는 경우에 한하며, 영업주의 허락이 있는 때에는 사용인은 영업주의 영업부류에 속하는 거래를 자기 또는 제3자의 계산으로 할 수 있다. 영업주의 허락은 서면이나 구두에 의한 명시적인 허락뿐만 아니라 묵시적인 허락도 포함하며, 사전의 허락뿐만 아니라 사후의 추인도 무방하다. 또 사용인의 일상적인 경제적 수요에 기한 영리성이 없는 거래와 약관에 의하여 정형적으로 이루어지는 거래(은행 지점장의 금전대차 등)는 그 거래가 영업주의 영업부류에 속하는 경우라도 경업거래에 포함되지 않으며, 사용인은 영업주의 허락 없이 할 수 있다.

2. 의무 위반의 효과

1) 개입권

상업사용인이 경업피지의무에 위반하여 자기의 계산(計算)으로 영업주의 영업부류에 속하는 거래를 한 경우에 영업주가 그 거래를 영업주의 계산에서 한 것으로 볼 수 있다. 이를 개입권(介入權) 또는 탈취권(奪取權)이라고 한다.

여기서 영업주의 계산으로 한 것으로 본다 는 것은 상업사용인과 그 상대방 간에 이루어진 거래에서, 그 거래의 법률관계에는 아무런 영향을 미치지 않고, 오로지 그 거래에서 실제 발생한 이익을 영업주 자신에게 귀속시킨다는 의미이다. 즉 영업주가 개입권을 행사하는 경우에 상업사용인은 그 거래의 경제적 효과를 영업주에게 귀속시킬 채권적 의무를 부담하게 되는 것이다.

개입권은 형성권으로서 그 행사는 영업주의 일방적인 의사표시에 의한다. 개입권의 행사에 특별한 방식이 요구되는 것은 아니며, 영업주의 개입의 의사가 상업사용인에게 전달되면 되는 것이다. 개입권 행사의 효과는 채권적인 것으로서 영업주가 개입권을 행사한 때에 사용인은 그 거래로 인하여 취득한 금전이나 물건 또는 권리 등의 경제적 효과를 영업주에게 양도해야 할 의무를 진다.

개입권은 영업주가 사용인의 경업거래를 안 날로부터 2주간 또는 그 거래가 있은 날로부터 1년이 경과되면 소멸한다(상법§17④). 이 기간은 제척기간(除斥期間)이다.

2) 이득양도청구권

상업사용인이 제3자의 계산으로 경업거래를 한 경우 영업주는 사용인에 대하여 그 거래로 얻은 보수 등 이득의 양도를 청구할 수 있다. 이를 영업주의 이득양도청구권(利得讓渡請求權)이라 한다. 개입권은 상업사용인이 자신의 계산으로 경업을 한 경우에 영업주가 행사할 수 있는 권리인 반면, 이득양도청구권은 상업사용인이 영업주 및 자신 이외의 제3자의 계산으로 경업을 한 경우에 행사할 수 있는 권리라는 점에서 양자는 구별된다.

영업주의 이득양도청구권은 영업주가 사용인의 경업거래를 안 날로부터 2주간 또는 그 거래가 있은 날로부터 1년이 경과되면 소멸한다(상법§17④).

3) 손해배상청구권

사용인이 경업거래를 하여 영업주에게 손해가 발생한 경우에 영업주는 개입권 또는 이득양도청구권과는 별도로 사용인의 경업거래로 인하여 자기가 받은 손해를 입증하여 그 배상을 청구할 수 있다.

4) 계약해지권

상업사용인이 경업피지의무를 위반한 경우에 영업주는 사용인과의 고용계약 또는 위임계약을 해지할 수 있다. 그러나 이러한 계약관계는 존속시키면서 수권행위(授權行爲)만 철회하여 대리권을 소멸시키는 것도 가능하다.

제2. 겸직금지의무

사용인은 영업주의 허락 없이 다른 회사의 무한책임사원·이사 또는 다른 상인의 상업사용인이 되지 못한다(상법§17① 후단). 이를 겸직금지의무(兼職禁止義務)라 한다. 상업사용인의 겸직에 관한 영업주의 허락은 경업피지의무의 경우와 같다.

여기서 사용인의 겸직이 제한되는 다른 회사는 반드시 동종영업을 목적으로 하는 회사인가에 관하여 대리상(상법§89)·무한책임사원(상법§198, §269)·이사(상법§397, §567) 등의 겸직금지의무에서와 같이 동종영업을 목적으로 하는 다른 회사를 의미한다는 제한설과, 영업의 내용에 관계없이 다른 모든 회사를 의미한다는 무제한설이 있다. 무제한설이 우리나라의 다수설이다.

상법 제17조 제1항에는 주식회사 이사의 경업금지의무(상법§397①)에서와 같은 「동종 영업을 목적으로 하는」 등의 제한이 없으며, 특히 상업사용인은 영업주와의 개인적 신뢰관계에 기초하고 있다는 점에서 무제한설이 타당하다. 따라서 이 경우 「다른 상인」도 영업의 종류에 관계없이 다른 모든 상인을 의미한다고 보아야 한다.

상업사용인이 의무를 위반한 경우 영업주는 고용계약 또는 위임계약 등의 해지 또는 수권행위의 철회와 함께 사용인에 대하여 계약위반에 따른 손해의 배상을 청구할 수 있다. 다만 이 경우 사용인이 겸직을 하는 것은 거래가 아니므로 영업주가 개입권이나 이득양도청구권을 행사할 수 없으며, 손해배상청구권과 계약해지권을 행사할 수 있을 뿐이다.

제4장
상인의 물적 시설

제1절 영업소

제1. 영업소의 의의

영업소(營業所)는 상인의 영업활동을 실질적으로 수행하는 장소적 중심지로서의 실체를 갖추어야 한다. 영업소가 수 개인 경우에 각 영업소를 통일적으로 지휘하는 주(主)되는 영업소를 본점(本店)이라 하고, 본점의 지휘 아래 경제적으로 어느 정도 독립하여 영업활동을 하는 종(從)되는 영업소를 지점(支店)이라 한다.

제2. 영업소의 법적 효과

영업소는 일반적으로 영업에 관한 채무의 이행장소, 상업등기소의 관할 기준, 재판의 관할 법원을 정하는 기준, 소송서류의 송달장소, 어음상의 권리의 행사 또는 보전의 장소 등이 된다. 따라서 영업에 관한 채무변제의 장소는 채권자의 영업소이며(민법§467②단서), 증권채무의 변제 장소는 채무자의 영업소이다(민법§516, §524). 상업등기는 그 상인의 영업소 소재지에 있는 법원의 관할에 속하고(상법§34), 회사의 보통 재판적은 그 영업소에 의하여 정하며(민사소송법§10), 소송서류의 송달은 수령인의 영업소에서도 할 수 있다(민사소송법§170①).

특히 지점의 경우에는 지점거래로 생긴 채무의 이행 장소이며, 지점마다 지배인을 둘 수 있다. 본점의 등기사항은 지점소재지에서도 등기하여야 하며, 외국회사의 경우에도 그 지점이 국내에 있는 경우에는 관할등기소에 지점설치의 등기를 하여야 한다. 각 지점의 영업은 그것을 하나의 단위로서 독립하여 양도할 수 있다.

제2절 상호

제1. 상호의 의의

상호(商號)란 상인이 영업활동에 있어서 자기의 영업을 표시하기 위하여 사용하는 명칭을 말한다. 자연인인 상인은 자신의 성명 이외에 자신의 영업활동을 표시하기 위하여 상호를 사용하며, 회사 기업의 경우에는 회사의 명칭이 상호로 된다. 상호는 영업의 동일성과 독립성을 표시하며, 영업에 관한 명성과 신용을 나타내는 것이다.

상호는 상인이 자신의 영업을 표시하기 위하여 사용하는 명칭이므로, 상인이 아닌 자(의사, 변호사, 공인회계사 등)의 명칭이나, 상인의 명칭이라도 영업과는 직접 관계없는 것은 상호가 아니다. 상호는 영업상의 명칭이므로 문자로 표시하고 호칭할 수 있어야 하며, 단순한 도안이나 기호는 상호로 할 수 없다. 상표(商標)는 상품의 동일성을 표시하는 것이며, 영업표(營業標) 또는 서비스표는 영업 또는 서비스의 동일성을 표시하는 기호 또는 도안이라는 점에서 상호와 다르다.

[판례] 대법원 1984.1.24. 선고 83후34 판결

상표법 제9조 제1항 제9호는 출원상표에 대한 등록거절사유의 하나로 기존상표와 출원상표의 상표구성상의 동일 내지 유사성 및 양상표의 지정상품의 동일 내지 유사성과 기존상표의 주지성을 요건으로 규정하고 있어 그 규정의 문리상으로는 상표와 상표 사이의 관계에 국한하는 것으로 볼 여지도 없지 아니하나, 상호는 상표에 비하여 상인이 영업상 자기를 표창하는 칭호인 점에서 인격적 요소가 짙은 권리이기는 하나 등기후의 상호전용권은 재산권으로 보호되는 것이고, 상표법 제9조 제1항 제6호에 타인의 저명한 상호의 사용을 상표등록의 소극적 요건으로 규정한 점에 비추어 보면 위 제1항 제9호의 해석에 있어서도 상표와 상호간의 대비도 포함되는 것으로 풀이함이 상당하고, 저명하고, 널리 알려진 주지 상표(상호)인 여부는 그 사용의 기간, 방법, 태양, 사용량, 거래범위 등과 상품거래의 실정 및 사회통념상 객관적으로 널리 알려졌느냐의 여부가 일응의 기준이 된다 할 것…이다.

제2. 상호의 선정

1. 상호 선정의 기본원칙

1) 입법주의

상호의 선정에 관하여 상호자유주의, 상호진실주의 및 절충주의가 있다. 상호자유주의는 상인이 어떠한 명칭이라도 상호로 선정하여 사용할 수 있게 하는 입법주의이다. 상호진실주의는 영업의 실체에 합치되는 명칭을 상호로 선정하여 사용하여야 한다는 입법주의이다. 절충주의는 다시 두 가지로 나누어진다. 새로운 상호를 선정하여 사용할 때에는 영업의 실체에 합치되어야 하나 기존 영업을 양수하는 경우에는 반드시 그 실체에 합치되지 않는 상호도 사용할 수 있도록 하는 진실주의적 절충주의와, 상호자유주의를 원칙으로 하면서 일정한 범위에서 이를 제한하는 자유주의적 절충주의가 있다.

2) 현행 상법의 기본원칙

현행 상법은 상호의 선정에 있어서 상인은 그 성명 기타 명칭으로 상호를 정할 수 있다고 함으로써(상법§18) 상호자유주의를 원칙으로 하고 있다. 따라서 타인의 성명이나 자기의 영업과 일치하지 않는 명칭도 상호로 선정할 수 있으며, 회사가 아닌 상인은 상호를 선정하지 않을 수도 있다. 다만 상인이 누구나 상호를 자유로이 선정하여 사용할 경우 영업의 주체에 대한 일반 대중의 오해를 초래하여 거래의 안전을 해칠 우려가 있다. 그리하여 상법과 부정경쟁방지및영업비밀보호에관한법률은 상호의 선정에 관하여 자유주의적 절충주의를 취하여 다음과 같은 일정한 제한을 규정하고 있다.

2. 상호 선정의 자유에 대한 제한

1) 회사의 상호에 대한 제한

회사의 상호에는 그 종류에 따라 합명회사, 합자회사, 유한책임회사, 주식회사 또는 유한회사의 문자를 사용하여야 한다(상법§19). 은행, 신탁, 보험, 증권 등의 특수한 영업을 목적으로 하는 회사는 그 상호 중에 은행, 신탁, 보험, 증권 등의 문자를 사용하여야 하고(은행법§14, 신탁업법§7①, 증권거래법§62①), 특히 보험업을 주된 영업으로 영위하는 회사는 상호 중에 주로 영위하는 보험업의 종류를 표시하여야 한다(보험업법§8①).

2) 회사 상호의 사용금지

회사 아닌 상인은 상호 중에 회사임을 표시하는 문자를 사용하지 못한다(상법§20전단). 개인이 회사의 영업을 양수한 경우에도 같다(상법§20후단). 이 경우에 반드시 회사라는 명칭이 아니더라도 회사로 오인할 수 있는 문자를 사용하는 것도 금지된다. 이에 위반하여 회사 상호 또는 회사로 오인할 수 있는 상호를 사용하는 자에 대해서는 과태료의 제재가 있다(상법§28). 또한 은행, 신탁, 보험, 증권 등의 영업을 주된 목적으로 하는 회사가 아니 경우에는 그 상호 중에 은행, 신탁, 보험, 증권 등의 문자를 사용하지 못한다(은행법§14, 신탁업법§7②, 보험업법§8②, 증권거래법§62②).

3) 부정목적에 의한 사용 제한

누구든지 부정한 목적으로 타인의 영업으로 오인할 수 있는 상호를 사용하지 못한다(상법§23①). 부정한 목적이란 일반인에게 자기의 영업을 타인의 영업과 혼동, 오인시키려는 의도를 말한다. 부정한 목적이 있는 한 상호의 등기 여부는 문제되지 않는다. 따라서 등기하지 아니한 타인의 상호를 부정한 목적으로 등기하여 사용하는 것도 이 규정에 의하여 금지된다. 여기서 상호를 사용한다는 것은 계약의 체결 등 법률행위에서는 물론이고 간판이나 광고·명함 등에서 사실상 사용하는 것을 포함한다(상법§28).

4) 명의대여자의 책임

자기의 성명 또는 상호를 사용하여 영업할 것을 타인(名義借用者)에게 허락한 자(名義貸與者)는 자기를 영업주로 오인하여 거래한 선의의 제3자에 대하여 그 거래로 생긴 채무에 관하여 명의차용자와 연대하여 변제할 책임을 진다(상법§24). 명의나 상호의 사용에 따른 외관을 신뢰하여 명의차용자와 거래한 제3자를 보호하기 위하여 외관주의(外觀主義) 또는 금반언(禁反言)의 법리에 기한 책임이다. 이에 관한 구체적인 내용은 후술한다.

5) 「부정경쟁방지 및 영업비밀보호에 관한 법률」에 의한 제한

부정경쟁방지 및 영업비밀보호에 관한 법률은 그 목적 여하를 불문하고 국내에 널리 인식된 타인의 성명·상호와 동일하거나 이와 유사한 것을 사용하여 타인의 영업상의 시설 또는 활동과 혼동을 하게 하는 행위를 부정경쟁행위의 하나로 규정하고 있다(동법§2①).

그리하여 동법은 이러한 부정경쟁행위로 인하여 자신의 영업상의 이익을 침해하거나 침해할 우려가 있는 자에 대해서는 법원에 그 행위의 금지 또는 예방과 함께 그 금지 또는 예방을 위하여 필요한 조치를 청구할 수 있도록 규정하고 있으며(동법§4①②), 이와 함께 자신의 성명·상호와 동일하거나 유사한 것을 고의 또는 과실로 사용하여 자신의 영업상 이익을 침해하여 손해를 입힌 자에 대하여는 그 손해의 배상을 청구할 수 있도록 하고 있다(동법§5).

또 동법은 법원에 대해 고의 또는 과실에 의한 부정경쟁행위로 타인의 영업상의 신용을 실추하게 한 자에 대하여는 부정경쟁행위로 인하여 자신의 영업상의 이익이 침해된 자의 청구에 의하여 손해배상에 갈음하거나 손해배상과 함께 영업상의 신용을 회복하는데 필요한 조치를 명할 수 있도록 규정하고 있다(동법§6).

제3. 상호의 수

개인 상인이 수개의 영업을 하는 경우에는 각 영업에 관하여 서로 다른 상호를 사용할 수 있으나, 동일한 영업에 관하여는 반드시 하나의 단일한 상호를 사용하여야 한다(상법§21①). 상호는 기업의 동일성을 표시하는 것이므로 동일한 영업에 관하여 수개의 상호를 사용할 경우 일반 공중이 영업과 그 영업주체의 동일성에 관하여 오인할 우려가 있기 때문이다. 따라서 동일한 영업에 관하여 수개의 영업소가 있는 경우에는 상호 중에 영업소 소재지의 명칭 기타 지점임을 표시하는 문자를 부가하여 본점과의 종속관계를 표시하여야 한다(상법§21②).

다만 회사는 영업이 수 개라도 그 상호는 반드시 단일하여야 한다. 회사의 상호는 회사의 법인격을 표시하는 유일한 명칭이므로, 수개의 영업을 하더라도 그 회사의 명칭을 다르게 할 수 없기 때문이다. 동일한 회사의 영업소가 수개인 경우에는 그 상호 중에 본점과의 종속관계를 표시하는 지점이나 지사 등의 문자를 사용하여야 한다.

제4. 상호의 등기

1. 의 의

개인상인의 상호는 그 등기 여부가 상인의 자유이며 상대적 등기사항이다. 개인상인의 상호는 상호등기부에 등기하며, 그 등기에 있어서 상호, 영업의 종류, 영업소, 상호사용자의 성명·주소 및 주민등록번호를 등기하여야 한다(상업등기법§31).

회사의 상호는 회사의 설립등기사항(상법§180 제1호, §217①, §317② 제1호, §549② 제1호)으로서 반드시 등기를 하여야 하는 절대적 등기사항이다. 회사의 상호는 상호등기부에 따로 등기하지 아니하고(상업등기법§37①), 회사등기부에 등기한다.

상호의 등기에 있어서 외국문자로 된 상호는 그 발음을 한글 또는 한자로 표기하여 등기하여야 하며, 외국문자 그대로 등기하는 것은 허용되지 않는다. 상호의 등기 절차는 상업등기법과 대법원규칙에서 정한다(상업등기법§131).

2. 상호등기의 효력

1) 동일 상호의 등기 금지

동일한 특별시·광역시·시 또는 군 내에서는 동일한 종류의 영업을 위하여 다른 사람이 등기한 것과 동일한 상호는 등기할 수 없다(상법§22, 상업등기법§30). 종래 상업등기법의 시행 전에는 타인이 등기한 상호와 유사한 상호의 등기가 제한되었으나, 상업등기법은 동일한 특별시·광역시·시·군내에서 동일한 상호의 등기만 금지하고 유사한 상호의 등기는 허용하고 있다.

이와 같이 타인이 등기한 상호와 동일한 상호를 등기할 수 없으나, 종래 다른 행정구역에서 각각 동종 영업에 관하여 동일한 상호가 등기된 후 행정구역의 변경에 의하여 동일한 상호가 경합하는 경우와, 지점의 설치로 인하여 지점소재지에 동일한 상호가 중복하여 존재하게 되는 경우에는 동일한 상호의 등기가 가능하다.

2) 부정한 목적의 존재 추정

동일한 서울특별시·광역시·시 또는 군에서 동종의 영업에 관하여 타인이 등기한 상호를 사용하는 자는 부정한 목적으로 사용하는 것으로 추정된다(상법§23④). 따라서 타인이 등기한 상호와 동일한 상호를 사용하는 자가 있는 경우에 그 사용자에게 부정한 목적이 있는가 여부에 관한 입증책임이 사용자 자신에게 전환되며, 사용자 스스로 자신에게 부정한 목적이 없음을 입증하지 못하는 한, 상호를 등기한 자는 그 사용자에게 상호권을 행사할 수 있다.

이처럼 타인이 등기한 상호를 사용하는 자에게 부정한 목적이 있는 것으로 추정하는 것은 종래 등기한 상호와 동일한 경우뿐만 아니라 유사한 상호에 대해서도 인정된다는 것이 통설이고 판례였다. 그런데 상업등기법은 제30조에서 동종의 영업에 관하여 동일한 상호의 등기만 금지할 뿐이고 유사한 상호의 등기는 허용하고 있다. 여기서 타인이 등기한 상호와 유사한 상호를 등기하여 사용하는 자에게는 이러한 추정적 효력이 있는지 문제된다.

그러나 상업등기법 제30조는 상호의 유사성 여부에 관한 등기관의 자의적 판단을 배제하여, 상인이 등기를 용이하게 할 수 있도록 한 것이지, 그 사용자가 부정한 목적으로 등기하여 사용하는 것까지 허용하는 것은 아니다(상법§23①). 따라서 부정한 목적으로 타인의 상호와 유사한 상호를 등기한 경우에도 이러한 추정적 효력이 인정된다.

> **[판례] 대법원 1993.7.13. 선고 92다49492 판결 참조**
>
> 신청인이 마산에서 "고려당"이라는 상호를 1959.7.21. 등기하여 사용하고 있는데, 피신청인이 1971.10.1. 설립된 "주식회사 고려당"과 1991.8.1. 회사 제품의 마산대리점 계약을 체결하여 이 회사 마산대리점을 개점·운영하면서 위 회사의 연혁과 그 관계를 표시하기 위하여 "SINCE 1945 신용의 양과 서울 고려당 마산분점"이라는 간판을 사용하는 경우에 관하여, 대법원은 신청인과 피신청인은 모두 같은 마산시에서 제과점을 경영하고 있으나 신청인은 합포구 창동에, 피신청인은 회원구 양덕동에 제과점이 위치하여 비교적 원거리에 있는 사실이 인정되며 위 인정사실에 비추어 보면 피신청인은 위 회사의 명성과 신용을 믿고 위 회사 등과 마산판매대리점계약을 체결한 자로서 위 회사의 "고려당"이란 상호를 간판에 내세운 것으로 인정될 뿐 신청인의 상호인 마산의 "고려당"이 가지는 신용 또는 경제적 가치를 자신의 영업에 이용하고자 하는 의도는 없었다고 봄이 상당하므로 피신청인에게 부정한 목적이 있다고 볼 수 없다.

제5. 상호의 가등기

1. 상호 가등기의 의의

상호의 가등기(假登記)는 상호의 본등기를 하기 전에 장래의 상호등기를 보전하기 위하여 미리 하는 임시의 등기를 말한다. 상호의 가등기는 회사에 한하여 인정되며 개인 상인에게는 허용되지 아니한다. 회사를 설립하고자 하거나 또는 회사의 상호나 목적을 변경하고자 하는 경우에 타인이 동일하거나 유사한 상호를 미리 등기함으로써 당해 회사의 상호를 등기하지 못하는 문제점을 보완하기 위하여 1995년 개정상법에 의하여 도입된 제도이다(상법§22의2).

2. 상호 가등기의 요건

1) 총 설

현행 상법상 상호의 가등기는 회사의 설립등기의 전후에 따라 그 대상을 달리하고 있다. 먼저 회사의 설립등기를 하기 전에는 주식회사와 유한회사에 한하여 그 상호의 가등기가 가능하다. 그러나 회사의 설립등기 후에는 주식회사와 유한회사는 물론 합명회사와 합자회사도 상호 또는 목적을 변경하거나 본점을 이전하는 경우에 상호의 가등기를 할 수 있다.

2) 회사 설립 등기 전의 가등기

주식회사 또는 유한회사를 설립하는 경우에는 설립등기를 하기 전에 상호의 가등기를 할 수 있다(상법§22의2①). 설립등기를 하기 전에 상호의 가등기를 할 수 있는 회사는 주식회사와 유한회사에 한하므로 합명회사와 합자회사는 설립등기를 하기 전에는 상호의 가등기를 할 수 없다. 상호의 가등기는 본점소재지를 관할하는 등기소에 신청하여야 한다(상법§22의2①).

3) 회사 설립 등기 후의 가등기

회사가 상호 또는 목적을 변경하거나, 이 양자를 모두 변경하고자 할 때에는 본점 소재지 관할등기소에 상호의 가등기를 신청할 수 있다(상법§22의2②). 회사가 성립된 후 그 상호나 목적을 변경하고자 하는 경우에 동일한 지역에 있는 다른 회사가 미리 그 변경 상호와 동일한 상호를 등기한 경우에는 그 상호를 변경하여 등기하는 것이 불가능하기 때문이다.

회사가 본점을 이전하고자 하는 경우에도 이전예정지의 관할등기소에 상호의 가등기를 신청할 수 있다(상법§22의2③). 이 경우에도 본점의 이전예정지에 있는 다른 회사가 미리 동일한 상호를 등기한 경우에는 본점의 이전 자체가 불가능하므로 미리 가등기를 할 수 있도록 한 것이다. 이러한 상호나 목적의 변경 또는 본점 이전의 가등기는 앞서 기술한 바와 같이 주식회사와 유한회사는 물론 합명회사와 합자회사도 할 수 있다.

4) 가등기절차 등

상호의 가등기 신청과 상호의 가등기를 한 후 그 본등기를 할 때까지의 기간, 가등기의 변경등기, 가등기를 위한 공탁과 공탁금의 회수, 가등기의 직권말소 등의 사항에 관하여는 상업등기법에서 정하고 있다.

3. 상호 가등기의 효력

상호의 가등기를 한 경우에는 동일한 특별시·광역시·시·군에서 가등기한 상호와 동일한 상호를 동종 영업의 상호로 등기하지 못한다(상법§22의2④, §22, 상업등기법 §46, §30). 가등기를 한 상호와 동일한 상호가 동종 영업의 상호로 등기된 경우에는 그 등기의 말소를 청구할 수 있다. 다만, 상호를 가등기한 회사는 가등기에서 등기한 예정기간 내에 본등기를 하여야 하며, 이 기간 내에 본등기를 하지 아니한 때에는 등기관은 상호의 가등기를 직권으로 말소하여야 한다(상업등기법§44).

제6. 상호권

1. 상호권의 의의

상호권이란 상호를 적법하게 선정한 상인이 그 상호의 사용에 관하여 가지는 권리를 말한다. 상호권은 그 상호권자가 타인의 간섭을 받지 않고 그 상호를 자유로이 사용할 수 있는 상호사용권과 타인이 부정한 목적으로 동일하거나 유사한 상호를 사용하는 경우에 그 사용을 배척할 수 있는 상호전용권으로 구별된다.

2. 상호권의 법적 성질

상호권의 법적 성질에 대하여 인격권설과 재산권설, 인격권적 성질을 가지는 재산권이라는 설 등이 있다. 상호가 영업상의 명칭으로서 그 양도 및 상속이 가능하다는 점에서 상호권은 재산권에 속하며, 타인이 동일하거나 유사한 상호를 사용하는 경우에는 인격권 침해의 경우에서와 같이 누구에 대해서도 사용폐지청구 및 손해배상청구 등의 권리를 행사하는 것이 가능하다는 점에서 인격권적 성질을 가지는 특수한 재산권으로 보는 것이 다수설이다.

3. 상호사용권

상호사용권은 상호를 적법하게 선정한 자가 타인의 방해를 받지 않고 그 상호를 법률행위에 있어서나 간판·광고·명함 등에 사실상 자유로이 사용할 수 있는 권리를 말한다. 따라서 이를 적극적 상호권이라고 한다. 상호사용권은 상호의 등기 여부에 관계없이 인정된다.

4. 상호전용권

1) 상호전용권의 의의

상호전용권은 누구든지 부정한 목적으로 자기의 영업으로 오인할 수 있는 상호를 사용하는 경우에 그 사용의 폐지 등을 청구할 수 있는 권리를 말한다.

상호전용권은 상호의 등기 여부에 관계없이 생기는 권리로서 등기하지 아니한 상호에 대해서도 인정된다. 그러나 상호를 등기한 경우에는 상법 제23조 4항에 의하여 그 등기한 상호를 사용하는 자에게 부정한 목적이 있는 것으로 추정된다. 따라서 상호권자는 그 사용자에게 부정한 목적이 있음을 입증할 필요가 없으므로, 상호를 등기하지 아니한 경우에 비하여 상호전용권을 한층 용이하게 행사할 수 있다.

2) 상호전용권의 행사 요건

(1) 상호의 유사성

상호를 등기하지 아니한 자가 상호전용권을 행사하기 위하여서는 타인의 영업으로 오인할 수 있는 상호를 사용하여야 한다. 타인의 영업으로 오인할 수 있는 상호라 함은 자기의 상호가 타인의 상호와 동일하거나 또는 유사한 경우를 말한다.

상호의 유사성은 일반 거래계의 사회통념에 따라 영업의 성질이나 내용·규모·수요자층 등을 감안하여 상호에 대한 전체적 인상을 기초로 일반인이 혼동·오인할 염려가 있는가의 여부를 기준으로 판단하여야 한다.

그러므로 상호의 유사성은 영업의 종류가 다르더라도 업종이 서로 밀접한 관련이 있어 일반인들이 영업의 주체를 혼동·오인할 우려가 있으면 인정된다.

[판례] 대법원 1964. 4. 28. 선고 63다811 판결

'뉴서울 사장'이라는 상호 옆에 혹은 아래에 작은 글자로 '전 허바허바 개칭'이라고 기재한다 할 것 같으면 이것은 채권자가 등기한 '허바허바 사장'이라는 상호를 사용한 것으로 볼 것이며… 채무자의 상호 간판 '뉴서울사장'의 위 또는 아래와 옆에 작은 글씨로 '전 허바허바 개칭' 또는 '허바허바 사장 개칭'이라고 덧부쳐서 사용한 것은 비록 작은 글씨라 할지라도 같은 서울특별시 내에서 사진영업을 하면서 다른 사람의 등기한 상호를 부정한 목적으로 다른 사람의 영업으로 오인할 수 있는 상호를 사용한 것…이라고 할 것이다.

(2) 동일 또는 유사 상호의 사용

타인의 상호와 동일하거나 유사한 상호를 사용하여야 한다. 상호의 사용은 영업 자체에 있어서 사용하는 경우뿐만 아니라 영업을 위한 보조적 상행위에 사용하는 경우도 포함하며, 영업에 관한 계약 등 법률행위에 사용하는 경우는 물론이고, 간판이나 광고 또는 포장지 등에 사실상 사용하는 것도 포함한다.

타인의 상호는 타인이 동일하거나 유사한 상호를 새로 선정하여 사용하는 경우이든 또는 제3자로부터 양도·상속 등의 승계에 의하여 사용하는 경우이든 가리지 아니한다.

동일하거나 유사한 상호의 사용에 관한 지역적 제한은 없다. 상호의 등기에 관하여는 동일한 특별시·광역시·시·군에서 동종 영업의 상호로 등기하지 못하나, 상호 사용에 관하여는 이러한 제한이 없으므로 부정한 목적이 있는 한 상호전용권은 지역에 관계없이 인정된다.

동일하거나 유사한 상호가 동종의 영업에 관하여 사용되어야 할 필요는 없다. 영업의 종류가 다르더라도 일반인들이 영업주체를 오인함으로써 상호권자가 손해를 입을 수 있으므로, 서로 다른 종류의 영업에 사용되더라도 상호전용권을 행사할 수 있다.

[판례] 대법원 1976. 2. 24. 선고 73다1238 판결

보령제약주식회사 '갑'이 '을'명의로 서울에 개설한 '보령약국'과 '병'이 수원에 개설한 '수원보령약국'이 상호에 있어 '보령'이라는 용어가 공통되어 수원에 있는 '병' 경영의 약국의 영업이 서울에 있는 '갑'경영 약국의 영업으로 혼동 오인될 염려가 있는가에 관하여 대법원은 다음과 같이 판시하고 있다. "원고가 스스로 보령약국을 개설하고 거기서 의약품의 판매업을 하고 있다던가 또는 그 약국은 소외 김경의 명의로 개설만 되었을 뿐이고 동 약국의 사실상 영업주는 원고이고 원고가 동 약국에서 의약품의 판매업을 영위하고 있다는 뜻이라면 이들 행위는 약사법이 엄히 금하고 있는 행위라고 할 것이고 이와 같이 법에서 금지되어 있는 영업행위에 관련한 이익은 부정경쟁방지법에 의해서 보호를 받을 가치를 인정할 수 없는 부당한 영업상의 이익이라고 아니할 수 없으며,… 원판결에서 확정된 사실에 의하면 원고는 의약품의 제조 및 판매업과 그에 대한 부대업무 등을 목적으로 설립된 법인체임이 명백한데 그렇다면 원고는 약국을 개설할 수 없으며 따라서 의약품의 판매를 목적으로 설립되었다 하더라도 그가 제조한 의약품을 약사법에서 정하는 바에 의하여 의약품을 제조, 수출입 또는 판매할 수 있는 자에 한해서만 판매하는 것을 업으로 할 수 밖에 없을 것이고 약국에서와 마찬가지로 일반 복용자를 상대로 의약품의 조제 또는 판매(소매)는 할 수 없을 것이며, 한편 약국개설자는 의약품을 조제하고 판매하되 도매는 할 수 없고 (폐업하는 경우에 한해서 예외적으로는 타 약국 개설자에게 도매할 수 있다고 할 것이다.) 판매할 의약품도 그 스스로는 제조할 수 없고 의약품 제조업자에 의해서 제조되었거나 의약품수출입업자에 의해서 수입된 것을 제조업자 수출입업자 또는 도매상으로부터 구입한 것이라고 할 것인즉(위 규칙 6항) 원고와 피고와는 그 영업의 종류, 범위는 물론이거니와 그를 위한 시설과 규모 등 그 영업의 양상을 달리할 것이라고 하여야 할 것은 물론 특히 원고와 피고는 서로 그 고객을 달리하고 있게 됨으로 원고의 일반 고객이 원고회사의 근처도 아닌 수원에 개설된 피고 경영의 「수원보령약국」이 서울에 있는 원고 「보령제약주식회사」의 영업으로 혼동 오인하게 된다는 것은 좀처럼 있을 수 없을 것이므로 단지 그 상호에 「보령」이라는 것이 공통된다고 해서 다른 특별한 사정도 없이 곧 피고의 위 약국을 원고 회사의 영업으로 오인 혼동케 할 염려가 있다고는 단정할 수 없다고 할 것이다."

(3) 부정한 목적의 존재

부정한 목적은 일반인에게 자기의 영업을 타인의 영업과 혼동, 오인시켜 그 타인이 가지고 있는 영업상의 명성이나 사회적 신용을 자기의 영업에 이용하려는 의도를 말한다. 이 때 타인의 성명이나 상호권을 침해하려는 의사가 있어야 할 필요는 없으며, 부정경쟁방지및영업비밀보호에관한법률에서 정하는 '부정한 경쟁'을 목적으로 하지 않더라도 무방하다. 부정한 목적은 상인의 명성이나 사회적 신용, 영업의 규모, 상호 사용의 선후 등을 종합적으로 고려하여 판단된다.

[판례] 대법원 1993. 7. 13. 선고 92다49492 판결

원심판결의 이유에 의하면, 원심은 피신청인의 상호인 "서울고려당"은 그 요부가 "

고려당"에 있고, 간이신속을 존중하는 거래계에서는 간략히 특징적인 부분인 "고려당"으로 호칭될 것이므로 그 경우 신청인의 상호인 "고려당"과 동일하여 양자는 오인, 혼동의 우려가 있어 서로 유사한 상호로 봄이 상당하고, 신청인의 "고려당"이라는 상호가 1959.7.21. 등기되었으므로 피신청인이 그와 유사한 위 상호를 동일한 시에서 동종영업을 위하여 사용하는 이상 상법 제23조 제4항에 의하여 피신청인에게 부정한 목적이 있다고 일응 추정된다 할 것이나, 거시증거에 의하면, 신청외 망 김동환이 1944. 서울 종로 2가에서 "고려당"이라는 상호 및 상표로 양과자 제조, 판매업을 개시하여 1945.9.1. 위 상호로 영업감찰을 받은 이래 같은 업체를 경영하여 오던 중 1971.10.1. 그의 후손들에 의하여 "주식회사 고려당"이 설립된 사실, 위 회사는 40년이 지난 지금까지 동일한 상표와 상호로 같은 영업을 계속해 오면서 상표인 "고려당"이란 표장을 선전해 왔으며, 매출액도 1990년에 23,000,000,000원, 1991년에는 27,000,000,000원이나 되고 전국적으로 250여개의 판매대리점 및 직영점을 가지고 있어 일반수요자들에게 "고려당"은 위 회사의 상호 및 제품에 사용되는 상표인 것으로 널리 인식되기에 이른 사실, 피신청인은 1991.8.1. 위 회사와 위 회사 제품의 마산대리점 계약을 체결함에 있어(피신청인은 1990.11.1. 위 회사와 위 수탁판매계약을 체결하여 위 회사의 분점개설, 상호 및 상표의 사용권을 가지는 신청 외 고려당판매주식회사와 판매대리점계약을 체결하였다가 위 두 회사가 합병함에 따라 다시 계약을 체결하였다) 위 회사의 상표인 "고려당"을 상품에 관한 광고, 간판 등에 사용할 수 있는 권리도 취득한 사실, 이에 피신청인은 위 회사 마산대리점을 개점, 운영함에 있어 위 회사의 연혁과 그 관계를 표시하기 위하여 "SINCE 1945 신용의 양과 서울고려당 마산분점"이라는 간판을 사용한 사실, 신청인과 피신청인은 모두 같은 마산시에서 제과점을 경영하고 있으나 신청인은 합포구 창동에, 피신청인은 회원구 양덕동에 제과점이 위치하여 비교적 원거리에 있는 사실이 인정되며 위 인정사실에 비추어 보면 피신청인은 위 회사의 명성과 신용을 믿고 위 회사 등과 마산판매대리점계약을 체결한 자로서 위 회사의 "고려당"이란 상호를 간판에 내세운 것으로 인정될 뿐 신청인의 상호인 마산의 "고려당"이 가지는 신용 또는 경제적 가치를 자신의 영업에 이용하고자 하는 의도는 없었다고 봄이 상당하므로 피신청인이 부정한 목적으로 신청인의 상호와 동일한 상호를 사용함을 전제로 한 이 사건 신청인은 이유 없다는 취지로 판단하고 있다. 기록에 의하여 살펴보면 원심의 위 사실 인정과 판단은 정당하다고 수긍할 수 있고, 거기에 상법 제23조에 관한 소론과 같은 법리오해의 위법이 있다고 할 수 없다. 피신청인이 그의 간판에 "SINCE 1945 신용의 양과 서울고려당 마산분점"이라고 표시한 것이 주식회사 고려당과의 관계를 나타내기 위하여 위 회사의 상호를 표시한 것이라면 피신청인에게 위 상호의 사용과 관련하여 부정경쟁의 목적이 있는가를 판단함에 있어서 원심이 피신청인이 아닌 위 회사와 신청인의 명성과 신용을 비교한 것을 잘못이라고 할 수 없다.

또 원심은, 피신청인이 신청인보다 명성이나 신용이 더 큰 위 회사의 판매대리점경영자로서 구태여 신청인의 명성이나 신용에 편승할 필요가 없었고, 간판에도 위 회사와의 관계(마산분점이라는 표시를 하여 신청인의 상호와 구분되도록 하고 있다)를 표시한 점, 신청인과 피신청인의 영업소가 서로 원거리인 다른 구에 있는 점등을 종합하여 양자 사이에 오인의 염려가 없으므로 피신청인에게 부정한 목적이 없다는 것이지, 서로 다른 구에 영업소가 있다는 이유만으로 부정한 목적이 없다고 판단한 것은 아니다.

그리고 상법 제23조 제2항의 상호폐지청구권이나 같은 조 제3항의 손해배상청구권은 모두 상법 제23조 제1항의 위반을 전제로 하고 있는바, 원심이 피신청인에게는 부정한 목적이 없어서 상법 제23조 제1항에 위반되지 않는다고 판단한 이상 신청인이 이 사건 피보전권리로서 위 손해배상청구권을 주장하였는가에 관하여 석명하지 아니하였다 하여 판결 결과에 영향이 있는 것은 아니다.

[판례] 대법원 1996.10.15. 선고 96다24637 판결

상법 제23조 제1항에서는 누구든지 부정한 목적으로 타인의 영업으로 오인할 수 있는 상호를 사용하지 못한다고 규정하고 있는바, 이 경우 타인의 영업으로 오인할 수 있는 상호에는 그 타인의 영업과 동종 영업에 사용되는 상호만을 한정하는 것은 아니고, 각 영업의 성질이나 내용, 영업 방법, 수요자층 등에서 서로 밀접한 관련을 가지고 있는 경우로서 일반 수요자들이 양 업무의 주체가 서로 관련이 있는 것으로 생각하거나, 또는 그 타인의 상호가 현저하게 널리 알려져 있어 일반 수요자들로부터 기업의 명성으로 인하여 절대적인 신뢰를 획득한 경우에는 영업의 종류와 관계없이 일반 수요자로 하여금 영업주체에 대한 오인, 혼동의 염려가 있다 할 것이다.

이 사건 각 상호와 관련된 영업인, 자동차견인업과 자동차정비업은 그 성질이나 내용상 서로 밀접한 관련이 있는 영업이고, 자동차정비업자 중의 상당수가 견인업을 겸업하고 있으며, 일반인들 또한 그렇게 생각하는 경향이 많으므로, 신청인의 '합동공업사'와 피신청인이 실제로 사용하는 '합동레카'라는 상호는 그 요부인 '합동'이 동일하여 일단은 영업주체에 대한 오인·혼동의 우려가 있는 상호라고 볼 여지도 있다. 그럼에도 불구하고 '합동공업사'와 '충주합동레카'는 그 칭호와 외관 및 관념을 일반 수요자의 입장에서 전체적, 객관적으로 관찰할 경우 서로 유사하지 아니하여 영업주체에 대한 오인·혼동의 우려는 없다고 할 것이다. 사실관계 및 기록에 의하면, 자동차정비업과 자동차견인업은 영업의 종류가 서로 다르고 그 영업의 성질과 내용이 서로 달라서 비교적 서비스의 품위에 있어서 관련성이 적은 점, 자동차를 견인할 경우 견인장소(주로 정비소일 것이다)를 차량 소유자가 지정할 수 있는 점, 운수관련 업계에서 '합동'이라는 용어가 일반적으로 널리 사용되고 있어 그 식별력이 그다지 크지 아니한 점, 신청인과 피신청인측의 신뢰관계, 신청인도 견인작업을 하고 있었고, 그 후 별도의 견인업 등록을 한 점, 피신청인이 정비업을 하고 있지 아니한 점과 피신청인의 영업 방법이나 그 기간 등을 고려할 때, 양 상호 중의 요부인 '합동'이 동일하고 피신청인이 등록한 상호인 '충주합동레카'를 사용하지 아니하고 '합동레카'를 사용하였다고 하더라도 피신청인이 '부정한 목적'으로 위 상호를 사용하였다고 할 수 없…다.

[판례] 대법원 2004. 3. 26. 선고 2001다72081 판결

상법 제23조 제1항은 "누구든지 부정한 목적으로 타인의 영업으로 오인할 수 있는 상호를 사용하지 못한다."고 규정하고 있고, 같은 조 제4항은 "동일한 특별시·광역시·시·군에서 동종 영업으로 타인이 등기한 상호를 사용하는 자는 부정한 목적으로 사용하는 것으로 추정한다."고 규정하고 있는바, 위 조항에 규정된 '부정한 목적'이란 어느 명칭을 자기의 상호로 사용함으로써 일반인으로 하여금 자기의 영업을 그 명칭에 의하여 표시된 타인의 영업으로 오인시키려고 하는 의도를 말한다. 원심판결 이유에 의하면, 원심은, 피고는 서울특별시에서 동종 영업으로 원고가 먼저 등기한 상호인 "주식회사 유니텍"과 확연히 구별할 수 없는 상호인 "주식회사 유니텍전자"를 사용하고 있으므로 위 상호를 부정한 목적으로 사용하는 것으로 추정된다고 전제한 다음, 위 상호를 사용함에 있어서 부정한 목적이 없다는 피고의 주장에 대하여는, 원고는 소프트웨어의 개발·판매업에, 피고는 컴퓨터 하드웨어의 제조·판매업에 각 영업의 중점을 두고 있기 때문에 원·피고가 실제 영위하는 영업의 구체적 내용에 다소 차이가 있지만, 원고 역시 전체 매출액의 30% 가량이 피고가 영위하는 영업과 같은 컴퓨터 하드웨어의 조립·판매에서 발생하고 있어 원·피고의 주 고객층도 명백히 차별화되어 있다고 단정할 수 없으므로 피고가 위 상호를 사용하는 것이 원고의 영업에 영향을 미치지 않는다고 볼 수 없고, 한편 "유니텍"이라는 단어가 컴퓨터 관련 업계에서 흔히 사용하는 상호라거나 피고의 영업이 신장됨에 따라 현재 자본금 또는 매출액에 있어서 피고가 원고보다 월등히 많고 피고의 주식이 코스닥(KOSDAQ)시장에 등록되었다는 사정만으로는 상법 제23조 제4항의 규정에서 말하는 부정한 목적에 의한 사용에 관한 추정이 번복되었다고 볼 수 없다는 이유로 피고의 위 주장을 배척하여, 결국 원고는 피고에게 피고의 상호의 사용금지를 청구할 수 있다고 판단하였다. 기록과 앞서 본 법리에 비추어 살펴보면, 원심의 위와 같은 판단은 정당하고 거기

(4) 손해 발생의 염려

미등기 상호의 경우 상호전용권에 기하여 상호의 부정사용을 배척하기 위해서는 동일하거나 유사한 상호의 사용으로 인하여 상호권자의 영업에 손해가 발생할 염려가 있어야 한다. 다만 법문상 등기상호의 경우에는 이러한 염려는 요건이 아니다.

(5) 입증책임

상호전용권을 행사하는 자는 이상의 요건을 증명하여야 한다. 다만 상호를 등기한 경우에는 부정한 목적에 관한 입증책임이 상대방에게 전환되므로, 상호권자는 타인의 부정한 목적에 관한 입증책임을 지지 아니한다. 이 때에는 동일 또는 유사상호의 사용자가 자기에게 부정한 목적이 없음을 입증하지 못하면 상호권자는 그밖의 다른 요건을 증명하여 상호전용권을 행사할 수 있다.

상업등기법은 유사한 상호의 등기도 허용하고 있으나, 이는 상호의 등기를 용이하게 하기 위한 것이지, 부정목적에 의한 사용까지 허용하는 취지는 아니다. 타인이 등기한 상호와 유사한 상호를 등기하더라도 상법 제23조 제1항에 의하여 부정한 목적으로 사용하는 것은 허용되지 아니하며, 상호를 이미 등기한 상호권자는 부정사용자가 비록 유사 상호를 등기하더라도 상법 제23조 제4항에 의하여 그 사용자에게 부정한 목적이 있음을 증명할 필요가 없으며, 그 상호사용자가 자신에게 부정한 목적이 없음을 스스로 입증하지 못하는 한 상호권자는 바로 상호전용권을 행사할 수 있다.

3) 국내에 널리 인식된 상호의 경우

국내에 널리 인식된 자기의 상호와 동일하거나 유사한 상호를 사용하여 자신의 영업상의 이익을 침해하거나 침해할 우려가 있는 자에 대해서는 부정경쟁방지및영업비밀보호에관한법률에 의하여 상호의 등기 여부에 관계없이 법원에 그 상호의 사용 금지 또는 예방과 함께 필요한 조치를 청구할 수 있다. 또 이 경우에 자신의 상호와 동일하거나 유사한 것을 고의 또는 과실로 사용하여 자신의 영업상 이익을 침해하여 손해를 입힌 자에 대하여는 상호 사용금지 등의 조치와 함께 그 손해의 배상을 청구할 수 있다(동법§4,§5).

4) 상호전용권의 효력

(1) 상호사용폐지청구권

상호사용자가 부정한 목적으로 자기의 상호와 동일하거나 유사한 상호를 사용하는 경우에 상호권자는 그 부정사용자에 대하여 상호사용의 폐지를 청구할 수 있다(상법§23①·②). 상호 사용의 폐지는 앞으로 그 상호를 사용하지 않는 것을 의미하며, 상호가 표기되어 있는 인쇄물의 폐기와 간판의 철거 등을 포함한다.

(2) 상호등기말소청구권

상호의 부정사용자가 상호권자의 영업으로 오인할 수 있는 상호를 등기하거나 가등기 한 경우에는 상호권자는 그 등기 또는 가등기의 말소를 청구할 수 있다(상법§23②, §22의2④).

(3) 손해배상청구권

상호의 부정사용으로 상호권자가 영업상의 손해를 입은 경우에는 부정사용자에 대하여 손해의 배상을 청구할 수 있다(상법§23③).

(4) 신용회복청구권

상호의 부정사용으로 상호권자가 영업상의 신용을 훼손당한 경우에는 손해배상의 청구에 대신하여 또는 그와 함께 상호의 부정사용자에 대하여 신용회복에 필요한 조치를 청구할 수 있다(부정경쟁방지및영업비밀보호에관한법률§6).

제7. 상호의 양도와 폐지

1. 상호의 양도

1) 상호 양도의 제한

상호는 영업을 전부 양도하는 경우에는 그 영업과 함께 양도할 수 있고, 영업을 폐지하는 경우에는 상호만을 별도로 양도할 수 있다(상법§24①·②). 영업의 폐지는 행정절차를 거쳐 폐업하는 경우뿐만 아니라, 사실상 폐업을 하는 경우도 포함한다. 상호는 한 기업의 신용과 명성을 표창하는 것으로서 동일한 상호는 동일한 기업을 표시한다는 일반 공중의 신뢰를 보호하기 위하여 상호의 양도를 이와 같이 제한하는 것이다.

또 회사의 상호에는 회사의 종류를 표시하여야 하므로, 회사는 다른 종류의 회사 또는 개인상인의 상호를 양수할 수 없다. 회사가 아니면 상호에 회사임을 표시하는 문자를 사용할 수 없으므로, 개인상인도 회사의 상호를 양수할 수 없다.

2) 상호 양도의 방법

상호의 양도는 양도인과 양수인 간에 상호 양도에 관한 합의만으로 그 양도의 효력이 발생한다. 그러나 등기한 상호를 양도하는 때에는 양수인이 그 상호를 계속 사용하고자 할 때에는 양도를 증명하는 서면을 첨부하여 등기를 하여야 한다(상업등기법§33①).

3) 상호 양도의 효력

상호가 양도되면 상호양도인의 상호권이 양수인에게 이전되어 양수인이 상호사용권과 상호전용권을 가지게 된다. 영업양도와 함께 상호를 양도한 경우에는 영업상의 채권관계에 관하여 영업양도의 경우와 같이 제3자에 대하여 일정한 효력이 발생한다.

2. 상호의 변경과 폐지

상호를 등기한 자가 그 상호를 변경하거나 폐지하는 경우에는 지체 없이 상호의 변경 또는 폐지의 등기를 하여야 한다(상법§40). 상호를 등기한 자가 상호를 변경하거나 폐지한 경우에는 그 때로부터 2주간 내에 그 변경 또는 폐지의 등기를 하지 않으면 이해관계인은 그 등기의 말소를 청구할 수 있다(상법§27). 이 때 이해관계인이 그 등기의 말소를 신청함에 있어서 그 등기의 말소에 관하여 이해관계가 있음을 증명하는 서면을 첨부하여야 하며, 상호를 등기한 자는 이에 대한 이의신청을 제기할 수 있다(상업등기법§36, §117~§119).

3. 상호의 폐지 의제

상호를 등기한 자가 정당한 이유 없이 상호를 2년간 사용하지 않는 경우에는 그 상호는 폐지한 것으로 간주된다(상법§26). 이 상호의 폐지 의제는 제3자의 상호 선정의 자유를 보호하기 위한 것이다. 이 때 그 상호를 사용하고자 하는 이해관계인은 등기 명의인에 대하여 그 상호의 등기를 말소할 것을 청구할 수 있다.

제8. 명의대여자의 책임

1. 의 의

명의대여자의 책임이란 자기의 성명 또는 상호를 사용하여 영업할 것을 타인(명의차용자)에게 허락한 자(명의대여자)는 그 타인의 영업에 관하여 자기를 영업주로 오인하여 거래한 선의의 제3자에 대하여 그 거래로 생긴 채무에 관하여 명의차용자와 연대하여 변제하여야 할 책임을 말한다(상법§24). 이 명의대여자의 책임은 명의대여자의 명의나 상호를 명의차용자가 사용하는 외관에 기하여 그 외관을 신뢰하여 명의차용자와 거래한 제3자를 보호하기 위하여 외관주의(外觀主義) 또는 금반언(禁反言)의 법리에 기하여 인정되는 것이다.

2. 명의대여자의 책임 요건

1) 명의대여자의 명의 사용
명의대여자의 책임이 성립하기 위해서는 명의차용자가 명의대여자의 「성명 또는 상호」를 사용하여야 한다. 「성명 또는 상호」는 예시로서 반드시 명의대여자의 성명이나 상호에 국한하는 것은 아니며, 명의대여자가 상인이 아니라도 가령 지방 자치단체나 공공기업 등의 공법인의 명칭에 관하여도 명의대여가 성립한다. 또한 명의차용자가 명의대여자의 상호에 영업소나 출장소 등의 부가문자를 붙여 사용하는 경우에도 중요한 부분이 동일하여 명의대여자를 영업주로 오인시킬 정도로 유사성이 인정되면 명의대여자의 책임이 인정된다.

이 경우 명의의 대여가 적법한 것인가는 묻지 아니한다. 명의의 대여가 특별법에 의하여 금지되는 경우에 명의의 대여가 불법행위로서 무효라 하더라도 명의대여자는 선의의 거래상대방에 대해서는 명의대여자로서의 책임을 부담하게 된다.

[판례] 대법원 1988.2.9. 선고 87다카1304 판결

> 농약관리법 제10조에 의하면 농약판매업을 하고자 하는 자는 일정한 자격과 시설을 갖추어 등록을 하도록 되어 있는 바 이는 농약의 성질로 보아 무자격자가 판매업을 할 경우 국민보건에 위해를 끼칠 염려가 있기 때문이며 따라서 그 등록명의를 다른 사람에게 빌려 준다든지 하는 일은 금지되고 있다 할 것이다. 그러나 만일 그 등록명의를 대여하였다거나 그 명의로 등록할 것을 다른 사람에게 허락하였다면 농약의 판매업에 관한 한 등록명의자 스스로 영업주라는 것을 나타낸 것이라 할 것이고 상법 제24조에 의한 명의대여자로서 농약거래로 인하여 생긴 채무를 변제할 책임이 있다.

2) 명의사용에 대한 명의대여자의 허락

명의대여자의 책임이 발생하기 위해서는 명의대여자가 명의차용자에게 자기의 성명이나 상호를 사용하여 영업할 것을 허락하여야 한다. 이 때 명의대여자의 허락은 반드시 명시적인 허락이어야 하는 것은 아니며, 묵시적인 허락도 포함한다. 자기의 성명이나 상호를 타인이 임의로 사용하는 경우에는 그 모용을 방지하지 못한 과실이 있더라도 이를 허락으로 볼 수는 없으나, 그 모용의 사실을 알면서 장기간 방치하거나 수익의 일부를 수령하는 등의 사정이 있는 때에는 묵시적인 허락이 있는 것으로 볼 수 있다.

> 묵시적 명의대여자의 책임을 인정하기 위하여는 영업주가 자기의 성명 또는 상호를 타인이 사용하는 것을 알고 이를 저지하지 아니하거나 자기의 성명 또는 상호를 타인이 사용함을 묵인한 사실 및 제3자가 타인의 성명 또는 상호를 사용하는 자를 영업주로 오인하여 거래를 한 사실이 인정되어야 할 것이므로, 영업주가 자기의 상점, 전화, 창고 등을 타인에게 사용하게 한 사실은 있으나 그 타인과 원고와의 거래를 위하여 영업주의 상호를 사용한 사실이 없는 경우에는 영업주가 자기의 상호를 타인에게 묵시적으로 대여하여 원고가 그 타인을 영업주로 오인하여 거래하였다고 단정하기에 미흡하다고 할 것이다.

3) 영업의 동일성에 관한 외관의 존재

명의차용자는 그 사용의 허락을 받은 성명 또는 상호를 명의대여자와 동종의 영업에 사용하여야 한다. 따라서 명의차용자의 영업과 명의대여자의 영업의 종류가 전혀 다른 경우에는 명의대여자의 책임이 성립되지 않는다. 영업의 동종성은 엄격하게 동일하여야 하는 것은 아니며, 외관상 동종의 것으로 인식할 수 있으면 무방하다. 그리하여 판례는 호텔의 영업주가 호텔 내에서 나이트클럽을 경영하는 자에게 그 명의를 대여한 경우에 관하여 나이트클럽이 대체로 호텔업에 부수하므로 영업의 동종성을 인정하고 있다.

> 원심은 원고가 동양정미소라는 상호 아래 정미소를 경영하여 오다가 약 10여 년 전에 이 사건 각 건물 등 부속건물을 포함한 정미소 전체를 소외 조○○에게 임대하고 같은 소외인은 같은 상호를 그대로 사용하면서 위 정미소를 경영하여 오던 중 피고들에게 각 점유부분을 임대한 사실, 피고들은 각 임대차계약 당시 소외 조○○은 원고의 대리인으로서 위 정미소를 관리하고 있는 자에 불과하고 영업주는 여전히 원고인 줄로 오인하는 한편, 위 건물들이 모두 정미소 건물의 부지 내에 있는 창고 또는 살림집으로서 정미소에 딸려 있고 또 정미소의 맵겨간을 짓는 비용을 조달하기 위하여 임대한다는 등의 말을 하여 소외 조○○이 위 정미소의 관리자의 지위에서 영업주인 원고를 위하여 이를 임대하는 것으로 알고 위 소외인과 임대차계약을 체결하기에 이른 사실을 인정한 후, 다른 사람에게 자기의 상호로 정미소를 경영할 것을 허락한 원고로서는 원고를 위 정미소의 영업주로 오인하고 이 사건 임대차계약을 맺은 피

고들에 대하여 명의대여자로서 위 임대차계약상의 책임을 면할 수 없다고 판단하고 있다. 그러나 상법 제24조에 규정된 명의대여자의 책임은 제 3자가 명의대여자를 영업주로 오인하고 그 영업의 범위 내에서 명의사용자와 거래한 제3자에 대한 책임이므로 영업의 범위외의 거래에 대하여는 명의대여자의 책임을 물을 수 없는 것이다. 그런데 원심 인정 사실에 의하면, 원고가 대여한 상호에 의하여 표상되는 원고의 영업은 정미소영업임이 분명한 바, 소외 조○○이 이 사건 각 건물을 피고들에게 임대한 행위는 원고의 정미소 영업범위 내에 속하는 행위라고 보기 어려우며, 위 임대건물이 정미소 건물의 부지 내에 있고 또 그 임대 목적이 정미소 창고 건축 비용을 조달키 위한 것이라고 하여도 이러한 사정만으로 위 건물 임대행위를 정미소의 영업범위 내에 속하는 거래라고 할 수는 없다.

4) 제3자의 오인

명의차용자와 거래한 제3자는 명의차용자의 영업을 명의대여자의 영업으로 오인하여야 한다. 명의차용자의 영업에 관하여 그 상대방인 제3자가 악의인 때에는 명의대여자는 책임을 지지 않는다. 제3자가 선의이나 과실이 있는 경우에 관하여 판례는 제3자에게 경과실이 있는 때에는 명의대여자의 책임이 인정되지만, 제3자에게 중대한 과실이 있는 때에는 그 책임이 인정되지 않는다고 보고 있다. 제3자의 악의 또는 중과실에 대한 입증책임은 명의대여자가 부담한다.

[판례] 대법원 2001. 4. 13. 선고 2000다10512 판결

기록에 의하면, 피고 등이 이 사건 나이트클럽의 공동사업자로 사업자등록이 되어 있고, 그에 따른 부가가치세 세적관리카드에도 피고등이 40%, 30% 및 30%의 지분을 가지고 있는 것으로 등록되어 있을 뿐 아니라, 이 사건 나이트클럽의 신용카드 가맹점에 대한 예금주 명의도 피고등 중의 1명인 정황구로 되어 있는 사실을 알 수 있는바, 그렇다면 피고 등이 앞서 본 바와 같이 이 사건 나이트클럽을 실제로 경영한 사실을 인정할 수 없다고 하더라도 그들의 명의를 사용하게 하여 영업상의 외관을 나타낸 것은 틀림없다고 보여진다. 한편, 상법 제24조의 규정에 의한 명의대여자의 책임은 명의자를 영업주로 오인하여 거래한 제3자를 보호하기 위한 것이므로 거래 상대방이 명의대여사실을 알았거나 모른 데 대하여 중대한 과실이 있는 때에는 책임을 지지 않는바, 이때 거래의 상대방이 위와 같이 명의대여사실을 알았거나 모른 데 대한 중대한 과실이 있었는지 여부에 대하여는 면책을 주장하는 명의대여자들이 입증책임을 부담한다고 보는 것이 상당하다.

3. 명의대여자의 책임 내용

명의차용자에게 자기의 성명 또는 상호를 사용하여 영업할 것을 허락한 명의대여자는 명의차용자의 영업을 자신의 영업으로 오인하여 거래한 선의의 제3자에 대하여 그 거래로 생긴 채무에 관하여 명의차용자와 연대하여 변제할 책임을 진다(상법§24). 명의대여자는 명의차용자가 자기의 허락을 받아 성명이나 상호를 사용한 영업상의 거래에 기한 채무에 대하여만 변제책임을 지며, 그 영업상의 거래와는 관계없는 불법행위로 인한 손해배상채무 등의 다른 채무에 대해서는 책임을 지지 않는다.

또 명의대여자가 자기의 성명 등을 사용하여 영업할 것을 허락하고, 명의차용자가 그 영업에 관하여 어음행위를 한 때에는 명의대여자가 그 변제책임을 부담하는 것은 당연하다. 그러나 명의대여자가 어음행위에 관하여 자기의 성명 등을 사용하도록 허락한 때에는 상법 제24조의 책임을 유추적용하여 명의대여자의 책임을 인정하는 견해와 이를 부정하는 견해가 양립해 있다. 이 경우에는 명의대여자의 허락이 영업에 관한 것이 아니므로 본조를 직접 적용할 수 없으나, 명의차용자가 명의대여자의 성명 등을 사용하여 어음행위를 하고 명의대여자가 그 성명 등의 사용을 허락하였다는 점에서 본조를 유추적용하여 명의대여자의 책임을 인정하는 것이 타당하다고 본다.

명의대여자의 책임이 인정되는 경우 명의대여자와 명의차용자는 부진정연대책임을 부담하므로 제3자는 그 각자 또는 양자에 대하여 변제를 청구할 수 있다. 제3자에게 변제한 명의대여자는 명의차용자에게 구상할 수 있다.

[판례] 대법원 2005. 2. 25. 선고 2003다36133 판결

타인에게 어떤 사업에 관하여 자기의 명의를 사용할 것을 허용한 경우에 그 사업이 내부관계에 있어서는 타인의 사업이고 명의자의 고용인이 아니라 하더라도 외부에 대한 관계에 있어서는 그 사업이 명의자의 사업이고 또 그 타인은 명의자의 종업원임을 표명한 것과 다름이 없으므로, 명의사용을 허용받은 사람이 업무수행을 함에 있어 고의 또는 과실로 다른 사람에게 손해를 끼쳤다면 명의사용을 허용한 사람은 민법 제756조에 의하여 그 손해를 배상할 책임이 있다고 할 것이고, 명의대여관계의 경우 민법 제756조가 규정하고 있는 사용자책임의 요건으로서의 사용관계가 있느냐 여부는 실제적으로 지휘·감독을 하였느냐의 여부에 관계없이 객관적·규범적으로 보아 사용자가 그 불법행위자를 지휘·감독해야 할 지위에 있었느냐의 여부를 기준으로 결정하여야 할 것이다.

제3절 상업장부

제1. 상업장부의 의의

상업장부(商業帳簿)란 상인이 그 영업상의 재산 및 손익의 상황을 명백히 하기 위하여 상법상의 의무로서 작성하는 장부를 말한다. 상업장부는 영업상의 재산 및 손익의 상황을 명백히 하기 위하여 상인이 상법상의 의무로서 작성하는 것이므로, 상인이 작성하는 것이라도 중개인일기장이나 주주명부 등과 같이 재산 및 손익의 상황과는 관련이 없는 장부는 상업장부가 아니다. 또한 상업장부는 상인이 작성하는 것이어야 하므로, 상인이 아닌 상호회사의 재무제표나 상법상 그 작성의무가 없는 소상인이 영업상의 거래에 관하여 작성하는 장부도 상법상의 상업장부라 할 수 없다.

상법상의 상인이 작성의무를 부담하는 상업장부는 회계장부(會計帳簿)와 대차대조표(貸借對照表)이다. 다만 주식회사와 유한회사는 사원과 회사채권자 등의 이익을 보호하기 위하여 재무제표를 작성하여야 한다. 재무제표는 대차대조표와 손익계산서, 이익잉여금처분계산서 또는 결손금처리계산서, 현금흐름표 등을 말한다. 이 밖에 일정한 규모 이상의 회사가 특히 지배·종속관계에 있거나 복수의 기업이 일정한 기업집단을 이루고 있는 경우에는 「주식회사의 외부감사에 관한 법률」에 의하여 연결재무제표 또는 기업집단결합재무제표를 작성하여야 한다.

제2. 상업장부에 관한 의무

1. 작성의무

소상인을 제외한 상인은 일반적으로 상업장부를 작성할 의무를 부담한다(상법§29 ①). 회사에 있어서는 업무집행기관인 업무집행사원, 이사, 청산인이 그 작성의무를 부담한다(상법§635①). 상업장부의 형식이나 기재방식에 관하여는 주식회사의 재무제 표 등의 경우를 제외하고는 상법에 다른 규정이 없는 한 일반적으로 공정 타당한 회 계관행에 의한다(상법§29②). 일반적으로 공정 타당한 회계관행에는 회계실무에서 확 립되어 있는 기업회계기준이 해당한다.

2. 보존의무

상인은 상업장부와 영업에 관한 중요서류를 보존하여야 한다(상법§33①). 영업에 관한 중요서류는 후일 분쟁이 발생한 경우에 증거로 될 수 있는 서류를 말한다. 상 업장부와 이들 중요서류는 원본 그대로 보존하면 되지만, 마이크로필름 기타 전산 정보처리조직에 의하여 보존하는 것도 가능하다(상법§33③).

보존기간은 상업장부의 경우에는 장부 폐쇄일로부터 10년이다. 상업장부 이외의 영업에 관한 중요서류는 자기가 받은 서류는 받은 날, 자기가 발송한 서류의 부본은 그 발송한 날로부터 10년이다(상법§33① 본문). 다만, 전표 또는 이와 유사한 서류의 보 존기간은 5년이다(상법§33① 단서). 상인은 이 보존기간 내에 영업을 폐지하여 상인자 격이 상실되더라도 보존기간까지 보존하여야 하며, 상인이 사망한 때에는 그 상속 인이 보존의무를 부담한다.

회사의 재무제표 등 결산서류의 보존기간에 대해서는 상법 '회사'편에 특별규정 이 있다(상법§266, §269, §541, §613).

3. 제출의무

상인이나 상업장부의 보존의무를 지는 자가 소송당사자인 경우에 그 전부 또는 일부에 대한 법원의 제출명령이 있는 때에는 이를 법원에 제출하여야 한다. 법원은 신청에 의하여 또는 직권으로 소송당사자에게 상업장부의 전부 또는 그 일부의 제출을 명할 수 있다(상법§32). 이 경우에 민사소송법 제316조의 문서제출의무의 요건이 갖추어지지 않아도 무방하며, 또한 상대방의 신청을 요하는 것도 아니다. 다만 상업장부에 대해서는 법정증거력이 인정되지 아니하며 그 증거가치는 법원의 자유로운 심증에 따라 판단된다.

4. 의무 위반에 대한 제재

상업장부의 작성, 보존 및 제출의무를 위반한 경우에 상법은 회사에 있어서는 이러한 의무를 위반한 회사의 발기인, 설립위원, 업무집행사원, 이사, 감사, 감사위원회 위원 등에 대해서는 500만원 이하의 과태료에 처하나(상법§650①), 회사 이외의 상인에 대해서는 별다른 제재를 정한 규정이 없다. 따라서 이들 규정은 불완전 법규에 속한다.

다만 채무자가 파산선고의 전후를 불문하고 상업장부의 부작성, 부실기재, 부정기재, 은닉 또는 손괴 등의 행위를 하고, 그 파산선고가 확정된 경우 과태파산죄의 처벌을 받으며(채무자회생및파산에관한법률§651), 채무자가 파산선고의 전후를 불문하고 자기 또는 타인의 이익을 도모하거나 채권자를 해할 목적으로 이러한 행위를 하고, 그 파산선고가 확정된 때에는 사기파산죄의 처벌을 받는다(채무자회생및파산에관한법률§650).

채무자의 법정대리인이나 법인인 채무자의 이사 또는 채무자의 지배인이 이러한 행위를 하고, 채무자에 대한 파산선고가 확정된 때에도 사기파산죄 또는 과태파산죄의 처벌을 받는다(채무자회생및파산에관한법률§652).

또한 채무자가 자기 또는 타인의 이익을 도모하거나 채권자를 해할 목적으로 상업장부의 부작성, 부실기재, 부정 기재, 상업장부의 손괴 또는 은닉의 행위를 하고 채무자에 대하여 회생절차개시의 결정이 확정된 경우에 그 채무자는 사기회생죄의 처벌을 받는다(채무자회생및파산에관한법률§643①).

제3. 회계장부

1. 회계장부의 의의

회계장부는 영업상의 재산과 손익의 상황을 명백히 하기 위하여 거래 기타 영업상의 재산에 영향이 있는 사항을 기재하는 장부이다(상법§30①). 회계장부는 그 명칭이나 형식에 관계없이 일기장, 전표, 분개장, 원장(元帳) 등과 같이 일상의 거래와 영업재산에 영향을 미치는 모든 사항을 기재하는 것이면 회계장부에 해당한다. 회계장부는 대차대조표를 작성하는 기초자료가 된다(상법§30②). 회계장부는 마이크로 필름 기타 전산정보처리조직에 의하여 전산화할 수 있다(상법§33③).

2. 회계장부의 기재사항

회계장부에 기재해야 할 사항은 일상적인 영업상의 거래 및 영업재산에 영향을 미치는 모든 사항이다. 따라서 영업상의 재산에 영향을 미치는 한 법률행위는 물론 불법행위, 화재, 도난 등의 사실도 이 장부에 기재하여야 한다. 그러나 회계장부에는 단순한 법률관계의 발생한 것만으로는 그 기재의 필요가 없으며, 영업과 재산관계에 현실적인 변동이 있는 때에 기재할 수 있다.

3. 회계장부의 기재 시기와 방법

회계장부의 기재에 관하여 현행 상법상 그 기재방법에 대한 특별규정이 없다. 따라서 회계장부는 일반적으로 공정·타당한 회계관행에 따라 작성하여야 한다(상법 §29②). 다만 법인기업으로서 법인세법상 납세의무가 있는 때에는 복식부기(複式簿 記)에 의하여 기장하여야 하지만(법인세법§62), 개인기업에 대해서는 이러한 제한이 없다. 회계장부를 기재하여야 할 시기에 관하여는 상법상 특별한 규정이 없으나, 일 반적으로 영업과 재산의 변동에 영향을 미치는 사실이 발생한 때에는 그 당일에 기 재하는 것이 원칙이다.

제4. 대차대조표

1. 대차대조표의 의의

대차대조표는 일정한 시기에 있어서 상인의 영업의 총재산을 자산(차변)과 부채 (대변), 자본의 세 과목으로 나누어 그 재산 상태와 손익계산을 명백히 하는 개괄표 이다. 회계장부가 상인의 영업과 재산의 변동 상태를 명백히 하는 반면, 대차대조표 는 일정한 시점에 있어서 영업의 정적 상태를 명백히 하는 것으로서 회계장부에 기 초하여 작성한다.

2. 대차대조표의 종류와 작성 시기

대차대조표는 통상대차대조표와 비상대차대조표로 구분된다. 전자는 회사의 성 립 시 또는 상인의 개업 시에 작성하는 개업대차대조표와, 매년 1회 이상 일정한 시 기 또는 회사의 결산기에 작성하는 년도(기말)대차대조표로 구분된다. 비상대차대 조표는 회사의 합병, 청산, 자본감소, 파산 등과 같은 비상적인 경우에 작성한다.

3. 대차대조표의 작성 형식과 방법

대차대조표는 회계장부에 의거하여 공정·타당한 회계관행에 따라 작성하여야 한다. 기업회계실무에서는 기업회계기준의 대차대조표 작성기준에 따르고 있다. 대차대조표를 작성한 경우에는 그 작성의무자가 기명날인 또는 서명을 하여야 한다(상법§30②).

제5장
상업등기

제1절 서 설

제1. 상업등기의 의의

상업등기는 상법에 의하여 상인의 영업에 관한 중요한 사항을 상업등기부에 기록하는 것 또는 그 기록 자체를 말한다(상법§34, 상업등기법§2). 상업등기부에는 상호등기부, 무능력자등기부, 법정대리인등기부, 지배인등기부, 합명회사등기부, 합자회사등기부, 유한책임회사등기부, 주식회사등기부, 유한회사등기부 및 외국회사등기부가 있고(상업등기법§5), 이들 등기부에 하는 등기만이 상업등기이다. 따라서 상법에 의하여 하는 등기이지만 선박등기부에 하는 선박등기, 보험업법에 의한 상호보험회사등기, 상인이 아닌 각종의 협동조합의 등기 등은 상업등기에 속하지 아니한다. 상업등기의 절차에 대해서는 상업등기법에서 정하고 있다.

제2. 상업등기의 목적

상인은 영업에 관한 일정한 사항을 등기에 의하여 공시함으로써 그 사항을 선의의 제3자에게 대항할 수 있고 영업의 사회적 신용을 유지·증대시킬 수 있다. 또한 거래관계자도 자기가 하는 거래의 법적 효과를 미리 예측할 수 있게 된다. 따라서 상업등기는 등기사항의 공시에 의하여 거래의 원활과 안전 및 신속과 확실성을 도모할 수 있게 한다.

제2절 등기사항

제1. 의 의

상업등기사항은 일반적으로 상인의 신용을 유지하고 상인과 거래하는 제3자를 보호하는 데 중요한 사항이다. 상호, 무능력자, 법정대리인, 지배인의 등기사항은 상업등기법에서 정하고, 주식회사 등 각종 회사의 등기사항은 상법 회사편에서 규정하고 있다.

제2. 등기사항의 분류

상업등기사항은 그 주체에 따라 상인 일반에 공통되는 사항(상호, 지배인), 개인상인에 관한 사항(미성년자, 법정대리인에 의한 영업), 회사에 관한 사항(회사의 설립, 해산, 청산 등)으로 분류된다. 또 상업등기사항은 영업주가 등기의무를 부담한느가에 따라 절대적 등기사항과 상대적 등기사항으로 분류된다. 개인상인의 상호와 같은 상대적 등기사항이라도 그 변경 또는 폐지의 등기는 절대적 등기사항이다.

이 밖에 등기사항은 등기에 의하여 새로운 법률관계가 설정되는 설정적 등기사항(지배인 선임, 회사설립 등)과, 등기에 의하여 기존의 법률관계가 해소되거나 면책되는 면책적 등기사항(지배인의 해임, 사원의 퇴사)으로 분류된다.

제3. 지점의 등기

본점 소재지에서 등기할 사항은 특별한 규정이 없으면 지점 소재지에서도 등기하여야 한다(상법§35).

제4. 변경·소멸의 등기

상업등기를 한 후 등기사항이 변경되거나 소멸한 때는 지체없이 변경 또는 소멸의 등기를 하여야 한다(상법§34).

제3절 상업등기의 절차

제1. 상업등기의 신청

상업등기는 법령에 다른 규정이 있는 경우를 제외하고는 원칙적으로 당사자의 신청에 의하여 한다(상법§34, 상업등기법§17①). 여기서 당사자라 함은 등기사항의 관계자로서 개인 상인의 경우에는 영업주 또는 그 대리인, 무능력자등기의 경우는 무능력자 본인, 법정대리인등기는 법정대리인 등을 말한다.

회사의 등기는 법령에 다른 규정이 있는 경우를 제외하고는 그 회사의 대표자가 신청한다(상업등기법§17②). 회사의 등기에 있어서 등기의 신청은 서면 또는 대법원규칙으로 정하는 바에 따라 전산정보처리조직을 이용한 전자문서로 할 수 있다(상업등기법§18②).

상업등기는 당사자의 신청 외에 관공서의 촉탁에 의하는 경우가 있다(상업등기법§17①). 법원이 재판의 결과에 따라 직권으로 등기의 촉탁을 하는 경우가 있다. 즉 법원이 회사해산명령을 한 때, 회사에 대한 해산판결이 확정된 때, 회사의 설립무효 또는 취소 판결이 확정된 때와 같이 법원의 판결에 의하여 등기사항에 변동이 생긴 경우에는 등기관은 법원의 등기 촉탁에 따라 등기를 하여야 한다. 이를 촉탁등기(囑託登記)라 한다.

제2. 관할등기소

상업등기는 등기신청인의 영업소 소재지를 관할하는 지방법원, 그 지원 또는 등기소에서 한다. 등기사무는 관할등기소에 근무하는 등기관이 처리한다.

제3. 등기관의 심사권

당사자의 등기신청이 있으면 등기관은 이를 심사하여 상법과 상업등기법의 규정에 적합하지 않은 때에는 이유를 붙인 결정으로써 각하하여야 한다(상업등기법§27①). 등기신청에 대한 심사에 있어서 등기관의 심사권의 범위에 대하여 형식적 심사주의, 실질적 심사주의, 수정실질적 심사주의가 있다.

형식적 심사주의는 등기신청에 대하여 등기관은 등기신청에 관한 형식적인 적법성만 심사할 수 있다고 한다. 즉 등기신청사항이 등기할 사항인가, 당해 등기소의 관할에 속하는가, 신청인 또는 그 대리인에게 신청자격이 있는가, 신청서류가 법정형식을 갖추고 있는가 등에 대해서만 심사할 권한과 의무가 있을 뿐이라고 하는 입장이다.

실질적 심사주의는 등기관은 등기신청이 상법 또는 비송사건절차법의 규정에 적합한지 여부에 관한 형식적 적법성과 함께, 등기신청사항이 영업상의 사실관계에 부합하는지 여부에 관한 실질적인 진실성에 대해서도 심사할 직무 권한이 있다는 입장이다.

수정실질적 심사주의는 등기소가 형식적 적법성에 대한 심사의 권한 및 의무와 함께 실질적 사항에 대한 심사의 권한도 가지나, 실질적 심사의무는 원칙적으로 부담하지 않으며, 다만 등기신청사항이 진실과 상위하다는 의심이 가는 경우에는 실질적 진실성에 대해서도 심사의무를 부담한다고 한다.

등기제도의 목적이 진실한 객관적 사실의 공시에 있다는 점에서 이론적으로 실질적 심사주의가 타당하다. 그러나 기록관인 등기관의 조사능력에 한계가 있을 수밖에 없으므로 수정실질적 심사주의가 타당하다고 생각된다.

제4. 상업등기부의 기재

상업등기사항에 관하여 당사자의 등기신청이 적법한 때에는 등기관이 등기소에 비치된 상업등기부에 등기사항을 기입함으로써 등기는 완성된다. 등기사무는 전산정보처리조직에 의하여 처리하여야 한다(상업등기법§6①).

제5. 상업등기의 경정 · 말소

상업등기 후 그 등기에 착오가 있거나 빠진 것이 있는 때에는 당사자는 그 등기의 경정을 신청할 수 있고(상업등기법§114①), 등기관이 이를 발견한 때에는 지체 없이 등기를 한 자에게 통지를 하여야 하며(상업등기법§115①), 그 착오나 빠진 것이 등기관의 잘못으로 인한 것인 때에는 등기관은 지체 없이 등기의 경정을 한 후 그 취지를 지방법원장에게 보고하고 등기를 한 사람에게 통지하여야 한다(상업등기법§115②).

또한 등기관은 상업등기에 관할 위반, 그 등기소에 이미 등기되어 있는 사항, 등기된 사항의 무효 원인 등을 발견한 때에는 등기를 한 사람에게 1개월 이내의 기간을 정하여 그 기간 내에 서면으로 이의를 진술하도록 통지하고, 그 기간 내에 이의가 없거나 이의를 각하한 때에는 직권으로 당해 등기를 말소하여야 한다(상업등기법 §117①, §119).

제4절 상업등기의 공시

제1. 상업등기의 공시방법

상업등기의 공시방법으로서 1995년의 상법 개정 이전에는 개별적 공시방법과 함께 일반적 공시방법으로서의 공고제도(公告制度)가 인정되었다. 즉 법원은 등기한 사항을 일간신문에 1회 이상 공고를 하여야 하며 공고를 최종 게재한 신문 발행일의 다음날에 공고를 한 것으로 보고, 등기의 효력은 등기와 공고 후에 발생하며, 등기와 공고가 상위한 때에는 공고가 없는 것으로 취급하였다. 그러나 이러한 공고제도는 1995년 상법 개정 때 폐지되었으며, 현행 상법에서는 상업등기의 공시방법으로서 개별적 공시방법만 인정되고 있다.

제2. 상업등기의 개별적 공시방법

상업등기에 관하여 누구든지 수수료를 납부하고 대법원규칙으로 정하는 바에 따라 등기부에 기록되어 있는 사항의 전부 또는 일부의 열람과 이를 증명하는 서면의 교부를 청구할 수 있으며, 이해관계 있는 부분에 한하여 등기부의 부속서류의 열람을 청구할 수 있다(상업등기법§10①). 등기사항의 열람 및 교부 청구는 관할 등기소가 아닌 등기소에 대하여도 할 수 있다(상업등기법§10②). 등기사항 증명서는 다른 법령에서 규정하고 있는 등기부의 등본 또는 초본으로 본다(상업등기법§10③).

제5절 상업등기의 효력

제1. 일반적 효력

1. 등기 전의 효력(소극적 공시의 원칙)

등기할 사항을 등기하지 않으면 당사자는 선의의 제3자에게 대항하지 못한다(상법§37①). 제3자라 함은 등기사항에 관하여 법률상 정당한 이해관계를 가지는 자를 말한다. 선의는 등기사항인 사실에 대한 부지(不知)를 말하며, 선의 또는 악의는 거래 당시를 기준으로 판단한다. 제3자의 악의에 대한 입증책임은 제3자가 악의임을 주장하는 자가 부담한다. 제3자가 부실등기에 관하여 선의이나 중대한 과실이 있는 경우에 관하여 중과실이 있더라도 선의와 같이 보호되어야 한다는 견해와, 악의와 같이 다루어야 한다는 견해가 대립하고 있다.

등기를 하지 아니한 경우에 제3자에 대하여 등기의 대항력을 주장하지 못하는 자는 등기를 하여야 할 영업주나 등기의무자이다. 따라서 제3자는 당사자에 대하여 등기에 관계없이 사실대로 대항할 수 있으며, 당사자 상호간이나 제3자 상호간에도 등기 여부에 관계없이 사실관계에 따라 주장할 수 있다.

2. 등기 후의 효력(적극적 공시의 원칙)

등기를 한 후에는 당사자는 그 등기사항을 악의의 제3자에 대해서는 물론 선의의 제3자에 대해서도 대항할 수 있다. 등기를 한 후에는 누구든지 그 등기사항을 열람 또는 등·초본의 교부를 청구하여 그 등기사항을 확인할 수 있으므로 선의의 제3자에 대해서도 악의로 그 등기사항을 알고 있는 것으로 간주하는 것이다. 다만 이 경우에도 제3자가 정당한 사유로 등기사실을 알지 못한 때에는 그에게 대항하지 못한다(상법§37②). 정당한 사유는 천재지변, 교통 두절, 정보통신망의 단절 등의 사유로 등기사항을 확인할 수 없는 객관적 장애를 말하고, 제3자의 주관적 사정은 포함하지 아니한다. 정당한 사유에 대해서는 그 등기사실을 알지 못한 제3자가 입증책임을 진다.

3. 일반적 효력의 적용 범위

상업등기의 일반적 효력은 외관법리에 기하여 거래의 안전을 도모하기 위한 것이므로, 일반적 효력의 적용 범위는 등기사항에 관하여 본점 또는 지점소재지를 중심으로 한 거래관계와 소송관계에 한정된다. 따라서 불법행위나 부당이득처럼 영업상의 거래와 관계없는 법률관계에는 적용되지 않는다. 다만, 영업상의 거래 내부에서 불가분적으로 발생하는 불법행위(예컨대, 해임된 지배인이 해임등기 전에 제3자를 기망한 경우 등)에는 적용될 수 있다. 또한 상업등기의 일반적 효력은 당사자 사이에 영업에 관한 사법상의 거래관계에 있어서 상대방을 보호하기 위한 것이므로, 공법상의 법률관계에는 그 효력이 미치지 아니한다.

[판례] 대법원 1990.9.28. 선고 90누4235 판결

국세기본법 제39조 제1호에 의하여 법인의 무한책임사원에게 제2차 납세의무를 부과시키기 위하여는 체납국세의 납세의무 성립일 현재 실질적으로 무한책임사원으로서 그 법인의 운영에 관여할 수 있는 위치에 있음을 요하고, 단지 형식상으로 법인의 등기부상 무한책임사원으로 등재되어 있다는 사유만으로 곧 무한책임사원으로서 납세의무를 부과시킬 수 없다 할 것이고(당원 1990.4.13. 선고 89누1414 판결; 1989.12.12. 선고 88누9909 판결 등 참조), 상법 제37조의 "등기할 사항은 등기와 공고 후가 아니면 선의의 제3자에게 대항할 수 없다"는 제3자라 함은 대등한 지위에서 하는 보통의 거래관계의 상대방을 말한다 할 것이고, 조세권에 기하여 조세의 부과처분을 하는 경우의 국가는 여기에 규정된 제3자라 할 수 없다(1978.12.26. 선고 78누167 판결 참조).

제2. 특수적 효력

1. 창설적 효력

상업등기에 의하여 새로운 법률관계가 창설되는 효력으로서 창설적 효력 또는 설정적 효력이라고도 한다. 회사의 설립등기나 합병등기로 회사가 성립되고 합병의 효력이 생기며, 상호양도의 등기에 의하여 상호양도의 대항력이 생기고, 상호등기로 상호의 배타성이 강화되는 것이 여기에 해당된다.

2. 보완적 효력

상업등기가 있으면 법률관계에 존재하는 하자(瑕疵)가 치유되는 것과 같은 효과가 생겨 그 하자를 주장하지 못하게 되는 효력이다. 회사설립등기 후에는 비록 회사 설립의 무효 또는 취소 판결이 확정되어도 그 판결의 확정 전에 이루어진 회사의 법률관계의 효력에는 아무런 영향이 없으며(상법§190, §269, §328②, §613①), 주식회사의 설립등기와 신주발행의 변경등기 후에는 주식인수의 무효 또는 취소의 주장이 제한되는 경우(상법§320①, §427) 등이다.

3. 부수적 효력

상업등기가 어느 행위의 허용 또는 면책의 기초로 되는 효력이다. 상업등기가 어느 행위를 허용하는 경우로는 주식회사의 설립등기에 의하여 주권의 발행 및 주식의 양도가 가능하게 되는 것이나, 외국회사는 국내에서 영업소 설치의 등기를 함으로써 국내에서 영업을 할 수 있는 것 등이 이에 속한다. 상업등기가 면책의 기초로 되는 경우로는 합명회사와 합자회사의 사원은 퇴사등기한 때부터 2년(상법§225, §269), 회사가 해산등기한 때에는 그 때로부터 5년(상법§267, §269)이 경과되면 회사의 채무에 대하여 사원으로서 책임을 면하게 되는 것이 그 예이다.

제3. 부실등기의 공신력

상업등기에는 사실상의 추정력은 있으나 입증책임을 전환시키는 법률상의 추정력은 인정되지 않는다. 따라서 상업등기의 적극적 공신력은 없다. 다만, 고의 또는 과실로 사실과 다른 사항을 등기한 자는 그 등기가 영업상의 사실과 다르다는 점을 선의의 제3자에게 대항하지 못한다(상법§39). 따라서 상업등기는 이 한도에서 예외적으로 적극적 공신력이 인정된다. 영업주 또는 회사의 등기의무자가 고의 또는 과실로 실제의 사실과 다른 허위의 등기를 한 경우에 한하여 그 등기 후에 금반언(禁反言) 또는 외관(外觀) 법리에 기하여 선의의 제3자에게 그 등기가 무효라는 주장을 하지 못하게 함으로써 선의의 제3자를 보호하기 위한 것이다.

> **[판례] 대법원 1981.1.27. 선고 79다1618,1619 판결**
>
> 원심이 확정한 사실에 의하면, 소외 박○○은 피고 회사의 불법 대표사원으로서 당시 피고 회사의 적법한 대표권이 없었다고 판단하고, 나아가 원고들의 주장 즉 위 박○○이 불법 대표사원으로 등기되었다 하더라도 이는 피고 회사의 유일한 업무집행 사원인 소외 2의 고의로 인하여 사실과 상위된 사항을 등기한데 기인한 것으로서 그를 적법한 대표사원으로 믿고, 매수한 선의의 제3자인 원고들의 선대 등에 대항할 수 없다는 주장에 대하여 원심이 전단(논지 제1점)에서 인정한 바와 같이 피고 회사의 대표사원으로 등기된 위 박○○와 원고들의 선대 등과의 간에 원고주장과 같은 매매가 있었다는 사실을 인정할 수 없을 뿐 아니라, 가사 원고 주장과 같은 매매가 있었다고 가정하더라도 상법 제39조 소정의 불실등기에 있어서의 고의 과실은 피고 합명회사의 대표사원인 소외 임○○를 기준으로 그 고의 과실의 유무를 결정하여야 한다 할 것이고, 피고 회사의 정관에 대표사원 유고시는 사원이 업무집행을 할 수 있게 되어 있다 하여 동인을 표준으로 하여 결정할 수는 없다 할 것이며, 위 임○○는 당시 행방불명 상태에 있었으므로 동 불실등기를 피고의 책임으로 돌릴 수 없다고 판단하고 있는 바, 원심의 위와 같은 사실 인정 및 판단조치는 정당하다…(대법원 1971.2.23 선고 70다1361, 1362 판결 참조).

제6장
영업양도

제1절 영업양도

제1. 영업의 개념

영업양도는 영업을 양도하는 것으로서 영업을 그 양도의 대상으로 한다. 일반적으로 영업은 주관적 의미와 객관적 의미로 구분된다. 주관적 의미의 영업은 상인이 영리 목적을 달성하기 위하여 수행하는 영업상의 제반활동을 말한다. 객관적 의미의 영업은 상인이 영리 목적을 달성하기 위하여 조직화된 유기적 일체로서의 기능적 재산, 즉 영업재산을 말한다.

영업재산은 적극재산과 소극재산, 재산적 가치 있는 사실관계 등으로 구성된다. 적극재산은 동산이나 부동산에 관한 각종 물권, 거래와 관련되는 채권, 특허권·상표권 등의 각종 지적재산권 등을 포함한다. 소극재산은 영업상의 채무를 말하며, 재산적 가치 있는 사실관계는 영업상의 비결(秘訣)과 거래관계, 경영조직, 성가(聲價) 기타 영업활동을 통하여 축적된 무형적 자산이며, 이를 특히 영업권(營業權)이라 하기도 한다.

제2. 영업양도의 개념

1. 의 의

영업양도(營業讓渡)란 영업의 동일성을 유지하면서 영업재산의 전부 또는 일부를 포괄적으로 타인에게 이전하는 채권계약으로서 매매, 증여, 교환 등이 혼합된 특수한 계약이다. 영업의 전부를 양도하는 것을 영업의 전부 양도, 영업의 일부를 양도하는 것을 영업의 일부 양도라 한다.

2. 법적 성질

종래 영업양도의 법적 성질에 대하여 영업재산의 이전이라는 측면을 중시하는 양도처분설(讓渡處分說)과 경영자로서의 지위가 이전된다는 측면을 중시한 지위교체설(地位交替說)로 크게 나누어진다. 전자는 다시 영업재산양도설, 영업조직양도설, 영업유기체양도설로 세분되며, 후자에는 영업활동교체계약설, 기업주체지위양도설 등이 있다. 이 밖에 절충설로서 영업양도는 영업재산의 이전과 경영자의 지위도 승계하는 것이라는 지위·재산이전설이 있다.

생각건대 영업주체의 경영자로서의 지위는 채권계약의 목적이 될 수 없을 뿐만 아니라 양수인이 영업을 개시함으로써 당연히 취득하는 것이다. 또 영업양도를 영업조직의 양도로 보는 것도 무리가 있으며, 영업을 법적인 유기체로 파악하는 것도 의문이다. 영업재산에는 적극재산 외에 사실관계도 포함하므로 영업양도는 결국 영업재산에 대한 소유관계의 변동이라고 보는 것이 타당하다. 영업재산양도설이 우리나라 다수설이고 판례의 입장이다.

3. 영업양도의 특성

영업양도는 영업의 동일성을 유지하면서 영업재산을 포괄적으로 이전하는 채권계약으로서 그 양도의 대상은 영업재산이나, 양도 전후를 통하여 영업의 동일성이 유지되지 않으면 안 된다. 영업의 동일성 유무의 판단은 이전되는 재산의 범위가 아니라 양도 전의 적극재산 및 사실관계가 조직화된 일체로서 이전되고, 그 이전 후에도 양도 전과 같은 기능을 할 수 있는가 여부를 기준으로 하여야 한다. 따라서 영업재산의 일부를 양도하거나 영업재산 전부라 하더라도 개개의 재산으로 해체하여 이전하는 경우에는 영업양도라 할 수 없다.

영업을 이전하는 경우에 영업의 동일성이 인정되는 한 그 재산의 일부가 이전의 대상에서 제외되더라도 영업양도로 본다. 특히 판례는 영업양도에 관하여 영업의 물적·인적 조직을 일체로서 포괄적으로 이전하는 것으로서, 종래의 영업조직이 유지되어 그 조직이 전부 또는 중요한 일부로서 기능할 수 있는가에 의하여 판단하여야 한다고 함으로써 인적 조직의 승계를 중시하고 있다. 따라서 영업의 물적 설비를 모두 이전하여도 종업원을 전원 해고하는 경우에는 영업양도라 할 수 없게 된다.

또 영업의 일부 양도는 동일한 개인상인 또는 회사가 수행하던 수개의 영업부문 중 그 일부를 양도하는 것을 말하는데, 이 경우에도 양도되는 영업부문의 동일성이 유지되어야 하며, 양도되는 부문이 나머지 부분과 분리되어 독립적으로 영업활동을 수행할 수 있는 정도의 조직과 설비를 갖추어야 한다. 따라서 동일 상인이 도매업과 공중접객업을 하다가 도매업을 양도하거나, 회사가 특정 지점의 영업만을 타인에게 이전하는 것은 영업의 일부 양도로 되나, 단순한 출장소나 공장 등의 양도는 영업의 일부 양도가 아니다.

[판례] 대법원 2007.6.1. 선고 2005다5812,5829,5836 판결

상법상의 영업양도는 일정한 영업목적에 의하여 조직화된 업체, 즉 인적·물적 조직을 그 동일성은 유지하면서 일체로서 이전하는 것을 의미하고, 영업양도가 이루어졌는가의 여부는 단지 어떠한 영업재산이 어느 정도로 이전되어 있는가에 의하여 결정되어야 하는 것이 아니고 거기에 종래의 영업조직이 유지되어 그 조직이 전부 또는 중요한 일부로서 기능할 수 있는가에 의하여 결정되어야 하므로 영업재산의 일부를 유보한 채 영업시설을 양도했어도 그 양도한 부분만으로도 종래의 조직이 유지되어 있다고 사회관념상 인정되면 그것을 영업의 양도라 볼 것이지만, 반면에 영업재산의 전부를 양도했어도 그 조직을 해체하여 양도했다면 영업의 양도로 볼 수 없다고 할 것이다(대법원 2001. 7. 27. 선고 99두2680 판결, 2003. 5. 30. 선고 2002다23826 판결 등 참조).

위 법리 및 기록에 비추어 살펴보면, 피고는 …채권금융기관들 주도하의 기업개선협약 내용에 따라 신설된 회사로서, 2001. 3. 21. 피고와 구 수탁자라 할 수 있는 소외 회사 그리고 신탁자이자 수익자인 주식회사 화신공영(이하 '화신공영'이라고만 한다)을 포함한 3자 사이에 '토지신탁계약 변경 및 승계계약'을 체결하여 기존 신탁계약의 내용에 "수탁자는 신탁자의 동의를 얻어 수탁자를 변경할 수 있다."라는 일종의 수탁자 경질에 관한 내용을 추가함과 동시에 신탁계약에 따른 소외 회사의 당사자 지위를 피고가 포괄적으로 승계하기로 합의하였고, 이에 따라 이후 원심이 판시하는 바와 같은 내용의 2001. 4. 9.자 토지신탁사업양수도 계약이 체결되고 자산 및 부채의 이전업무를 수행함에 있어서도 위 신설 목적을 감안하여 피고 회사로 이전되는 채권과 채무를 면밀히 검토하여 특정하는 방식으로 부실자산이 이전되지 않도록 소외 회사와의 단절에 치중하였고, 거기서 특정되지 아니한 소외 회사의 고유재산을 비롯한 물적 조직, 거래관계나 영업력 등 무형자산은 거의 이전되지 아니한 사실을 알아볼 수 있는바, 이와 같은 소외 회사의 구조조정과정이나 신탁사업의 이관과정에 비추어 볼 때 소외 회사와 피고 사이에 일정한 영업목적에 의하여 조직화된 업체, 즉 인적·물적 조직을 그 동일성은 유지하면서 일체로서 이전하려는 합의가 있었다고 추단할 수는 없다. 또한, 원심은 소외 회사의 대표이사이던 박병선이 2001. 3. 20. 피고가 설립된 이후부터 2001. 6. 13.까지 피고의 대표이사로 재직하였으며 소외 회사의 직원들 대부분도 2001. 3. 20.부터 피고의 직원으로 그대로 근무한 사실을 인정한 다음 이에 터 잡아 인적 조직도 이전되었다고 보는 듯하나, … 소외 회사직원의 절반 정도가 2001. 3. 및 2001. 4.경 두 차례로 나뉘어 피고 회사에 신규 채용 형식으로 고용되었으며, 본건 신탁사업을 수행하던 직원들 중 일부는 본인의 거절로 채용되지 못한 사실도 있고, 이처럼 대규모 신규채용을 한 이유는 신탁업 인가요건 상 요구되는 3년 이상의 운용 경력을 갖춘 전문인력을 확보하고 위와 같이 인수한 신탁사업을 신속하게 진행하기 위한 필요에서 비롯된 것이며, 일부 직원들은 그 담당 업무도 바뀌었고, 소외 회사는 호봉제에 의한 근로계약의 체제를 갖추고 있었으나 피고는 연봉제에 의한 근로계약 체제를 갖추고 있는 사실 정도를 알아볼 수 있을 뿐, 달리 소외 회사의 인적 조직이 물적 조직과 결합된 상태에서 그대로 이전되었다고 볼 만한 자료는 없다. 따라서 원심 판시의 2001. 8. 8.자 광고가 상법 제44조 소정의 '채무인수의 광고'에 해당하는지 여부 등 영업양도의 효력 인정에 관한 나머지 쟁점에 대하여 나아가 살펴볼 필요도 없이, 상법상 영업양도의 법리에 따라 소외 회사의 판시 불법행위책임이 피고에게 승계된다고 할 여지는 없다.

영업의 양도라 함은 일정한 영업목적에 의하여 조직화된 업체, 즉 인적·물적 조직을 그 동일성은 유지하면서 일체로서 이전하는 것으로서, 이러한 영업양도가 이루어진 경우에는 원칙적으로 해당 근로자들의 근로관계가 양수하는 기업에 포괄적으로 승계되는 것이지만, 영업양도가 이루어졌는가의 여부는 단지 어떠한 영업재산이 어느 정도로 이전되어 있는가에 의하여 결정되어야 하는 것이 아니고 거기에 종래의 영업조직이 유지되어 그 조직이 전부 또는 중요한 일부로서 기능할 수 있는가에 의하여 결정되어야 한다. 따라서 영업재산의 일부를 유보한 채 영업시설을 양도했어도 그 양도한 부분만으로도 종래의 조직이 유지되어 있다고 사회관념상 인정되면 그것을 영업의 양도라 볼 것이지만, 반면에 영업재산의 전부를 양도했어도 그 조직을 해체하여 양도했다면 영업의 양도로 볼 수 없는 것이다(대법원 2001. 7. 27. 선고 99두2680 판결 참조). … 금융감독위원회는 1998. 6. 29. 구 금융산업구조개선법 제14조 제2항에 의하여 경기은행에 대하여 영업의 정지, 임원의 직무집행정지 및 관리인 선임 등과 함께 계약이전의 결정을 하였는데 …, 경기은행은 그 후 은행업 인가가 취소되고 파산선고를 받은 사실, 피고는 경기은행 소속 직원 중 40%를 약간 넘는 인원을 피고의 계약직 직원으로 채용하였는데 이들은 모두 경기은행을 사직한 후 피고와 고용계약을 체결하였고 피고의 새로운 직원배치계획에 따라 각 점포에 전면적으로 재배치된 사실, 경기은행의 관리인은 나머지 직원들에 대하여 해임발령을 함으로써 경기은행의 인적조직을 완전히 해체시켰던 사실을 인정할 수 있다.

따라서 부실금융기관의 정리와 예금자보호를 위하여 그 부실금융기관의 일부 우량자산만을 다른 금융기관에게 이전시킨 구 금융산업구조개선법 제14조 제2항에 의한 계약이전결정에 의하여 고용승계를 수반하는 영업양도의 효과가 발생하였다고 볼 수 없음은 물론(대법원 2000. 11. 28. 선고 2000다43932 판결 참조), 그 후 피고가 경기은행과의 별도 약정에 의하여 경기은행에 남은 일부 고정자산을 양수하고 경기은행 소속 직원의 일부를 새로 채용하여 종전 경기은행 지점 일부에서 피고의 지점으로서 은행업무를 재개하였다고 할지라도 이는 경기은행의 은행업 인가가 취소되어 그 조직이 해체되는 과정에서 이루어진 것으로서 영업양도라고 할 수 없는 것이다.

제3. 영업양도의 자유와 제한

상인은 그 영업의 전부 또는 일부를 자유로이 양도할 수 있다. 그러나 이러한 영업 양도가 독과점을 형성하고 기업결합수단으로 이용될 위험이 있으므로, 독점규제 및 공정거래에 관한 법률은 누구든지 직접 또는 대통령령이 정하는 특수관계인을 통하여 다른 회사의 영업의 전부 또는 주요부분의 양수·임차 또는 경영의 수임이나 다른 회사의 영업용고정자산의 전부 또는 주요부분의 양수로서 일정한 거래분야에서 경쟁을 실질적으로 제한하는 행위를 금지하고(독점규제및공정거래에관한법률§7①). 특히 자산총액 또는 매출액의 규모가 일정한 기준에 해당하는 회사 또는 그 특수관계인이 자산총액 또는 매출액의 규모가 대통령령으로 정하는 기준에 해당하는 다른 회사에 대하여 영업양수 등의 기업결합을 하는 경우에는 기업결합일부터 30일이내에 공정거래위원회에 신고하도록 하고 있다(독점규제및공정거래에관한법률§12①⑥). 또 보험회사나 은행이 그 영업을 양도·양수하려면 금융위원회의 인가를 받아야 하며(보험업법§150, 은행법§55①), 금융투자업 전부의 양도 또는 양수를 하고자 하는 경우에는 금융위원회의 승인을 받아야 한다(자본시장및금융투자업에관한법률§417①).

제4. 영업양도의 절차

1. 상인 일반의 경우

영업양도는 채권계약이므로 영업양도인과 영업양수인 간의 영업양도계약의 체결에 의한다. 회사의 영업양도계약은 양도 당사 회사의 대표기관이 체결한다. 영업양도계약은 불요식(不要式)의 낙성계약(諾成契約)으로서 양도당사자 간의 합의에 의하여 성립된다. 양도당사자는 이 양도계약에서 양도 대상인 영업재산의 범위와 이전시기, 영업소와 상호의 이전에 관한 사항, 부채의 인수 여부, 양도의 대가 또는 양도대금의 수액과 그 지급시기, 사용인의 인계 여부, 경업피지에 관한 사항 등을 정한다.

2. 회사가 영업양도 당사자인 경우

회사가 영업양도의 당사자인 경우에는 영업양도에 관한 회사 내부의 의사결정절차를 밟아야 한다. 즉 회사가 영업을 양도하는 경우에는 합명회사와 합자회사에 있어서는 해산 전에는 총사원의 동의(상법§204, §269), 해산후에는 총사원의 과반수 결의(상법§257, §269)가 있어야 한다. 주식회사와 유한회사가 영업을 양도하는 경우에는 해산 전후에 관계없이 주주총회 또는 사원총회의 특별결의(상법§374①, §576①)가 있어야 한다. 주식회사에 있어서는 영업양도에 반대하는 주주가 주식매수청구권을 행사한 때(상법§374의2①)에는 그 절차를 밟아야 한다.

회사가 영업을 양수하는 경우에는 합명회사와 합자회사에 있어서는 영업의 양수로 정관을 변경하게 되는 때에는 총사원의 동의를 얻어야 한다(상법§204, §269). 주식회사 또는 유한회사는 다른 회사의 영업 전부를 양수하는 경우에만 주주총회 또는 사원총회의 특별결의를 거쳐야 한다(상법§374 제3호, §576①).

제5. 영업양도의 효과

1. 영업양도의 대내적 효과

1) 영업재산이전의무

영업양도계약이 체결되면 영업양도인은 양수인에게 영업재산을 영업의 동일성을 유지하여 이전하여야 한다. 이전의 대상인 재산은 영업의 동일성이 인정되는 범위에 속하는 재산으로서 적극재산은 물론 재산적 가치 있는 사실관계를 포함한다. 이러한 재산의 이전방법으로서는 재산의 종류에 따라 개별적으로 등기, 등록, 인도, 배서·교부 또는 단순한 교부 등 권리의 이전에 필요한 성립 및 효력발생요건 또는 대항요건을 갖추어야 한다. 영업상의 비결과 고용관계 등 재산적 가치 있는 사실관계는 양수인이 양도인과 동일한 지위에서 이를 이용할 수 있도록 개별적으로 전수하거나 구체적으로 소개하여야 한다.

영업양도에 있어서 양도인과 근로자간의 근로계약관계는 양수인에게 포괄적으로 이전된다는 것이 다수설의 입장이다. 판례도 양도인과 근로자의 근로계약관계는 양수인에게 승계되며, 양도인과 양수인 간의 합의에 의하여 근로계약을 승계하지 않는 때에는 실질적인 해고이므로 근로기준법 제23조 제1항에서 정하는 정당한 이유가 있어야 유효하다는 입장이다.

[판례] 대법원 1994.6.28. 선고 93다33173 판결

영업의 양도라 함은 일정한 영업목적에 의하여 조직화된 업체 즉 인적 물적 조직을 그 동일성은 유지하면서 일체로서 이전하는 것을 말하고 영업이 포괄적으로 양도되면 반대의 특약이 없는 한 양도인과 근로자간의 근로관계도 원칙적으로 양수인에게 포괄적으로 승계된다 할 것이고(당원 1992.7.14. 선고 91다40276 판결; 1991.11.12. 선고 91다12806 판결; 1991.8.9. 선고 91다15225 판결 등 참조), 영업양도 당사자 사이에 근로관계의 일부를 승계의 대상에서 제외하기로 하는 특약이 있는 경우에는 그에 따라 근로관계의 승계가 이루어지지 않을 수 있으나, 그러한 특약은 실질적으로 해고나 다름이 없다 할 것이므로, 근로기준법 제27조 제1항 소정의 정당한 이유가 있어야 유효하다 할 것이며, 영업양도 그 자체만을 사유로 삼아 근로자를 해고하는 것은 정당한 이유가 있는 경우에 해당한다고 볼 수 없다 할 것이다. 그리고 노동조합법 제42조 소정의 노동위원회의 사용자에 대한 구제명령은 사용자에게 이에 복종하여야 할 공법상의 의무를 부담시킬 뿐 직접 노사 간의 사법상의 법률관계를 발생 또는 변경시키는 것은 아니므로(당원 1976.2.11. 고지 75마496 결정 참조), 구제명령이 확정되었다는 사정만으로 원고가 근로자의 지위를 회복하는 것은 아니지만, 갑 제2호 증의 1.2.3의 각 기재에 의하면, 원고는 소외 회사가 구제명령이 확정된 후에도 복직을 시키지 않음은 물론 임금도 지급하지 않기 때문에 별도로 임금청구소송을 제기하여 1988. 12. 1. 승소판결을 받았고, 소외 회사의 항소와 상고가 모두 기각됨으로써 위 승소판결은 영업양도계약 체결 전인 1990. 8. 24. 확정되었으며, 위 판결은 원고에 대한 해고는 무효여서 원고는 여전히 소외 회사의 근로자로서의 지위를 가지고 있음을 전제로 해고 이후 복직 시까지의 임금의 지급을 명하고 있는 사실을 인정할 수 있는바, 사실관계가 이러하다면 비록 현실적인 복직조치가 없었다 하더라도 원고는 영업양도 당시 소외 회사와 적법 유효한 근로관계에 있었다고 보아야 할 것이므로 원고의 소외 회사와의 근로관계는 피고에게 승계되었다고 할 것이다.

기업이 사업부문의 일부를 다른 기업에게 양도하면서 그 물적 시설과 함께 양도하는 사업
부문에 근무하는 근로자들의 소속을 변경시킨 경우에는 원칙적으로 해당근로자들의 근로
관계가 양수하는 기업에게 승계되어 근로의 계속성이 유지된다 할 것이고, 이와 같은 경우
해당근로자가 자의에 의하여 계속근로관계를 단절할 의사로 사업을 양도하는 기업에 사직
서를 제출하고 퇴직금을 지급받은 다음 사업을 양수하는 기업에 입사하였다면 계속근로관
계가 단절된다 할 것이지만, 그것이 근로자의 자의에 의한 것이 아니라 사업을 양도·양수하
는 기업들의 경영방침에 의한 일방적인 결정에 따라 퇴직과 재입사의 형식을 거친 것에 불
과하다면 이러한 형식을 거쳐서 퇴직금을 지급받았더라도 근로자에게 근로관계를 단절할
의사가 있었다고 할 수 없으므로 계속근로관계는 단절되지 않는다 할 것이고, 이와 같은 경
우에 근로자가 최종적으로 사업을 양수한 기업에서 퇴직하면, 그 기업은 사업을 양도한 기
업에서의 근속기간을 포함한 근속연수에 상응하는 퇴직금에서 이미 지급된 퇴직금을 공제
한 나머지를 지급할 의무가 있다 할 것이다(대법원 1992. 7. 14. 선고 91다40276 판결 등
참조).

2) 경업피지의무

(1) 의 의

영업양도인은 다른 약정이 없으면 동일한 특별시, 광역시, 시, 군과 인접한 특별
시, 광역시, 시, 군에서 10년간 동종의 영업을 하지 못한다(상법§41①). 양도당사자 간
에 경업금지기간을 이보다 더 장기간으로 하는 특약이 있는 때에는 20년을 초과하
지 않는 범위 내에서 그 효력이 있다(상법§41②). 양도인이 영업을 양도한 후에도 인근
지역에서 동종의 영업을 계속한다면 양수인은 영업양수의 목적을 달성할 수 없으
므로 양수인으로 하여금 영업을 양수한 목적을 달성할 수 있도록 하기 위한 것이다.

(2) 법적 성질

경업피지의무의 법적 성질에 관하여, 이 의무가 법률에 의하여 정책적으로 인정
된 의무라는 견해(정찬형, (상) 172)와 영업양도계약에는 경업피지의무가 묵시적으로
당연히 포함되어 있으므로 계약상의 의무라는 견해(이철송, 228면)가 있다. 전자의 견
해에 의하면 경업피지의무는 일신전속적 의무이므로 특정승계나 포괄적 승계에

의하여 이전될 수 없다고 한다. 이에 대해 후자의 견해에서는 상속의 경우 경업피지의무가 영업양도인의 상속인에게 승계된다면 상속인의 직업선택의 자유를 제한하는 결과가 되므로 경업피지의무가 승계되지 않으나, 회사 합병의 경우에 존속법인 또는 신설법인은 소멸법인의 경업피지의무를 승계하고, 영업양수인이 재차 영업을 양도한 경우에도 민법 제450조의 지명채권양도방법에 따라 대항요건을 갖춘 때에는 당초의 영업양도인은 제2의 영업양수인에 대해서도 경업피지의무를 진다고 한다.

(3) 경업금지의 지역적 범위

양도인에 의한 경업이 제한되는 지역은 동일한 특별시, 광역시, 시, 군과 인접한 특별시, 광역시, 시, 군이다. 그러나 이 행정구역의 범위는 단순한 형식논리적인 문언(文言)에 의하여 정하여야 하는 것은 아니다. 경업금지가 양도인의 경업이 양수인의 영업에 직간접적인 영향을 주는 것을 막기 위한 것이므로, 양도인이 경업을 하더라도 양수인의 영업에 아무런 영향을 주지 않는 경우에는 경업을 허용하는 것이 합리적이다.

(4) 영업의 일부 양도와 경업 제한 여부

영업의 일부를 양도하는 경우에 양도인이 동일한 지역 내에 다른 영업소에서 동종의 영업을 하지 않았던 때에는 경업피지의무를 지게 된다. 그러나 양도인이 동일한 지역 내의 다른 영업소에서 동종의 영업을 해 왔던 때에는, 그 양도 후 경업을 하지 말라고 하는 것은 양도인에게 너무 가혹하고, 또 이 경우에는 양수인이 양도인의 동종 영업에 대한 경업을 용인한 것으로 볼 수 있으므로, 이 때에는 당사자 간에 다른 특약이 없는 한 상법 제41조의 적용을 배제하기로 하는 묵시적 합의가 있다고 보는 것이 합리적이다(이철송, 220).

2. 영업양도의 대외적 효과

1) 양도인의 영업상 채무에 대한 효력

(1) 상호를 속용하는 경우

① **원칙**　　영업양수인이 양도인의 상호를 계속 사용하는 경우에는 양도인의 영업상의 채무에 대하여 양수인도 변제책임을 진다(상법§42①). 양수인이 양도인 및 채권자 사이에 채무인수의 합의를 하였다면 양수인은 그 합의에 따라 변제책임을 질 것이나, 그러한 채무인수의 합의가 없는 경우에도 양수인이 양도인의 상호를 계속 사용함으로써 영업의 양도 후에도 대외적으로 양도인의 영업이 계속되는 것과 같은 외관을 나타낸데 기한 책임이다.

② **책임의 요건**　　양수인이 양도인의 채무에 대해 변제책임을 지기 위해서는 영업이 양도되어야 하는데, 영업의 양도에는 영업의 전부 또는 일부가 매매는 물론, 현물출자, 교환, 증여, 신탁 등 유·무상 계약에 의한 이전을 포함한다. 양도인의 채무는 양도인의 영업으로 인하여 발생한 채무에 한하는데, 거래상의 채무는 물론 영업상의 거래와 관련하여 발생된 부당이득과 불법행위 등에 기한 채무를 포함한다. 또한 양수인은 양도인의 상호를 계속 사용하여야 한다. 상호를 계속 사용한다고 하기 위해서는 양도 전후의 상호가 동일하여야 하는데, 양수인의 상호가 양도인의 상호와 완전히 동일한 경우는 물론이고, 양도 전후의 상호에 자구의 일부 변경이 있더라도 전체적으로 동일성이 인정되는 경우도 포함한다.

양수인의 책임은 양수인이 양도인의 상호를 사용함으로써 양도인의 영업이 계속되는 것과 같은 외관을 나타낸데 기한 책임이므로, 양수인이 상호를 속용하는 한, 영업양도계약의 무효 또는 취소, 상호권의 이전 또는 대항요건의 구비 여부에 관계없이 양수인은 양도인의 채무에 대한 변제책임을 부담한다.

③ **책임의 내용**　　양수인이 상호를 속용하는 경우에 양도인의 채무에 대하여 무한책임을 지며, 양도인과 부진정연대채무(不眞正連帶債務)의 관계에 있다(정동윤, 124). 다만 이 경우 양수인은 양도인이 채권자에 대하여 가지는 모든 항변으로 그 채권자에게 대항할 수 있음은 물론이다. 또 양수인의 변제책임은 양도인의 상호

를 속용하고 있다는 외관에 따른 책임이지, 양수인이 양도인의 채무를 승계하는 것은 아니므로, 양도인의 채권자는 양도인에 대한 채무명의로 양수인의 재산에 대해 강제집행을 할 수는 없다.

> **[판례] 대법원 1979.3.13. 선고 78다2330 판결**
>
> 확정판결의 변론종결 후 동 확정판결상의 채무자로부터 영업을 양수하여 양도인의 상호를 계속 사용하는 영업양수인은 상법 제42조 제1항에 의하여 그 양도인의 영업으로 인한 채무를 변제할 책임이 있다 하여도, 그 확정판결상의 채무에 관하여 이를 면책적으로 인수하는 등 특별사정이 없는 한, 그 영업양수인을 곧 민사소송법 제204조의 변론종결후의 승계인에 해당된다고 할 수 없다.

④ **예외**　　양수인이 양도인의 상호를 계속하여 사용하는 경우에도 영업양도 후 지체 없이 양수인이 양도인의 채무에 대하여 변제책임이 없음을 등기하거나 채권자에게 그 뜻을 통지한 경우에는 이 책임을 지지 않는다(상법§42②). 양수인에게 변제책임이 책임이 없다는 뜻의 등기 신청이나 통지는 양수인이 단독으로 하지 못하며, 양도인과 양수인이 공동으로 하여야 한다.

⑤ **양도인의 면책**　　영업양수인이 양도인의 채무에 대하여 변제책임을 지는 경우에 양도인과 양수인은 부진정연대책임의 관계에 있으나, 양수인이 양도인의 상호를 속용하는 경우에는 영업양도 후 2년이 경과되면 양도인의 책임은 소멸되고 양수인만이 변제책임을 진다(상법§45). 이 기간은 제척기간이다.

> **[판례] 대법원 1998. 4. 14. 선고 96다8826 판결**
>
> 상법 제42조 제1항…이 상호를 계속 사용하는 영업양수인에게 양도인의 영업으로 인한 채무에 대하여도 변제할 책임이 있다고 규정하고 있는 것은 일반적으로 채무자의 영업상 신용은 채무자의 영업재산에 의하여 실질적으로 담보되는 것이 대부분인데 채무가 승계되지 아니함에도 상호를 계속 사용함으로써 영업양도의 사실이, 또는 영업양도에도 불구하고 채무의 승계가 이루어지지 않은 사실이 대외적으로 판명되기 어렵게 되어 채권자에게 채권 추구

의 기회를 상실시키는 경우 양수인에게도 변제의 책임을 지우기 위한 것이라 할 것이므로, 영업양도인이 사용하던 상호와 양수인이 사용하는 상호가 동일할 것까지는 없고, 다만 전후의 상호가 주요 부분에 있어서 공통되기만 하면 상호를 계속 사용한다고 볼 것이다(대법원 1989. 12. 26. 선고 88다카10128 판결 참조). 원심판결 이유에 의하면, 원심은, 피고 회사(1994. 9. 8. 파주콘크리트 주식회사에서 지금과 같이 상호 변경)가 1993. 8. 2. 같은 해 7. 19. 매매를 원인으로 주식회사 파주레미콘(이하 파주레미콘이라 한다)으로부터 공장건물 등에 관하여 소유권이전등기를 넘겨받는 등 영업에 필요한 시설 등을 양도받았으며, 같은 해 8. 4. 공업배치및공장설립에관한법률에 따라 파주레미콘의 상호 및 대표자를 피고 회사의 그것으로 변경한 사실, 파주레미콘의 이사는 윤희승, 윤희남, 오창환이었는데, 그 중 윤희남과 오창환은 피고 회사의 이사로 등기되었고 파주레미콘의 직원 중 일부가 피고 회사로 옮겨 그대로 근무하고 있는 사실, 피고 회사는 파주레미콘의 채무에 관하여 파주레미콘을 대신하여 변제하거나 피고 회사 명의의 약속어음을 발행하여 주고 파주레미콘의 종전 거래처들과 거래관계를 계속적으로 유지하면서 기존 거래처들에게 피고 회사가 인수받은 공장에서 생산한 레미콘을 계속 공급하고 있는 사실, 피고 회사의 주된 목적이 파주레미콘과 유사하고 등기부상 주소 또한 파주레미콘과 동일하며, 상호 또한 동일성 인식의 주된 부분인 '파주'라는 명칭을 유지하면서 콘크리트의 일종인 '레미콘' 대신 '콘크리트'로 변경한 사실 등을 인정하고 있는바, …사실관계가 이와 같다면, 앞에서 본 법리에 비추어 피고 회사는 파주레미콘의 영업을 양수하여 상호를 계속 사용하고 있다고 보아야 할 것이므로, 같은 취지의 원심 판단은 정당하고, 거기에 상고이유의 주장과 같은 법리오해의 위법이 없다.

　(2) 상호를 속용하지 않는 경우
　　① **원칙**　　양수인이 양도인의 상호를 속용하지 않는 경우에는 상호를 속용하는 경우에서와 같은 영업의 계속에 관한 외관이 없으므로 양수인이 양도인의 채무를 인수하는 등 별도의 채무부담행위가 없는 한, 양수인은 양도인의 영업상의 채무에 대하여 변제책임을 지지 않는다.
　　② **예외**　　양수인이 양도인의 상호를 속용하지 않아 양도인의 채무에 대한 변제책임을 지지 않는 경우에도 양수인이 양도인의 채무를 인수하였음을 광고하거나 또는 그 뜻을 채권자에게 통지한 때에는 양수인도 변제책임을 진다(상법§44).
　　③ **양도인의 면책**　　영업양수인이 양도인의 채무에 대해 변제책임을 진다는 뜻을 광고 또는 통지한 경우에는 양도인과 양수인은 부진정연대책임의 관계에

있으나, 채무인수의 광고 또는 통지 후 2년이 경과되면 양도인의 책임은 소멸되고 양수인만이 변제책임을 진다(상법§45). 이 기간은 제척기간이다.

2) 양도인의 영업상 채권에 대한 효력

(1) 상호를 속용하는 경우

영업양수인이 양도인의 상호를 계속 사용하는 경우 양도인의 채무자가 선의이고 중과실 없이 양수인에게 변제한 때에는 그 변제는 유효하며 양도인에 대한 변제책임은 소멸된다(상법§43). 영업양도에 있어서 양도인이 영업상의 채권을 양수인에게 양도하지 아니한 경우에는 양수인에 대한 변제는 원칙적으로 무효이나, 이 경우에도 양수인이 양도인의 상호를 속용하는 때에는 양도인의 채무자가 영업양도의 사실을 모르고 선의로 양수인에게 변제할 수 있으므로, 이러한 선의의 채무자를 보호하기 위한 것이다.

이러한 변제의 효력이 생기는 채권은 양도인의 영업과 관련하여 발생한 것이어야 하나, 어음이나 수표와 같은 증권상의 채권은 포함되지 아니한다. 증권상의 채무에 대한 변제는 증권의 적법한 소지인에게 하여야 하므로, 상호의 속용 여부에 따라 그 변제의 효력을 정할 성질이 아니기 때문이다.

(2) 상호를 속용하지 않는 경우

양수인이 상호를 속용하지 아니하는 경우에는 양도인의 채무자가 아무리 선의로 양도인에게 변제하더라도 변제의 효력이 생기지 않는다. 다만 양도인이 광고나 채무자에 대한 통지 등의 방법으로 양도인의 영업상 채권이 양수인에게 귀속되는 듯한 외관을 나타내고, 이를 양도인의 채무자가 이를 신뢰하여 양수인에게 변제한 경우에는 민법상 채권의 준점유자(準占有者)에 대한 변제(민법§470)로서의 효력이 있다.

제2절 영업의 임대차와 경영위임

제1. 영업의 임대차

1. 의 의

영업의 임대차는 상인이 영업의 전부 또는 일부를 타인에게 임대하는 계약이다. 영업의 임대차는 영업 그 자체를 임대하는 것이라는 점에서 개개 영업재산의 임대차와 다르고, 임대인은 임대차의 목적인 영업재산과 인적시설에 대한 권리를 보유한다는 점에서 영업양도와 다르다. 임대인은 영업의 소유주체로서의 지위를 가지나 임차인에 대해 임료의 지급청구권만 가지며, 임차인은 임대인의 영업을 자신의 명의와 계산으로 경영하는 것이다.

2. 절 차

영업의 임대차계약을 체결함에 있어서 특별한 방식을 요하지 아니하나, 주식회사나 유한회사가 영업의 전부를 임대하는 경우에는 주주총회 또는 사원총회의 특별결의가 있어야 하며(상법§374제2호, §576①), 그 반대주주에 대해서는 주식매수청구권이 인정되므로 그 절차도 거쳐야 한다(상법§374의2).

다만 대규모 회사가 다른 회사의 영업의 전부 또는 주요부분의 임차를 하는 것이 일정한 거래분야에서 경쟁을 실질적으로 제한할 때에는 그 영업의 임대차가 금지된다(독점규제및공정거래에관한법률 §7①4호).

3. 효 력

영업임대차계약이 있으면 임차인은 영업재산이용권을 가지는 한편 임대료지급의무를 부담하며, 임대인은 임차인에 대하여 그 영업을 사용 수익하게 하여야 하며, 계약의 존속기간 동안 경업피지의무를 부담한다.

제2. 경영위임

1. 의 의

경영위임은 상인이 자기 영업의 경영을 타인에게 위임하는 계약으로서, 기업소유의 법적 관계에는 아무런 변동 없다는 점에서 영업의 임대차에 유사하나, 대외적인 경영의 주체가 위임인으로서 수임인이 위임인의 명의로 경영을 한다는 점에서 영업의 임대차와 다르다. 다만 경영위임은 위임인과 수임인의 내부관계에서 누구의 계산으로 하는가, 즉 영업상의 손익이 누구에게 귀속되는가에 따라 협의의 경영위임계약과 경영관리계약으로 나누어진다.

2. 협의의 경영위임계약

협의의 경영위임계약은 대외적으로는 수임인이 위임인의 이름으로 영업을 하고, 위임인으로부터 영업에 관한 광범위한 대리권이 부여되어 있으나, 영업상의 손익은 수임인에게 귀속되고, 위임인에게는 일정한 보수가 지급된다. 따라서 협의의 경영위임계약은 실질적으로 영업의 임대차에 유사하다.

3. 경영관리계약

경영관리계약은 수임인이 위임인의 계산으로 경영을 하는 형태로서 영업상의 손익이 위임인에게 귀속되고 수임인은 경영권 행사의 주체로서 그 활동에 대하여 보수 또는 임금을 지급받는 경우가 있다. 따라서 경영관리계약은 민법상의 위임계약으로서 그 법률관계에 대해서는 민법의 위임에 관한 규정이 적용된다.

4. 계약의 체결

경영위임계약은 불요식의 낙성계약이나, 특히 주식회사 또는 유한회사가 경영위임계약을 체결할 때에는 주주총회 또는 사원총회의 특별결의를 얻어야 한다. 다만 대규모 회사가 다른 회사의 영업의 전부 또는 주요부분에 대한 경영을 수임하는 것이 일정한 거래분야에서 경쟁을 실질적으로 제한할 때에는 그 영업의 경영위임이 금지된다(독점규제및공정거래에관한법률 §7①4호).

제2편

상행위

제1장
서 론

제1절 상행위의 의의

상행위(商行爲)는 실질적으로는 영리를 목적으로 하는 기업활동으로서의 영업행위이며, 형식적으로는 상법과 특별법에서 상행위로 규정된 일정한 유형의 행위이다. 상행위의 성질은 채권행위이며 이에 관한 물권행위는 그 이행으로 행해지는 것이지 상행위가 아니다.

상행위는 상인개념과 더불어 상법의 적용범위를 정하는 상법의 중심개념으로서 어떤 행위를 상행위로 할 것인가는 입법정책의 문제이다. 이에 관하여 세 가지 입법주의가 있다.

① **주관주의**　상인개념을 먼저 정하고 그 상인의 영업상의 행위를 상행위로 하는 입법이다(독일 상법, 스위스 채무법).

② **객관주의**　행위의 주체에 관계없이 행위의 객관적 성질에 따라 상행위를 정하는 입법이다(우리나라의 구상법).

③ **절충주의**　위 주관주의에 객관주의를 병용하여 어떤 종류의 행위는 상인개념과 관계없이 상행위로 하고 그 밖의 행위는 상인이 영업으로 하는 경우에 상행위로 하는 입법이다(프랑스 상법, 일본 상법, 독일 구상법).

④ **현행 상법의 입장**　현행 상법상의 상행위 개념에 대하여 학설은 절충주의라는 설,

주관주의라는 설, 주관주의적 절충주의라는 설 등으로 나뉘어 있다. 그러나 상법 제46조에서 상행위로 정한 행위는 영업으로 하는 경우에만 상행위가 되므로 주관주의를 취한 것으로 보는 것이 타당하다.

제2절 상행위의 종류

제1. 기본적 상행위와 보조적 상행위

1. 기본적 상행위

1) 기본적 상행위의 의의

기본적 상행위는 당연상인의 개념을 정하는 기초가 되는 행위로서 영업의 주된 목적이 되는 상행위를 말한다. 기본적 상행위는 영업을 전제로 하므로 영업적 상행위라고도 한다. 과거 상법의 개정 전에는 기본적 상행위가 18개의 유형이었으나 1995년 상법의 개정에 의하여 금융리스업과 가맹업, 채권매입업이 새로 추가되었으며, 2007년 상법개정에서는 신용카드 등의 지급결제업무의 인수도 기본적 상행위로 추가되었다.

2) 기본적 상행위의 종류

상법에서 정하는 기본적 상행위의 종류는 다음과 같다.

ⓐ **동산·부동산·유가증권 기타 재산의 매매**(상법§46제1호) 여기서 매매란 매도 또는 매수를 의미한다는 설도 있으나, 매도와 매수가 내면적으로 관련되어야 하며 판매할 목적으로 매입하거나 매입한 것을 판매하는 행위를 말한다. 따라서 농업, 수산업 등 제1차 생산업자가 직접 수확한 농산물이나 수산물 등을 매각하는 행위는 여기에서 제외된다. 다만 이러한 행위도 상인적 설비와 방법에 의할 경우에는 설비상인의 행위로서 준상행위(準商行爲)가 된다. 기타 재산이란 저작권 등의 무체재산권과 광업

권, 어업권 등을 의미한다.

ⓑ **동산·부동산·유가증권 기타 재산의 임대차**(상법§46 제2호)　본 호의 임대차는 자기 소유의 동산이나 부동산 등의 재산을 임대하거나, 타인의 재산을 임차하여 전대(轉貸)함으로써 영리를 추구하는 행위를 말한다. 전대를 전제로 하지 않는 임차만을 영업으로 하는 상인은 있을 수 없으므로, 임차 자체만으로는 기본적 상행위로 될 수 없다(이철송, 상법총칙, 252).

ⓒ **제조·가공 또는 수선에 관한 행위**(상법§46제3호)　제조란 원재료에 인위적인 공법을 가하여 새로운 물건을 만드는 것을 말하고, 가공이란 원재료의 동일성을 유지하면서 그 외형을 변경하여 경제적 효용가치를 증대시키는 것이며, 수선은 형태나 기능의 불완전한 부분을 보정하는 것을 의미한다. 이러한 제조, 가공, 수선은 단순한 사실행위에 지나지 않으므로 이러한 행위의 인수(引受)가 본 호의 상행위에 해당한다. 다만 이들 행위가 단순히 임금이나 기타 보수를 받을 목적으로 행해지는 경우에는 상행위에서 제외된다.

ⓓ **전기·전파·가스 또는 물의 공급에 관한 행위**(상법§46제4호)　본 호의 상행위는 전기나 가스 등을 계속하여 공급할 것을 인수하는 행위이다. 이들 물건을 공급하는 행위의 법적 성질은 매매이지만, 그 계속적인 공급에 필요한 설비를 설치하거나 또는 임대하는 경우에는 매매와 도급, 임대차 등의 각종 계약이 결합된 혼합계약(混合契約)으로서의 성질을 가진다.

ⓔ **작업 또는 노무의 도급의 인수**(상법§46제5호)　작업의 도급의 인수는 건물, 도로, 교량 등 부동산이나 선박에 관한 각종 공사에 대한 도급계약의 체결을 말한다. 동산에 대한 작업의 도급을 인수하는 것은 3호의 제조, 가공, 수선의 인수에 해당한다(이철송, 253). 노무의 도급의 인수는 일정한 노무에 종사하게 할 목적으로 상대방에게 노무자를 공급할 것을 약정하는 계약이다.

ⓕ **출판·인쇄 또는 촬영에 관한 행위**(상법§46제6호)　출판에 관한 행위는 문서나 도화를 인쇄하여 발매하는 것을 인수하는 행위이며, 인쇄에 관한 행위는 기계 기타 방법을 이용하여 문서나 도화를 복제하는 작업을 인수하는 행위이며, 촬영은 사진기나 촬영기 등에 의하여 사진을 촬영하는 것을 인수하는 행위이다.

ⓖ **광고·통신 또는 정보에 관한 행위**(상법§46제7호)　광고에 관한 행위는 특정 기업이나 상품에 관한 사실의 홍보·선전하는 행위의 인수이며, 통신에 관한 행위는 유·무선 장비에 의하여 의사 또는 정보를 전달 또는 제공하는 행위의 인수이다. 정보에 관한 행위는 일정한 자의 자산이나 신용상태 등 공개 또는 미공개 지식을 수집하여 제공하는 것을 인수하는 행위이다.

ⓗ **수신·여신·환 기타의 금융거래**(상법§46제8호)　수신은 예금과 같이 불특정 다수인으로부터 금전을 수치하는 것을 말하며, 여신은 타인에게 금전을 대여하는 것을 말한다. 환은 종류가 다른 화폐를 교환하는 것이며, 기타의 금융거래는 수신과 여신, 환 이외에 어음할인과 수표의 지급보증 등 은행거래를 말한다.

ⓘ **공중이 이용하는 시설에 의한 거래**(상법§46제9호)　공중이 출입하여 체류할 수 있는 인적·물적 시설을 갖추고 그 시설을 이용하게 하는 행위이다. 목욕탕, 음식점, 극장, 호텔, 식물원, 유원지 등이 이에 해당된다.

ⓙ **상행위의 대리의 인수**(상법§46제10호)　위탁자에게 영업적 상행위 또는 보조적 상행위가 되는 행위를 대리하는 것을 인수하는 행위이다.

ⓚ **중개에 관한 행위**(상법§46제11호)　중개에 관한 행위는 타인간의 법률행위의 매개를 인수하는 행위이다. 중개의 대상이 되는 행위는 상행위에 국한되지 아니하며, 상행위 외의 법률행위도 포함한다. 중개상과 중개대리상 이외에 부동산 등의 매매나 혼인의 중개를 하는 민사중개인도 이에 해당한다.

ⓛ **위탁매매 기타 주선에 관한 행위**(상법§46제12호)　위탁매매는 자기의 명의로 타인의 계산 아래 하는 물건 또는 유가증권의 매매를 인수하는 행위를 말하며, 기타 주선에 관한 행위란 위탁매매 외의 법률행위를 자기의 명의로 타인의 계산 아래 할 것을 인수하는 행위이다. 위탁매매인, 준위탁매매인, 운송주선인 등이 이에 해당한다.

ⓜ **운송의 인수**(상법§46제13호)　운송의 인수는 물건 또는 여객의 운송을 인수하는 행위로서 운송의 공간과 수단, 구간은 묻지 아니한다. 따라서 육상운송, 해상운송, 공중운송, 자동차운송, 철도운송, 선박운송 등을 포함한다.

ⓝ **임치의 인수**(상법§46제14호)　임치의 인수는 타인을 위하여 물건 또는 유가증권의 보관을 인수하는 행위를 말한다. 창고업, 주차장영업 등이 그 예에 속한다. 이 임치

에는 혼장임치(混藏任置)와 소비임치도 포함하나, 금전 또는 유가증권의 소비임치는 금융거래에 속하므로 제외된다(정찬형, 상, 60).

ⓞ **신탁의 인수**(상법§46제15호) 신탁은 위탁자가 일정한 재산권을 수탁자에게 이전하고 수탁자로 하여금 일정한 자(수익자)의 이익 또는 특정한 목적을 위하여 그 재산권을 관리·처분하게 하는 법률관계인데(信託法§1 ②), 신탁의 인수는 이러한 재산권의 관리 및 처분을 인수하는 행위를 말한다.

ⓟ **상호부금 기타 이와 유사한 행위**(상법§46제16호) 상호부금은 과거 국민은행법에서 규정하고 있었으나, 1995년 1월 국민은행법의 폐지 이후 상호저축은행법의 신용계업무와 신용부금업무(信用賦金業務)로 대치되었다. 신용계업무라 함은 일정한 계좌수(計座數)와 기간 및 금액을 정하고 정기적으로 계금을 납입하게 하여 계좌마다 추첨·입찰 등의 방법에 의하여 계원에게 금전의 급부를 약정하여 행하는 계금의 수입(受入)과 납부금의 지급업무를 말한다(상호저축은행법§2 제2호). 신용부금업무라 함은 일정한 기간을 정하고 부금(賦金)을 납입하게 하여 기간의 중도 또는 만료 시에 부금자에게 일정한 금전을 납부함을 약정하여 행하는 부금의 수입과 납부금의 지급업무를 말한다(상호저축은행 §2 제3호). 이러한 상호부금 기타 유사 업무는 은행업무에 속하지 않고, 상호저축은행도 은행법상의 금융기관에 속하지 않으므로(은행법§6), 본 호를 제8호의 은행업무와 별도로 규정하고 있다.

ⓠ **보험**(상법§46제17호) 본 호의 보험은 보험계약자 등이 약정한 보험료를 지급하고 피보험자의 재산 또는 생명이나 신체에 보험사고가 생길 경우에 보험자가 일정한 보험금액 기타의 급여를 지급하는 영리보험(상법§638)을 인수하는 영업을 말한다. 따라서 상호보험이나 국민건강보험 등의 사회보험은 상행위로서의 보험에 포함되지 아니한다.

ⓡ **광물 또는 토석의 채취에 관한 행위**(상법§46제18호) 본 호의 행위는 광물 또는 토석을 채취하여 판매하는 행위를 가리킨다. 농업이나 수산업 등과 같이 원시산업에 속하는 것이나, 그 기업성이 인정되어 원시산업 중에서 유일하게 상행위로 규정되어 있다.

ⓢ **기계·시설 기타 재산의 금융리스에 관한 행위**(상법§46제19호) 기계, 시설 기타 재산의

금융리스는 특정한 물건을 새로이 취득하거나 대여 받아 대여시설이용자에게 일정한 기간이상 사용하게 하고 그 대금을 분할하여 지급받는 물적 금융(物的金融)을 말한다. 본 호의 행위는 이러한 금융리스를 인수하는 시설대여계약을 가리킨다. 시설대여계약은 임대차계약에 유사하나 설비자금의 조달을 위한 금융의 일종으로서 임대차계약에 금융적 요소가 결합된 독자적인 비전형계약이다.

ⓣ **상호·상표 등의 사용 허락에 의한 영업에 관한 행위**(상법§46 제20호) 본 호의 행위는 가맹계약(Franchise)을 말한다. 가맹업자가 일정한 기간 동안 자기의 상호나 상표 기타 영업상의 징표를 사용할 수 있는 권리를 가맹상에게 설정하고, 영업상의 비결을 전수하는 한편, 가맹상은 가맹업자의 지휘와 조력 아래 독립하여 자기의 명의와 계산으로 영업하고 가맹료(加盟料) 기타 일정한 대가를 지급하는 상거래의 유형이다. 가맹계약은 새로운 종류의 상사계약으로서 비전형계약에 속한다.

ⓤ **영업상 채권의 매입·회수 등에 관한 행위**(상법§46 제21호) 본 호의 행위는 채권매입(factoring)계약을 말한다. 채권매입계약은 채권매입업자가 거래기업(매도인)의 상품매매거래에서 발생하는 매출대금채권을 일괄하여 양도받고 수수료와 지급보증료 및 이행담보금을 공제한 금액을 제공하며, 매출대금채권은 채권매입업자에 귀속되어 그 권한과 책임아래 회수되는 계약이다.

ⓥ **신용카드·전자화폐 등을 이용한 지급결제 업무의 인수**(상법§46 제21호) 신용카드란 신용카드업자가 발행한 것으로서 이를 제시함으로써 반복하여 신용카드 가맹점에서 대금을 결제할 수 있는 증표를 말한다(여신전문금융업법 §2 제2호). 전자화폐는 이전 가능한 금전적 가치가 전자적 방법으로 저장되어 발행된 증표 또는 그 증표에 관한 정보로서, ⅰ) 2개 이상의 광역지방자치단체 및 500개 이상의 가맹점에서 이용되고, ⅱ) 발행인 외의 제3자로부터 재화 또는 용역의 구입 대가를 지급하는데 사용할 수 있어야 하며, ⅲ) 구입할 수 있는 재화 또는 용역의 범위가 5개 업종 이상이어야 하며, ⅳ) 현금 또는 예금과 동일한 가치로 교환되어 발행되어야 하며, ⅴ) 발행자에 의하여 현금 또는 예금으로의 교환이 보장되는 것이어야 한다(전자금융거래법 §2 제15호, 동법시행령 §4). 신용카드나 전자화폐 외의 지급결제수단으로는 직불카드, 선불카드, 전자자금이체, 직불전자지급수단, 선불전자지급수단, 전자채권 등의 전

자적 방법에 따른 지급수단이 있다. 신용카드와 직불카드 및 선불카드의 법률관계에 대하여는 여신전문금융업법에서 규정하고, 전자화폐와 전자자금이체, 직불전자지급수단, 선불전자지급수단, 전자채권 등의 전자지급수단에 대하여는 전자금융거래법에서 규정하고 있다.

2. 보조적 상행위

1) 보조적 상행위의 의의

보조적 상행위는 상인이 영업을 위하여 하는 행위를 말한다. 영업과 관련되는 재산상의 행위라면 유상이든, 무상이든, 법률행위이든, 준법률행위이든 묻지 아니하며, 또한 영업을 준비하거나 종료하는 행위도 포함한다. 보조적 상행위도 일종의 상행위로서 상법의 규정이 적용된다.

2) 보조적 상행위의 추정

상인이 영업으로 하는 행위 이외의 행위는 보조적 상행위로 추정된다(상법§47②). 회사의 경우에는 영업으로 하는 행위 이외의 행위는 모두 보조적 상행위이나, 개인 상인의 경우에는 보조적 상행위인가, 사적 행위(私的行爲)인가 그 구별이 명백하지 않는 경우가 있으므로 주의적으로 규정한 것이다.

보조적 상행위는 영업을 위하여 하는 행위이므로 영업의 개시 이후에 하는 영업을 위한 행위는 물론 영업의 개시를 위한 개업준비행위도 보조적 상행위로 된다. 다만 보조적 상행위는 재산법상의 행위에 한하며, 법률행위는 물론 최고와 통지, 사무관리 등의 준법률행위와 채무불이행에 따른 손해배상청구 등을 포함하나, 신분법상의 행위와 공법상의 행위는 보조적 상행위로 되지 아니한다. 이 밖에 물품의 수령과 채무 변제 등의 사실행위와 불법행위가 보조적 상행위에 포함되는가에 대하여는 학설과 판례가 대립하고 있다.

[판례] 대법원 1992.7.28. 선고 92다10173,92다10180(병합) 판결

원심은 피고 반도건설이 피고 주묘애로부터 수회에 걸쳐 합계 120,000,000원을 차용할 때

이자의 약정(원심은 월 3푼 또는 월 2푼 5리 정도로 보고 있다)이 있었던 사실을 인정하였음에도 1986. 7. 24. 정산합의에 의한 금 40,000,000원의 잔존채무가 종전의 채무와 어떠한 관계에 있은 것인지를 밝히지도 아니하고 또 위 잔존채무에 대한 지연손해금에 대하여 종전의 약정이율이 적용되지 아니할 이유를 명백히 설시하지도 아니한 채 민사법정이율인 연 5푼의 이율을 적용하였는바, 이러한 원심판결에는 이유 불비나 또는 심리 미진의 위법이 있다고 아니할 수 없고 약정이율이 적용되지 않는 것이 정당하다고 하더라도 위 정산약정은 상인인 피고 반도건설이 그 영업을 위하여 한 상행위로 추정된다고 할 것이어서(당원 1989.6.27. 선고 89다카2957 판결참조) 연 6푼의 상사법정이율에 의하여야 할 것으로 보이는바 이에 이르지 아니한 원심판결에는 법정이율에 대한 법리오해의 위법이 있다고 할 것이…다.

제2. 절대적 상행위와 상대적 상행위

절대적 상행위는 행위의 객관적 성질에 의하여 상행위로 되는 것을 의미하고, 상대적 상행위는 어느 행위를 영업으로 하거나 영업을 위하여 하는 때에 상행위로 인정되는 행위이다. 현행 상법상의 상행위는 모두 상대적 상행위이나, 담보부사채신탁법에 의한 담보부사채총액의 인수는 절대적 상행위이다.

제3. 일방적 상행위와 쌍방적 상행위

일방적 상행위(一方的 商行爲)는 당사자의 일방에 대해서만 상행위로 되는 행위이며, 쌍방적 상행위(雙方的 商行爲)는 당사자 쌍방에 대하여 상행위가 되는 행위이다. 상법의 규정은 쌍방적 상행위에 대해서만 적용되는 경우도 적지 않으나, 일방적 상행위에 대하여도 당사자 전원에게 적용되는 것이 원칙이다(상법§3).

제4. 준상행위

의제상인이 영업으로 하는 행위는 상행위가 아니지만 상행위에 관한 상법 규정이 준용되므로(상법§66), 이를 본래의 상행위에 대하여 준상행위(準商行爲)라 한다.

제2장
상행위법 통칙

제1절 민법 총칙편에 대한 특칙

제1. 상행위의 대리

1. 대리의 방식

민법상의 대리행위는 대리인이 본인을 위하여 하는 것임을 표시하여야 하는 현명주의(顯名主義)가 원칙이나(민법§114, §115), 상법상 상행위의 대리에 있어서는 대리인이 본인을 위한 것임을 표시하지 아니하여도 그 행위는 본인에 대하여 효력이 있다(상법§48본문). 다만, 상대방이 불측의 손해를 입게 되는 것을 방지하기 위하여 상법은 상대방이 본인을 위한 것임을 알지 못한 때에는 대리인에 대해서도 이행의 청구를 할 수 있도록 하고 있다(상법§48 단서).

2. 대리권의 범위

민법상 대리권은 본인의 사망으로 소멸되는 것이 원칙이나(민법§127제1호), 상행위의 위임에 의한 대리에 있어서는 대리권을 위임한 본인이 사망한 때에도 대리인의 대리권은 소멸되지 아니하며(상법§50), 그 상속인을 위하여 대리권을 보유한다.

제2. 상행위의 수임자의 권한

상행위의 위임을 받은 자는 위임의 본지에 반하지 아니한 범위 내에서 위임을 받지 아니한 행위를 할 수 있다(상법§49). 이 규정은 상행위의 사정이 변경된 경우에 임기응변적 조치를 취할 수 있도록 하는 취지이지만, 위임의 본지에 따라 선량한 관리자의 주의로써 위임사무를 처리하여야 한다(민법§681)는 민법의 일반원칙을 주의적으로 규정한 것이다.

제3. 소멸시효

상행위로 인한 채권의 소멸시효기간은 상법이나 다른 법령에 특별한 규정이 없는 한 5년이다(상법§64 본문). 다만 상법은 일정한 상사채권에 관하여 이보다 더 짧은 단기소멸시효를 정하고 있는 경우가 많다.

> **[판례] 대법원 2006.4.27. 선고 2006다1381 판결**
>
> 당사자 쌍방에 대하여 모두 상행위가 되는 행위로 인한 채권뿐만 아니라, 당사자 일방에 대하여만 상행위에 해당하는 행위로 인한 채권도 상법 제64조 소정의 5년의 소멸시효기간이 적용되는 상사채권에 해당하는 것이고, 그 상행위에는 상법 제46조 각 호에 해당하는 기본적 상행위뿐만 아니라, 상인이 영업을 위하여 하는 보조적 상행위도 포함된다(대법원 1995. 4. 21. 선고 94다36643 판결, 1997. 8. 26. 선고 97다9260 판결 등 참조). 원심은, 그 채용 증거들을 종합하여 판시와 같은 사실을 인정한 다음, 피고 회사와 망 소외인사이의 근로계약이나 피고 회사가 노동조합과 체결한 단체협약은 모두 보조적 상행위에 해당하므로, 그에 기한 이 사건 위로금채권에는 5년의 상사시효가 적용된다고 판단하였던바, 앞서 본 법리와 기록에 비추어 보면, 이러한 원심의 판단은 옳고, 거기에 상사채권이나 상사시효에 관한 법리를 오해한 위법이 …없다.

제2절 민법 물권편에 대한 특칙

제1. 상사유치권

상법은 민법의 유치권(民事留置權)(민법§320)에 비하여 요건이 완화되어 있는 상사유치권에 대해 규정하고 있다. 상사유치권에는 상인간의 상행위로 인한 채권에 관한 일반상사유치권(一般商事留置權)(상법§58)과 대리상·위탁매매인·운송주선인·운송인 등에 대해 그 영업의 특성에 따라 인정되는 특별상사유치권(特別商事留置權)(상법§91, §111, §120, §147, §800②)이 있다.

일반상사유치권은 상인간의 상행위로 인한 채권이 변제기에 있는 경우에 변제를 받을 때까지 채무자에 대한 상행위로 인하여 채권자가 점유하고 있는 채무자 소유의 물건 또는 유가증권에 대하여 인정된다. 따라서 일반상사유치권이 성립되기 위해서는 당사자 쌍방이 상인이어야 하며, 피담보채권도 당사자 쌍방을 위하여 상행위가 되는 행위로 생기고 또 변제기에 있어야 한다. 유치의 목적물에 관하여는 채무자 소유의 물건 또는 유가증권으로서 그 점유취득원인이 채무자에 대한 상행위로서 채권자에게 상행위가 되는 행위이어야 하나, 목적물과 피담보채권 사이에는 영업을 통하여 관련되어 있으면 충분하고 개별적 견연성(牽聯性)이 요구되지 않는다(상법§58).

이에 비하여 특별상사유치권은 당사자에 있어서 대리상의 경우를 제외하고는 상대방이 상인일 것을 요하지 않으며, 피담보채권도 대리 또는 중개로 인한 채권, 운송물에 관한 보수·운임·체당금 등과 같이 그 영업의 종류에 따른 제한이 있다. 목적물의 소유권에 관하여 반드시 채무자의 소유가 아니라도 무방하나, 특히 운송주선인과 운송인의 유치 목적물은 반드시 운송물에 한한다.

목적물과 피담보채권의 견련성에 관하여는 대리상과 위탁매매인의 유치권에서는 일반상사유치권에서와 같이 그 견련성이 요구되지 않으나, 운송주선인과 운송인, 해상운송인의 유치권에서는 유치의 목적물이 운송물이고 피담보채권도 운송에 관한 채권이므로 민사유치권에서와 같이 개별적 견련성이 요구된다.

상사유치권은 법정담보물권이지만, 당사자 간의 명시적 또는 묵시적 특약에 의하여 배제될 수 있다(상법§58 ③). 유치권의 성질, 효력, 소멸에 관하여서는 일반상사유치권과 특별상사유치권이 모두 민법 규정(민법§321~328)에 의한다.

제2. 유질계약의 허용

유질계약(流質契約)은 채무자가 변제기에 변제를 하지 않는 경우에 채권자가 법정절차에 의하지 않고 질권의 목적물(質物)에 대한 소유권을 취득하거나 임의로 처분할 수 있는 것을 내용으로 하는 계약이다. 이러한 계약은 채권자가 채무자의 경제적 궁핍을 이용하여 폭리를 취하는 수단으로 이용될 수 있으므로 민법은 채무자를 보호하기 위하여 금지하고 있다(민법§339).

이와는 달리 상법은 상행위로 인하여 생긴 채권을 담보하기 위한 질권에는 유질계약을 허용하고 있다(상법§59). 상인은 어느 정도 합리적으로 판단할 수 있는 경제적 지위에 있고 또 금융의 편의를 용이하게 확보할 수 있도록 할 필요가 있기 때문이다.

상법상 유질계약이 허용되는 피담보채권은 상행위로 인하여 생긴 채권이어야 하는데, 이 때 상행위는 쌍방적 상행위는 물론 일방적 상행위도 포함한다. 다만, 일방적 상행위의 범위에 관하여 다수설은 채권자 또는 채무자의 어느 일방에게 상행위가 되면 유질계약이 허용된다고 한다. 이에 대해 소수설은 채권자가 비상인(非商人)이고 채무자가 상인인 때에는 유질계약이 허용되나, 채권자가 상인이고 채무자가 비상인인 때에는 유질계약이 허용되지 않는다고 한다(정찬형, 상 207, 이철송, 상법총칙, 269). 채권자가 상인이고 채무자가 비상인인 때에는 민법에서와 같이 채무자를 보호할 필요가 있으므로 후설이 타당하다.

제3절 민법 채권편에 대한 특칙

제1. 상행위의 유상성

1. 보수청구권

상인이 타인을 위하여 그 영업의 범위 내에서 어떤 행위를 한 때에는 특약이 없더라도 상당한 보수를 청구할 수 있다(상법§61). 영업의 범위 내의 행위란 영업으로 하는 상행위인가, 그렇지 않으면 보조적 상행위인가를 가리지 않으며, 또한 법률행위뿐만 아니라 사실행위도 포함한다.

2. 법정이자청구권

상인 간에 금전소비대차를 하거나 또는 상인이 그 영업의 범위 내에서 타인(비상인도 포함)을 위하여 금전을 체당한 경우에는 특약이 없어도 법정이자를 청구할 수 있다(상법§55①②). 금전소비대차는 영업에 관한 행위로서 적어도 보조적 상행위이어야 하며, 금전의 체당이란 소비대차에 의하지 않고 타인을 위하여 채무의 변제로서 금전을 지급하는 것을 말하며, 그 타인은 상인인가 상인이 아닌가는 묻지 아니한다.

3. 상사법정이율

민법상의 법정이율(民事法定利率)은 연5푼(分)이나, 상행위로 인하여 생긴 채무의 법정이율(商事法定利率)은 연 6푼이다(상법§54). 상행위로 인하여 생긴 채무에는 쌍방적 상행위로 인한 것은 물론 일방적 상행위에 의하여 생긴 채무를 포함하며, 상사법정이율은 상행위로 인한 채무의 불이행으로 생긴 손해배상채무와 같이 그 동일성이 인정되는 채무에도 적용된다.

상법 제54조의 상사법정이율은 상행위로 인한 채무나 이와 동일성을 가진 채무에 관하여 적용되는 것이고, 상행위가 아닌 불법행위로 인한 손해배상채무에는 적용되지 아니하므로(대법원 1985. 5. 28. 선고 84다카966 판결 참조) 원심이 이 사건 손해배상금 원금인 그 대출원금 상당액에 대하여 민사 법정이율인 연 5푼이 아닌 상사 법정이율인 연 6푼의 법정이자를 가산한 데에는 위 법리를 오해한 위법이 있다.

상법 제55조에 의하면 상인 간에서 금전의 소비대차를 한 때에는 대주는 법정이자를 청구할 수 있는 것이고, 상인 간에서 금전소비대차가 있었음을 주장하면서 약정이자의 지급을 구하는 청구에는 약정 이자율이 인정되지 않더라도 상법 소정의 법정이자의 지급을 구하는 취지가 포함되어 있다고 보아야 할 것이다. 원심판결 이유에 의하면 원심은 회사인 원고가 회사인 피고에게 1,861,000,000원의 대여금채권을 가지고 있음을 인정한 다음 위 대여금에 대하여 연 10%의 비율에 의한 약정이자 및 지연손해금의 지급을 구하는 원고의 청구에 대하여 이자 지급약정이 체결되었음을 인정할 증거가 없다는 이유로 이를 배척하고, 다만 이 사건 소장 송달 다음날 이후의 지연손해금 청구만을 인용하였다. 그러나 앞서 본 법리에 비추어 볼 때 원고의 위 이자지급 청구에는 상법 소정의 법정이자의 지급을 구하는 취지도 포함되어 있다고 보아야 할 것이므로 원심으로서는 원고와 피고 사이에 이자 지급약정이 체결되었음이 인정되지 않는다 하더라도 곧바로 원고의 이자 지급 청구를 배척할 것이 아니라 원고의 법정이자 청구에 대하여도 판단하였어야 할 것이다.

제2. 상사계약의 성립

1. 계약의 성립 시기

계약의 성립시기에 관하여 민법은 대화자간의 계약에 대해서는 규정을 하지 않고 있다. 상법은 계약의 성립시기에 관하여 제51조에서 대화자간의 계약의 청약은 상대방이 즉시 승낙하지 아니한 때에는 그 효력을 잃는다고 규정하므로 대화자간의 계약은 청약에 대하여 즉시 승낙이 있는 때에 성립한다.

격지자간의 계약의 성립에 관한 상법의 규정은 없다. 따라서 상사계약에 있어서 격지자간의 계약의 성립은 민법의 규정에 의한다. 민법 제531조는 격지자간의 계약은 승낙의 통지를 발송한 때 성립한다고 규정하고, 민법 제528조 제1항과 제529조에서는 승낙기간을 정한 계약의 청약은 그 기간 내에, 승낙기간의 정함이 없는 계약의 청약은 상당한 기간 내에 청약자가 승낙의 통지를 받지 못한 때에 효력을 잃는 것으로 규정하고 있다. 민법 제531조는 발신주의를, 민법 제528조 제1항과 제529조는 도달주의를 취하고 있는 바, 통설은 격지자간의 계약은 발신주의를 중시하여, 기간 내에 승낙의 통지가 도달하지 않는 것을 해제조건(解除條件)으로 하여 발송한 때 계약이 성립되는 것으로 해석한다.

2. 낙부통지의무

상인이 상시거래관계에 있는 자로부터 그 영업부류에 속하는 계약의 청약을 받은 때에는 지체없이 승낙 여부의 통지를 발송하여야 하며, 이를 해태한 때에는 승낙한 것으로 의제된다(상법§53). 이 통지의무와 승낙의제의 효력이 발생하기 위해서는 상인이 상시거래관계 있는 자로부터 청약을 받아야 한다. 상시거래관계라 함은 종래 계속적인 거래가 이루어져 왔고, 장래에도 그 거래가 계속될 것으로 예상되는 경우로서 거래의 종류와 규모 등을 종합하여 개별적으로 판단하여야 한다.

청약자는 상인이 아니라도 무방하나, 청약을 받은 자는 반드시 상인이어야 하며, 청약의 내용은 청약을 받은 상인의 영업부류에 속하는 것이어야 한다. 또 이 청약은 승낙기간을 정하지 아니한 격지자간의 청약을 말한다. 대화자간에는 즉시 승낙하지 아니하면 그 효력을 잃고, 승낙기간을 정한 청약의 경우에는 청약의 상대방이 승낙기간 내에 승낙의 통지를 발송하면 계약이 성립되는데, 그 승낙 여부의 통지를 지체 없이 하도록 하는 것은 승낙기간을 정한 청약자의 의사를 배척하는 결과로 되기 때문이다.

청약이 상시거래관계에 있는 자 사이에 그 영업부류에 속한 계약에 관하여 이루어진 것이어서 상법 제53조가 적용될 수 있는 경우가 아니라면, 청약의 상대방에게 청약을 받아들일 것인지 여부에 관하여 회답할 의무가 있는 것은 아니므로, 청약자가 미리 정한 기간 내에 이의를 하지 아니하면 승낙한 것으로 간주한다는 뜻을 청약시 표시하였다고 하더라도 이는 상대방을 구속하지 아니하고 그 기간은 경우에 따라 단지 승낙기간을 정하는 의미를 가질 수 있을 뿐이다.

3. 물건보관의무

상인이 그 영업부류에 속한 계약의 청약과 동시에 견품 기타 물건을 송부받은 경우에는 청약을 거절한 때라도 청약자의 비용으로써 그 물건을 보관해야 할 의무를 부담한다(상법§60본문). 이 의무는 상인이 청약과 동시에 물건을 받은 경우에 발생하므로 청약을 받은 자는 반드시 상인이어야 하며, 또 그 영업부류에 속하는 계약의 청약을 받아야 한다. 청약자는 상인이 아니라도 무방하고, 또 청약을 받은 상인과 상시거래관계가 있어야 하는 것도 아니다. 물건의 보관비용은 청약자의 부담으로 하나, 청약을 받은 자는 선량한 관리자의 의무로 보관하여야 하며, 이 의무를 이행하지 않아 청약자에게 손해가 생긴 때에는 손해배상책임을 진다. 다만 그 물건가액이 보관비용을 상환하기에 부족하거나 그 보관으로 인하여 청약을 받은 자가 손해를 입을 염려가 있는 때에는 보관의무가 면제된다(상법§60단서).

제3. 채무의 이행

1. 이행장소

특정물인도채무의 이행장소는 채권성립 당시의 목적물 소재지이다(민법§467①).

영업에 관한 채무가 지참채무인 때에는 채권자의 현재 영업소가 이행장소이다(민법§467②). 지시채권과 무기명채권 등 추심채무는 채무자의 현재 영업소가 이행장소로 된다(민법§516, §524). 다만, 지점거래로 인한 지참채무의 이행장소는 그 지점이 된다.

2. 이행 또는 이행청구의 시기

법령 또는 관습에 의하여 영업시간이 정해져 있는 경우에는 채무의 이행 또는 이행청구의 시기는 그 영업시간 내에 하여야 한다(상법§63).

제4. 다수 당사자간의 채무관계

1. 다수채무자간의 연대책임

수인의 채무자가 동일한 채무를 부담하는 경우에 각 채무자는 민법상 분할채무를 부담하는 것이 원칙이나(민법§408), 상법상 수인이 그 1인 또는 전원에게 상행위로 인한 채무를 부담하는 때에는 그 채무는 연대채무(連帶債務)가 된다(상법§57①).

상법상의 연대채무가 되기 위해서는 그 채무가 채무자 1인 또는 전원에게 영업적 상행위 또는 보조적 상행위로 인하여 발생하여야 하며, 그 상행위가 각 채무자의 채무부담에 공통된 하나의 행위이어야 한다. 수인이 조합(組合)의 형태로 공동사업을 영위하면서 그 사업상 상행위가 되는 행위로 채무를 부담하는 경우가 그 대표적인 예이다. 이 때 채권자는 상인일 필요가 없으며, 채권자에게 상행위가 되는지 여부는 묻지 아니한다.

이와 같이 상행위로 발생한 채무와 동일성이 있는 한 그 채무의 불이행 또는 계약해제로 인한 손해배상의무나 원상회복의무도 연대채무가 된다.

조합의 채무는 조합원의 채무로서 특별한 사정이 없는 한 조합채권자는 각 조합원에 대하여 지분의 비율에 따라 또는 균일적으로 변제의 청구를 할 수 있을 뿐임은 소론과 같으나, 조합채무가 특히 조합원 전원을 위하여 상행위가 되는 행위로 인하여 부담하게 된 것이라면 상법 제57조 제1항을 적용하여 조합원들의 연대책임을 인정함이 상당하다고 할 것이다(당원 1995. 8. 11. 선고 94다18638 판결 참조). 원심이 인정한 사실관계와 …관계 증거에 의하면 피고 박남철 및 위 정동출은 상호 출자하여 위 망인으로부터 이 사건 각 토지를 매수하여 그 지상에 이 사건 연립주택을 신축한 후 분양하는 공동사업을 경영하여 이익을 분배하기로 하였고, 원고는 피고 박남철, 위 정동출로부터 위 연립주택 제104호를 포함한 3세대를 매수하였음을 알 수 있는바, 사실관계가 그러하다면 피고 박남철과 위 정동철 사이의 법률관계는 동업관계라고 할 것이고, 또 피고 박남철, 위 정동철이 원고에 대하여 부담하는 위 매매로 인한 이 사건 제2토지에 관한 소유권이전등기의무는 위 동업체의 조합채무로서 그 조합원 전원을 위하여 상행위가 되는 행위로 인하여 부담하게 된 경우에 해당한다 할 것이므로, 피고 박남철은 상행위인 위 주택분양사업의 동업자인 위 정동출과 연대하여 이를 이행할 의무가 있고, 따라서 … 위 소유권이전등기의무가 이행불능이 되었다면 이로 인하여 … 원고에 대하여 부담하게 되는 손해배상채무 역시 연대채무라고 보아야 할 것이다.

2. 보증인의 연대책임

1) 의 의

민법상 보증인은 주채무자와 연대하여 변제한다는 특약이 없는 한, 일반보증(一般保證)이 되어, 최고(催告) 및 검색(檢索)의 항변권을 가진다(민법§437). 그러나 상법에서는 보증이 상행위이거나, 주채무가 상행위로 인하여 발생한 때에는 그 보증은 연대보증으로서 주채무자와 보증인은 연대책임을 진다(상법§57②).

2) 연대보증의 요건

상법에 의하여 연대보증이 성립되기 위해서는 보증이 상행위이거나 또는 주채무의 발생 원인이 상행위이어야 한다. 보증이 상행위인 때라 함은 보증이 보증인에게 영업적 상행위(보증보험회사에 의한 보증 등) 또는 보조적 상행위로 되는 경우(타인의 채무에 대한 은행의 보증 등)를 말하며, 주채무가 상행위로 인하여 발생한 것일 필요는 없다. 주채무의 발생 원인이 상행위라 함은 주채무자가 상행위로 채권자에게 채무를 부담하게 된 경우를 말한다. 이 경우에는 보증이 상행위가 아니더라도 보증인은 연대보증인으로서의 책임을 진다. 주채무의 발생 원인인 상행위는 쌍방적 상행위는 물론 일방적 상행위이라도 무방하나, 반드시 주채무자에게 상행위가 되어야 하며, 채권자에게만 상행위가 되는 경우는 포함되지 아니한다. 주채무자에게 상행위가 되는 한 영업적 상행위인가 보조적 상행위인가는 묻지 아니한다.

3) 보증인이 수인인 경우

보증인이 수인인 경우 민법상 보증인 사이에는 분별(分別)의 이익이 있으나(민법 §439). 보증 또는 주채무 발생 원인이 상행위인 경우에는 보증인 상호간에 분별의 이익이 인정되지 아니하고 연대책임을 지는지 문제된다. 다수설은 이 경우에 보증인 상호간에 분별의 이익이 인정되지 아니하며 연대관계(保證連帶)에 있다고 한다. 이에 대해 소수설은 주채무가 상행위로 인한 경우에는 각 보증인은 채무자와 연대책임을 지며 보증인 상호간에도 연대관계가 성립하나, 일부 보증인의 보증이 상행위이고 주채무의 발생원인 또는 다른 보증이 상행위가 아닐 때에는 다른 보증인은 최고·검색의 항변권과 분별의 이익을 갖는다고 한다.

생각건대 주채무가 상행위로 인한 것이 아닌 경우에 보증이 일부 보증인에게 상행위로 된다고 하여, 상행위가 되지 않는 보증을 한 자도 연대책임을 부담한다면 불측의 손해를 입을 우려가 있으므로 소수설이 타당하다. 다만 이 때에도 일부 보증인이 상인이고 비상인인 다른 보증인이 상인인 보증인과 함께 동시에 보증을 하는 경우에는 예측가능성이 있고 또 그 전원에게 상법이 적용되므로(상법§3). 연대관계가 성립된다고 할 것이다.

[판례] 대법원 2000. 3. 10. 선고 99다61750 판결

회사의 이사 등이 회사의 제3자에 대한 계속적 거래로 인한 채무를 연대보증한 경우 이사 등에게 회사의 거래에 대하여 재직중에 생긴 채무만을 책임지우기 위하여는 그가 이사의 지위 때문에 부득이 회사의 계속적 거래로 인하여 생기는 회사의 채무를 연대보증하게 된 것이고, 또 회사의 거래 상대방이 거래할 때마다 거래 당시의 회사에 재직하고 있던 이사 등의 연대보증을 새로이 받아 오는 등의 특별한 사정이 있을 것임을 요하고 그러한 사정이 없는 경우의 연대보증에까지 그 책임한도가 위와 같이 제한되는 것으로 해석할 수 없음은 물론이나(대법원 1995. 4. 7. 선고 94다736 판결, 1996. 10. 29. 선고 95다17533 판결, 1998. 12. 22. 선고 98다34911 판결 등 참조), 계속적 거래관계로 인하여 발생하는 불확정한 채무를 보증하기 위한 이른바 계속적 보증에 있어서는 보증계약 성립 당시의 사정에 현저한 변경이 생겨 보증인에게 계속하여 보증책임을 지우는 것이 당사자의 의사해석 내지 신의칙에 비추어 상당하지 못하다고 인정되는 경우에는, 상대방인 채권자에게 신의칙상 묵과할 수 없는 손해를 입게 하는 등의 특별한 사정이 없는 한 보증인은 일방적인 보증계약해지의 의사표시에 의하여 보증계약을 해지할 수 있다고 보아야 할 것이고(대법원 1996. 12. 10. 선고 96다27858 판결 참조), 회사의 이사라는 지위에 있었기 때문에 부득이 회사와 은행 사이의 계속적 거래로 인한 회사의 채무에 연대보증인이 된 자가 그 후 회사로부터 퇴직하여 이사의 지위를 상실하게 된 때에는 사회통념상 계속 보증인의 지위를 유지케 하는 것이 부당하므로, 연대보증계약 성립 당시의 사정에 현저한 변경이 생긴 것을 이유로 그 보증계약을 일방적으로 해지할 수 있다고 할 것이다(대법원 1992. 5. 26. 선고 92다2332 판결, 1996. 12. 10. 선고 96다27858 판결, 1998. 6. 26. 선고 98다11826 판결).

제5. 무상 수치인의 선관의무

민법상 무상으로 타인의 물건을 임치하는 무상 수치인은 자기재산(自己財産)에 대한 경우와 동일한 주의의무를 부담하지만, 상인이 그 영업의 범위 내에서 임치를 받은 때에는 보수가 없는 경우에도 선량한 관리자의 주의의무로 보관하여야 한다(상법§62).

제6. 상사매매

1. 상사매매의 의의

상사매매는 상인과 상인 사이의 상행위(보조적 상행위 포함)인 매매를 말한다. 따라서 상사매매는 당사자 쌍방에게 상행위인 쌍방적 상행위이어야 하나, 쌍방을 위하여 기본적 상행위일 필요는 없으며, 보조적 상행위로서 하는 매매도 포함한다. 상법은 상사매매에 관하여 민법의 매매에 대한 특칙으로서 매도인의 공탁·경매권, 확정기매매의 해제의제, 매수인의 목적물검사 및 하자통지의무, 매수인의 목적물 보관·공탁의무 등 4가지를 규정하고 있다. 다만 이 특칙은 임의규정이므로 당사자는 특약에 의하여 달리 약정할 수 있다.

2. 매도인의 공탁·경매권

1) 의 의

매매계약에 따라 매도인이 매매목적물을 제공하고자 하여도 매수인이 매매목적물의 수령을 거부하거나 수령할 수 없는 경우, 또는 매도인이 과실 없이 매수인을 알 수 없는 경우에, 상법은 상인간의 매매에 있어서는 매도인은 공탁권과 경매권을 선택적으로 행사할 수 있도록 규정하고 있다. 민법은 이러한 경우에 매도인에 대해 원칙적으로 매매목적물을 공탁(供託)하게 하고(민법§487), 목적물이 공탁에 적당하지 아니하거나 멸실 또는 훼손의 염려가 있는 경우, 또는 공탁에 과다한 비용이 요구되는 경우에는 법원의 허가를 얻어 매매목적물을 경매(競賣)할 수 있도록 하고 있다(민법§490).

2) 공탁·경매권의 내용

상사매매의 매도인은 매수인이 목적물의 수령을 거부하거나 수령할 수 없는 경우에는 매매목적물을 그 선택에 따라 공탁하거나 경매할 수 있으며, 경매를 하는 때에도 법원의 허가를 얻을 필요가 없다(상법§67①). 상법은 매도인이 과실 없이 매수인을 알 수 없는 경우(가령 매수인의 사망으로 그 상속인을 알 수 없는 경우)에 관하여는 명문의 규정을 두지 않고 있으나, 이 경우에도 공탁을 하거나 최고 없이 경매할 수 있다(이철송, 상법총칙, 304,306). 다만 매도인이 목적물을 경매하기 위해서는 상당한 기간을 정하여 매수인에게 목적물의 수령을 최고하여야 하나, 매수인에게 최고할 수 없거나 목적물이 멸실 또는 훼손될 염려가 있는 때에는 최고 없이 경매할 수 있다(상법§67②).

매도인이 목적물을 경매한 때에는 그 대금에서 경매비용을 공제한 잔액을 공탁하여야 하나, 민법상의 경매권(민법§490)에서와는 달리 그 전부 또는 일부를 매매대금에 충당할 수 있다(상법§67③). 이러한 매도인의 경매권은 매도인의 이익을 보호하기 위한 것이므로 특히 매도인의 자조매각권(自助賣却權)이라고도 한다.

3) 공탁·경매의 효과

매도인이 매매목적물을 공탁하거나 또는 경매한 때에는 그 사실에 관한 통지를 매수인에게 지체 없이 발송하여야 한다(상법§67①). 매매목적물의 공탁 또는 경매에 의하여 매도인의 목적물인도의무는 소멸되며, 매수인에 대하여 그 대금지급청구권을 행사할 수 있다. 다만 매도인이 목적물을 경매한 때에는 그 대금에서 경매비용을 공제한 잔액을 공탁하여야 하나, 매도인이 그 전부 또는 일부를 매매대금에 충당할 수 있으므로, 이 때에는 그 충당 후에 남은 잔대금을 청구할 수 있다.

3. 매수인의 목적물 검사 및 하자통지의무

1) 의 의

민법은 매도인의 담보책임에 관하여 권리의 하자에 대한 담보책임과 물건의 하자에 대한 담보책임, 경매에 있어서의 담보책임 등을 규정하고 있으며, 특히 매매목적물의 수량부족 또는 하자에 관하여는 매수인이 매도인으로부터 매매목적물을 수령한 경우에 이를 적극적으로 검사해야 할 의무가 없고, 언제든지 그 하자 또는 수량부족이 발견되면 6월 또는 1년 이내에 매도인에게 담보책임을 물을 수 있도록 하고 있다(민법§570~§584).

그러나 상사매매에 있어서는 매수인이 매도인으로부터 매매목적물을 수령한 경우에는 매도인이 악의인 경우를 제외하고는 지체 없이 검사를 하여야 하고, 검사를 한 결과 하자 또는 수량부족을 발견한 때에는 지체 없이 그 통지를 매도인에게 발송하게 하는 한편, 만일 매수인이 이러한 의무를 이행하지 않으면 매도인에게 담보책임을 물을 수 없도록 규정하고 있다(상법§69①).

다만 상법의 이 특칙은 목적물의 하자 또는 수량부족에 대해서만 규정하고 있으므로, 매매목적물에 이 밖의 권리의 하자(재산권의 전부 또는 일부가 타인에게 속하는 경우, 재산권이 타인의 권리에 의하여 제한을 받는 경우 등)가 있는 경우에는 상인간의 매매에 있어서도 매수인은 검사 및 통지의무를 부담하지 않으며, 매수인은 매도인에 대해 민법에 따라 담보책임을 추궁할 수 있다.

2) 목적물검사의무의 내용

상사매매에 있어서 매수인이 매매목적물을 수령한 때에는 지체 없이 검사하여야 한다. 목적물을 수령한 때라 함은 목적물 자체가 현실적으로 매수인의 점유 아래 놓이게 된 때를 말한다. 따라서 화물상환증이나 선하증권의 교부만으로는 이러한 검사의무가 생기지 않는다. 또 이 의무는 선의의 매도인을 보호하기 위한 것이므로, 매도인이 목적물의 하자 등에 관해 악의인 때에는 매수인의 검사의무는 생기지 않는다(상법§69②).

목적물은 특정물과 불특정물, 대체물 또는 불대체물을 포함하나, 매수인만이 사용할 수 있는 불대체물의 매매는 실질적으로 도급이므로 제외된다. 검사의 정도와 방법은 목적물의 종류와 성질, 수량 등에 따라 구체적으로 고려해야 한다. 따라서 목적물에 따라서는 육안으로 검사하면 충분한 것도 있지만, 자동차 등의 경우는 작동과 성능시험 등의 기술적인 검사가 요구된다.

당사자의 일방이 상대방의 주문에 따라서 자기의 소유에 속하는 재료를 사용하여 만든 물건을 공급할 것을 약정하고 이에 대하여 상대방이 대가를 지급하기로 약정하는 이른바 제작물공급계약은 그 제작의 측면에서는 도급의 성질이 있고 공급의 측면에서는 매매의 성질이 있다. 이러한 계약은 대체로 매매와 도급의 성질을 함께 가지고 있는 것으로서 이를 어떤 법에 따라 규율할 것인가에 관하여는 민법 등에 특별한 규정이 없는바, 계약에 의하여 제작 공급하여야 할 물건이 대체물인 경우에는 매매로 보아서 매매에 관한 규정이 적용된다고 하여도 무방할 것이나, 이와는 달리 그 물건이 특정의 주문자의 수요를 만족시키기 위한 불대체물인 경우에는 당해 물건의 공급과 함께 그 제작이 계약의 주목적이 되어 도급의 성질을 강하게 띠고 있다 할 것이므로 이 경우에도 매매에 관한 규정이 당연히 적용된다고 할 수는 없을 것이다.

3) 하자통지의무의 내용

매수인이 매매목적물을 검사한 결과 하자 또는 수량부족을 발견한 때에는 즉시 매도인에게 통지를 발송하여야 한다. 매매목적물에 즉시 발견할 수 없는 하자가 있는 때에는 목적물의 수령 후 6개월 내에 그 하자를 발견하여 통지하여야 한다. 매도인이 하자 또는 수량부족에 관하여 악의인 때에는 그 통지의무가 생기지 않음은 물론이다. 통지에는 하자의 종류와 범위, 부족한 수량 등을 구체적으로 표시하여야 한다. 통지의 방법은 서면 또는 전자우편, 구두 등으로 하여도 무방하다.

4) 의무 이행 또는 위반의 효과

매수인이 매매목적물에 대한 검사 및 통지의무를 이행한 경우에는 목적물의 하자에 대해서는 계약해제권과 손해배상청구권을 행사할 수 있으며, 특히 목적물이 불특정물인 때에는 이에 갈음하여 하자 없는 물건을 청구할 수 있다. 또 목적물의 수량부족에 대해서는 대금감액청구권과 손해배상청구권을 행사할 수 있으며, 특히 잔존부분만으로는 매수인이 매수하지 않았으리라는 사정이 있는 때에는 계약해제권의 행사도 가능하다.

그러나 매수인이 검사 및 하자통지의무를 이행하지 않은 경우에는 매도인에 대해 담보책임을 물을 수 없다(상법§69①). 매수인이 이 의무를 이행하지 않으면 목적물에 관한 대금감액청구권이나 계약해제권 또는 손해배상청구권을 행사할 수 없을 뿐이고, 그 밖에 의무 위반에 따른 손해배상책임은 부담하지 않는다. 이러한 의무를 간접의무(間接義務) 또는 불완전의무(不完全義務)라고도 한다. 다만 매도인이 악의인 때에는 매수인은 목적물 검사 및 통지의무를 부담하지 않으므로, 이 때에는 매수인이 검사 및 통지의무를 이행하지 않았더라도 매도인에 대해 그 담보책임을 물을 수 있다(상법§69②).

4. 매수인의 목적물 보관·공탁 및 경매의무

1) 의 의

매수인이 매매목적물의 하자나 수량부족을 이유로 매매계약을 해제한 경우에 민법상 매수인은 목적물을 매도인에게 반환하는 것이 원칙이다(民法 §548① 본문). 또 매수인이 매도인으로부터 인도받은 물건이 목적물과 상위하거나 수량을 초과한 경우에는, 민법상 명문 규정은 없으나, 그 상위한 물건 또는 수량을 초과하는 물건도 반환하면 되는 것으로 해석된다(정찬형, (상) 229).

그러나 이 경우 상사매매, 특히 원격지에 있는 상인간의 매매에 있어서는 이러한 원상회복으로는 매도인의 전매 기회를 상실할 뿐만 아니라, 반송을 위한 비용을 부담하게 되며, 반송 도중에 목적물이 멸실·훼손될 위험도 있다. 따라서 상법은 매도인을 보호하기 위하여 매수인으로 하여금 그 목적물을 보관하거나 공탁하고, 예외적으로 경매를 할 수 있도록 하고 있다.

2) 목적물 보관·공탁·경매의무의 내용

상사매매에 있어서는 매매목적물의 하자나 수량부족을 이유로 매매계약을 해제하거나, 매도인으로부터 인도받은 물건이 목적물과 상위하거나 수량을 초과하는 경우에, 매수인은 매도인의 비용으로 그 목적물이나 상위한 물건 또는 수량 초과 부분을 보관하거나 공탁하여야 한다(상법§70① 본문, §71). 이 경우 만일 그 목적물이 멸실 또는 훼손될 염려가 있는 때에는 매수인은 법원의 허가를 얻어 경매하여 그 대가를 보관 또는 공탁하여야 한다(상법§70① 단서). 이 경매를 긴급매각(緊急賣却)이라고도 한다. 이 경우 매수인은 지체없이 매도인에게 경매의 사실을 통지하여야 한다(상법§70②).

매수인의 이러한 의무는 상인간의 격지매매(隔地賣買)에서만 인정된다. 즉 이러한 의무는 매매목적물의 인도장소와 매도인의 영업소 또는 주소와 동일한 특별시·광역시·시·군에 속하지 않는 때에 이러한 의무가 발생한다(상법§70③). 목적물의 인도장소와 매도인의 영업소 등이 동일한 지역 내에 있는 때에는 매도인이 목적물의 처분 등 적절한 조치를 신속하게 취할 수 있기 때문이다. 또 매수인의 이 의무는 매도인이 목적물의 하자나 수량부족, 목적물의 상위, 수량초과 등에 관하여 선의인 때에만 인정된다.

매수인의 이러한 보관·공탁 또는 경매를 이행한 경우에 매도인에게 보수를 청구할 수 있는가에 대해 견해가 대립하고 있는데, 그 보수청구권이 인정된다고 하는 것이 다수설의 입장이다.

3) 의무 위반의 효과

매수인이 보관·공탁 또는 경매의무를 위반한 때에는 민법의 일반원칙에 따라 매도인에 대해 손해배상책임을 진다.

5. 확정기매매의 해제 의제

1) 의 의

확정기매매(確定期賣買)는 민법상의 정기행위(定期行爲)의 일종으로서 매매의 성질 또는 당사자의 의사표시에 의하여 일정한 일시 또는 일정한 기간 내에 이행하지 아니하면 계약의 목적을 달성할 수 없는 매매를 말한다. 민법상의 정기행위에 있어서 채무자가 이행을 지체하는 때에는 채권자는 이행의 최고 없이 즉시 계약을 해제할 수 있는데, 이때에 해제의 의사표시가 있어야 하고, 또 그 의사표시가 상대방에게 도달하여야 하는데(민법§545), 상법은 이에 대한 특칙을 두고 있다.

2) 해제 의제의 요건

상인간의 확정기매매에 있어서는 당사자 일방이 그 이행시기를 넘긴 때에는 상대방이 즉시 이행의 청구를 하지 않는 한 해제의 의사표시가 없더라도 계약은 해제한 것으로 의제된다(상법§68). 즉 민법상으로는 정기행위에 있어서는 채무불이행이 있으면 해제권만이 발생하는데 비하여, 확정기매매에서는 상대방이 즉시 이행의 청구를 하지 않는 한 바로 계약해제의 효력이 발생하는 것이다.

3) 해제 의제의 효력

확정기매매의 계약해제의 효력은 계약해제에 관한 민법상의 일반원칙에 의한다. 즉 당사자는 상대방에 대해 원상회복을 하여야 하며, 매도인은 매수인에 대해 채무불이행으로 인한 손해배상책임을 부담한다(민법§548, §549, §551).

제4절 상호계산

제1. 상호계산의 의의

상호계산(相互計算)은 상인간이나 또는 상인과 비상인 사이에 상시 거래관계가 있는 경우에 일정한 기간의 거래로 인한 채권·채무의 총액에 관하여 상계하고 그 잔액을 지급할 것을 약정하는 계약이다(상법§72). 상호계산에 계입(計入)되는 채권·채무는 당사자 간의 영업상의 거래에서 발생한 것으로서 금전채권·채무에 한정된다. 상호계산기간은 다른 약정이 없는 한 6개월이다(상법§74).

상호계산은 개별적인 채권·채무의 결제에 따른 번거로움과 비용을 면하고, 상호계산기간 중의 지급유예로 신용을 제공하며, 상호계산에 계입된 채권·채무는 그 대등액에서 담보를 확보한 것과 같은 경제적 기능이 있다.

제2. 상호계산의 법적 성질

상호계산계약은 영업상의 필요에 따른 보조적 상행위로서 채권, 채무의 결제를 간이하게 하기 위한 상법상의 특수한 낙성·불요식 계약이다. 상호계산은 당사자 쌍방의 채권·채무를 대등액의 범위에서 소멸시킨다는 점에서 민법상의 상계(相計)(민법§492)와 유사하나, 상계는 당사자 일방의 단독행위로서 당사자 간의 개별적인 채권·채무를 대상으로 하는 것임에 반하여, 상호계산은 계약으로서 당사자 간에 일정한 기간 동안 발생한 채권·채무를 대상으로 하여 그 대등액에서 포괄적으로 소멸시킨다는 점에서 그 법적 성질이 다르다.

제3. 상호계산의 효력

1. 상호계산기간 중의 효력

1) 상호계산불가분의 원칙

상호계산은 일괄결제제도(一括決濟制度)이므로 상호계산기간 중에 발생한 각 채권과 채무는 모두 상호계산에 계입되어 그 독립성을 잃게 된다. 따라서 계산에 계입된 각 채권은 그 행사, 양도, 입질, 압류 등이 제한되며, 소멸시효의 진행이 정지되고 이행지체도 생기지 않는다. 그런데 이 원칙이 당사자 이외의 제3자에게도 그 효력이 미치는가에 관해서는 반대설이 있으나, 당사자 간의 계약상의 채권·채무관계는 특별한 규정이 없는 한 제3자에 대해서는 그 효력이 미치지 아니하므로, 이러한 효력이 제3자에 대해서는 인정되지 아니한다.

2) 상호계산에 계입되는 채권·채무의 범위

상호계산에 계입될 채권과 채무의 범위는 당사자 간의 영업상의 거래에서 생긴 채권·채무에 한한다. 따라서 거래에 의하지 않은 불법행위, 사무관리 등에 의한 채권·채무는 상호계산능력이 없으며, 거래상의 채권·채무라도 금전채권·채무 이

외의 것은 총액상계에 부적당하므로 상호계산에 계입되지 아니한다.

또한 금전채권·채무라도 어음 등 상업증권이 표창하는 채권·채무는 그 권리의 행사와 의무의 이행에 증권의 제시와 환수라는 특별한 권리행사방법이 요구되므로 상호계산에 계입되지 아니한다. 다만 상업증권을 수수한 대가는 증권상의 채권·채무가 아니고 단순한 지명채권·채무에 지나지 않으므로, 상호계산에 계입하여야 한다(상법§73 참조).

3) 상호계산불가분의 원칙에 대한 예외

상호계산에 계입된 채권·채무는 당사자가 임의로 상호계산에서 제외시킬 수 없으나, 당사자가 어음 기타 상업증권을 수수한 대가로서의 채권·채무를 상호계산에 계입한 경우에는 증권채무자가 후에 변제를 하지 아니한 때에는 당사자는 예외적으로 그 대가에 관한 항목을 상호계산으로부터 제외할 수 있다(상법§73).

2. 상호계산기간 경과 후의 효력

1) 잔액채권의 성립

상호계산기간이 경과된 때에는 그 기간 중에 생긴 채권·채무는 상계되어 소멸하고 잔액채권이 성립된다. 잔액채권의 성립은 상호계산기간의 경과에 의하여 자동적으로 이루어지며, 이로써 기존의 채권·채무는 소멸된다. 잔액채권에 대해서는 계산폐쇄일로부터 연 6분의 법정이율에 의한 이자가 발생된다(상법§76①). 특히 당사자가 상호계산계약에서 각 채권을 상호계산에 계입한 날로부터 이자를 붙이기로 약정한 경우에는(상법§76②) 계산폐쇄일 이후에는 그 약정이자와 법정이자가 동시에 발생하게 된다. 잔액채권은 계산서에 대한 승인에 의하여 확정된다.

2) 잔액채권의 확정

잔액채권은 당사자 일방이 상호계산에 계입된 채권·채무의 각 항목과 차계 잔액을 기재한 계산서를 상대방에게 제출하고 상대방이 이를 승인함으로써 확정된다. 계산서의 승인은 상호계산기간이 종료된 때에 당사자 일방이 작성한 계산서를 상대방에게 제시하고, 상대방이 그 계산서에 명시적 또는 묵시적으로 동의하는 방식으로 한다. 상대방이 계산서를 승인한 후에는 당사자는 계산서에 기재된 각 항목의 채권·채무에 대하여 이의를 제기하지 못한다(상법§75 본문). 계산서에 대한 승인은 각 항목의 채권·채무도 승인한 것으로 볼 수 있기 때문이다. 따라서 계산서를 승인한 후에는 각 항목의 채권·채무의 수액에 대해서는 물론 그 발생 원인인 거래행위의 무효나 취소에 따른 채무의 부존재 등을 주장하지 못한다.

이 계산서 승인의 법적 성질에 대하여, 상호계산기간의 경과로 성립된 유인적(有因的)인 잔액채권이 무인적(無因的)인 잔액채권으로 전환되므로 갱개(更改)로서의 효력을 갖는다는 것이 통설이다. 이러한 통설에 따르면, 상호계산기간 중에 각 항목에 속하는 채무에 대한 담보나 보증도 소멸하고, 확정된 잔액채무의 소멸시효도 잔액채무가 확정된 때부터 별도로 진행하게 된다. 이에 대해 상호계산기간 중에 각 개별채무에 대한 담보나 보증은 잔액채권으로 이행하는 것으로 보아야 한다는 소수설도 있다(이철송, 상법총칙, 335).

다만 계산서의 승인 후에도 계산서의 각 항목에 관하여 착오 또는 탈루가 있을 때에는 이의를 할 수 있다(상법§75 단서). 이 경우 승인의 효력에 관하여 승인 자체가 무효로 되어 잔액채무가 확정되지 않는다는 설과 승인행위 자체에는 영향이 없고 다만 부당이득반환청구만 가능하다는 설이 있는데, 상호계산제도의 취지에 비추어 후설이 타당하다(다수설). 이 밖에 계산서에 대한 승인에 사기, 착오, 강박 등의 사유가 있는 때에는 민법의 일반원칙에 따라 취소할 수 있음은 물론이다.

제4. 상호계산의 종료

상호계산은 존속기간의 만료, 해지 기타 계속적 계약의 일반적 종료원인으로 종료하며, 당사자 일방의 파산 또는 회사정리절차의 개시에 의해서도 종료된다. 계약이 종료하면 당사자는 즉시 계산을 폐쇄하고 잔액의 지급을 청구할 수 있다(상법§77).

제5절 익명조합

제1. 익명조합의 의의

익명조합은 영업자의 영업을 위하여 익명조합원이 출자를 하고 영업자는 영업으로 얻은 이익을 익명조합원에게 분배할 것을 약정하는 계약이다(상법§78). 영업자는 상인이어야 하나, 영업의 형태나 규모는 묻지 아니한다. 익명조합원의 자격에도 제한이 없으므로, 상인인가 아닌가, 개인인가 법인인가는 가리지 않는다. 익명조합은 익명조합원의 출자와 영업자의 이익분배는 익명조합의 본질적 요소로 한다. 따라서 영업자가 이익의 유무를 불문하고 익명조합원에게 매월 일정액을 지급하기로 약정하는 계약은 익명조합이 아니다.

익명조합은 10세기 지중해 연안의 해상무역에서 행해지던 commenda계약에 그 뿌리를 두고 있으며, 기업가와 자본가의 공동기업형태라는 점에서 합자회사와 유사하나, 합자회사는 법적으로 모든 구성원이 지분을 갖는 사단법인이며, 법률관계도 그 지위에 있어서 익명조합원에 유사한 유한책임사원이 회사채권자에 대해 직접 책임을 지는 단체법적 법률관계라는 점에서, 영업자의 단독기업으로서 그 법률관계가 개인법적·거래법적 성격을 가진 익명조합과 차이가 있다.

> **[판례] 대법원 1962.12.27. 62다660 판결**
>
> 익명조합계약은 당사자의 일방이 상대방의 영업을 위하여 출자를 하고 그 영업에서 생하는 이익을 분배할 것을 약속함으로 인하여 그 효력이 생긴다고 규정하였으므로 당사자의 일방이 상대방의 영업을 위하여 출자를 하는 경우라 할지라도 그 영업에서 이익이 난 여부를 따지지 않고 상대방이 정기적으로 일정한 금액을 지급하기로 약정한 경우에는 가령 이익이라는 명칭을 사용하였다 하더라도 그것은 상법상의 익명조합계약이라고 할 수 없는 것이다.

제2. 익명조합의 법적 성질

익명조합은 당사자 간의 합의에 의하여 성립하는 낙성·불요식계약이며, 익명조합원이 출자를 하는 대가로 영업자는 이익분배를 하는 유상·쌍무계약으로서, 영업 및 재산소유의 형태 등에 있어서 민법상의 조합(민법§703, §704)과는 다른 상법상의 특수한 계약이다.

즉 민법상의 조합은 조합원의 공동기업으로서 조합원의 출자와 조합의 재산 및 조합의 채무는 조합원 전원의 합유(合有)의 형태로 귀속되며, 업무집행에도 조합원 전원이 참여한다. 이에 비하여 익명조합에 있어서는 익명조합원의 출자와 재산이 영업자의 단독소유에 속하고, 채무도 영업자가 단독으로 부담하며, 영업 역시 영업자가 단독으로 수행하는 단독기업이며, 익명조합계약은 영업자의 보조적 상행위라는 점에 그 특징이 있다.

> **[판례] 대법원 1983.5.10. 선고 81다650 판결**
>
> 시설투자자에게 정기적으로 일정액을 지급하고 타방이 단독으로 사업을 경영하기로 하는 계약의 성질에 관하여 이익여부에 관계없이 정기적으로 일정액을 지급할 것을 약정하되 대외적 거래관계는 경영자가 그 명의로 단독으로 하여 그 권리의무가 그에게만 귀속되는 동업관계는 상법상 익명조합도 아니고 민법상 조합도 아니어서 그 채무도 오로지 경영자만이 부담하는 것이고 그가 변제 자력이 없거나 부족하다는 등의 특별한 사정이 있더라도 조합채무에 관한 민법 제713조가 유추 적용되지 아니한다.

제3. 익명조합의 내부관계

1. 출 자

익명조합원은 계약에서 정한 바에 따라 금전 기타 재산의 출자의무를 부담한다.

출자재산은 영업자의 소유로 된다. 따라서 익명조합원이 출자를 하는 때에는 출자한 재산의 소유권 이전에 필요한 절차를 밟아야 하며, 민법의 매매에 관한 규정에 따라 담보책임을 진다(민법§567, §580). 익명조합원은 특정재산의 사용권만을 출자할 수 있는데, 이 경우에 영업자는 그 사용권만을 가지므로, 익명조합원은 사용권만을 이전하면 되고, 담보책임도 지지 아니한다.

출자이행의 시기는 당사자 간의 약정에 의하나, 특약이 없는 한 영업자로부터 출자의 이행을 최고 받은 때이다.

2. 영업의 수행

영업자는 익명조합계약의 정함에 따라 선량한 관리자의 주의의무로 영업을 수행하여야 한다. 따라서 영업자는 정당한 사유 없이 영업을 개시하지 않거나 영업을 폐지·양도 등을 하지 못하며, 특히 상법은 영업자의 영업을 폐지·양도를 익명조합의 법정종료사유로 규정하고 있다.

영업자의 영업수행의무와 관련하여 익명조합원에 대하여 경업피지의무를 부담하는가에 대하여 이를 긍정하는 적극설과 부정하는 소극설 및 구체적으로 판단하여야 한다는 설이 있으나, 영업자는 익명조합원에 대하여 선량한 관리자의 주의의무로 영업을 수행하여야 하므로 적극설이 타당하다.

익명조합원은 영업자의 영업에 관한 업무집행권은 없으나 합자회사의 유한책임사원과 동일한 업무감시권을 가진다(상법§86, §227). 즉 익명조합원은 영업연도 말에 있어서 영업시간 내에 한하여 회계장부와 대차대조표 기타 서류를 열람할 수 있고 또한 업무와 재산상태를 검사할 수 있다(상법§86, §277①). 그러나 중대한 사유가 있을 때에는 익명조합원은 언제든지 법원의 허가를 얻어 회계장부와 대차대조표 기타 서류를 열람할 수 있고 또 업무와 재산상태를 검사할 수 있다(상법§86, §277②). 영업자는 익명조합원의 감시권에 상응하여 익명조합원에게 영업의 상황을 개시하여야 한다(상법§86, §277).

3. 이익의 분배

영업자는 그 영업에서 생긴 이익을 익명조합원에게 분배할 의무를 부담하며, 익명조합원은 계약에서 정한 바에 따라 영업자에 대하여 이익의 분배를 청구할 수 있다(상법§78). 여기서 이익이란 당해 영업연도 중 영업활동을 통하여 증가된 재산상의 수액(순재산액의 증가)을 말한다. 이익분배의 비율은 당사자 간에 특약이 있으면 그에 의하나, 특약이 없으면 각자의 출자가액과 영업자의 노력 기타 모든 사정을 참작하여 정한다.

영업자의 이익 유무는 매 영업연도를 기준으로 하여 결정하고, 그 시기는 특약이 없는 한 영업연도 말로 보는 것이 타당하다. 영업연도는 특약이 없는 한 1년으로 한다(상법§30②). 영업자의 이익분배의무는 각 영업연도를 단위로 하며 이익이 있으면 익명조합원은 이익분배청구권을 가진다. 이익은 매 영업연도를 단위로 계산되므로, 한 영업연도의 이익은 특약이 없는 한 다음 연도로 이월되지 아니한다.

익명조합에 있어서 이익의 분배는 익명조합원의 출자에 대한 대가로서 익명조합계약의 본질적인 요소이나, 당사자 간의 특약으로 매 결산기에 이익의 일부를 적립하는 것은 익명조합의 본질에 반하는 것은 아니다. 또 당사자 간의 손실분담의 특약에 의하여 익명조합원이 손실을 분담하는 경우에는 어느 영업연도에 손실이 발생하면 익명조합원의 출자도 그 분담액만큼 감소하므로, 익명조합원은 그 손실을 보전한 후가 아니면 이익의 분배를 청구하지 못하며, 그 감소분이 보전된 후에 비로소 이익의 분배를 청구할 수 있다.

[판례] 대법원 2000. 7. 7. 선고 98다44666 판결

원심은, 원고의 주장사실이 모두 인정된다 하여도 그 주장사실과 같이 피고가 이 사건 나이트클럽을 임차 운영함에 있어 그에 소요되는 모든 자금을 부담하면서도 이 사건 나이트클럽의 운영 및 그 운영에 필요한 대외적인 행위를 모두 마석원에게 위임하고 내부적으로만 동인의 행위를 감독하여 온 경우라면 피고와 마석원은 내적조합관계로 마석원을 피고의 대리인 또는 사자라고는 할 수 없고, 나아가 이러한 내적조합에서는 대외적으로 행위를 위임받은 사람만이 대외적인 책임을 부담한다고 할 것이니 원고의 주장은 더 나아가 살필 것도 없이 이유 없다고 판단하였다.

그러나 원심과 같이 피고와 마석원의 관계를 원심이 말하는 이른바 '내적조합'이라는 일종의 특수한 조합으로 보기 위하여는 피고와 마석원의 내부관계에서는 조합관계가 있어야 할 것이고(대법원 1983. 5. 10. 선고 81다650 판결, 1984. 12. 11. 선고 83다카1996 판결, 1988. 10. 25. 선고 86다카175 판결, 1997. 9. 26. 선고 96다14838, 14845 판결들 참조), 내부적인 조합관계가 있다고 하려면 서로 출자하여 공동사업을 경영할 것을 약정하여야 하며, 영리사업을 목적으로 하면서 당사자 중의 일부만이 이익을 분배받고 다른 자는 전혀 이익분배를 받지 않는 경우에는 조합관계(동업관계)라고 할 수 없는바, 원심 판단의 전제로 삼은 원고 주장 사실만으로는 내부적으로 손익분배를 전제로 하여 공동사업을 경영할 것을 약정한 조합관계(동업관계)로 단정할 수는 없다.

오히려 기록에 의하니, 원고는 피고와 마석원이 동업관계가 아닌 상업사용인과 고용주관계라고 주장하고 피고도 단순한 금전차용관계라고 하거나 내부적인 공동사업이 없는 상법상의 익명조합관계라고 주장하고 있는 사실을 알 수 있을 뿐이다. 사정이 그와 같으니, 원심이 원고 주장 자체에 의하더라도 이른바 내적조합관계가 인정된다고 판단한 것은 변론주의에 반하거나 조합(동업)에 관한 법리를 오해한 위법이 있다.

4. 손실의 분담

익명조합원의 손실분담의무는 익명조합계약의 요소는 아니나, 당사자 간의 특약으로 영업자의 영업상의 손실을 익명조합원이 분담할 의무를 부담하는 것으로 정할 수 있다. 또 당사자 간에 손실을 분담하지 않기로 하는 특약이 없는 한 익명조합원이 손실을 분담한다는 묵시적 특약을 한 것으로 추정하는 것이 공동기업의 일반원칙상 당연하다고 할 것이다.

익명조합원이 부담하는 손실분담의 비율은 다른 특약이 없으면 이익분배비율과 동일한 것으로 추정된다. 손실분담의 방법으로는 계산상 그 분담액만큼 출자액을 감소하는 방법으로 할 것이나, 손실에 대해 추가출자를 하는 것도 가능하다. 다만 익명조합원이 분담해야 할 손실액이 출자액을 초과하는 때에도, 다른 약정이 없는 한 익명조합원은 추가출자를 하여야 하는 것은 아니며, 또 이미 받은 이익을 반환하여야 할 의무도 지지 않는다.

익명조합원의 손실 분담으로 그 출자가 손실로 인하여 감소된 때에는 당사자 간에 다른 약정이 없으면 그 손실을 보전한 후에 이익을 분배하여야 하나, 계산상 출자가 감소한 상태에서 익명조합계약이 종료한 때에는 영업자는 익명조합원에게 그 출자액에서 감소된 수액을 제외한 나머지 잔액만 반환하면 된다.

제4. 익명조합의 외부관계

1. 영업자의 지위

익명조합은 경제적으로는 공동기업의 한 형태이나, 법률상은 영업자의 단독영업이며, 영업자는 자기의 명의로 영업을 하고, 대외적으로 제3자에 대하여 영업에 관한 모든 권리·의무의 귀속주체가 된다. 익명조합원이 출자한 재산도 사용권만을 출자한 경우를 제외하고는 영업자에게 귀속되며, 영업상의 채무에 대하여 영업자는 무한책임을 진다.

2. 익명조합원의 지위

익명조합원은 영업자의 영업에 관하여 제3자와 아무런 관계가 없다. 따라서 익명조합원은 영업자의 영업상 행위에 관하여 제3자에 대해 아무런 권리나 의무가 없다(상법§80). 다만, 익명조합원이 그 성명을 영업자의 상호 중에 사용하게 하거나 자기의 상호를 영업자의 상호로 사용할 것을 허락한 경우에는 그 성명이나 상호의 사용을 허락한 익명조합원은 명의대여자(名義貸與者)로서 외관이론 또는 금반언의 법리에 따라 그 사용 이후에 발생한 영업자의 채무에 대하여 영업자와 연대하여 변제할 책임을 부담한다(상법§81).

제5. 익명조합의 종료

1. 종료원인

1) 계약의 해지에 의한 종료

익명조합은 계약이므로 계약의 일반적인 종료원인에 의하여 종료된다. 익명조합의 존속기간의 만료나 당사자 일방의 의무 위반에 따른 해지로 익명조합은 종료되는 것은 당연하나(민법§543), 익명조합에서는 채무불이행이 없더라도 당사자가 계약을 해지할 수 있다. 즉, 익명조합계약에서 존속기간을 정하지 않았거나 당사자의 종신까지 존속할 것을 정한 경우에는 각 당사자는 6개월 전에 예고하여 영업연도 말에 해지할 수 있으며, 또한 부득이한 사유가 있는 때에는 존속기간의 유무를 불문하고 언제든지 해지할 수 있다(상법§83①②).

2) 법정종료사유

상법은 익명조합계약의 종료원인으로서 당사자의 해지에 의한 종료 외에 법정종료사유를 정하고 있다. 상법이 익명조합계약의 법정종료원인으로 규정하고 있는 사유는 영업의 폐지 또는 양도, 영업자의 사망 또는 금치산, 영업자 또는 익명조합원의 파산이다(상법§84). 영업자의 영업이 양도되거나 폐지되는 경우에 익명조합이 종료되는 것은 당연하다. 영업자가 사망하거나 금치산 또는 파산선고를 받는 경우에는 영업의 수행이 불가능하고, 또 익명조합원이 파산한 때에는 출자를 회수해야 하므로, 각각 익명조합의 종료사유로 된다.

다만 당사자가 특약으로 영업자가 사망하거나 금치산선고를 받는 경우에 그 상속인 또는 법정대리인이 영업을 계속하는 한 익명조합이 존속되는 것으로 하는 것은 가능하다. 또 상법에 규정은 없으나, 익명조합원이 사망한 경우에 상속인이 그 지위를 승계하므로 조합계약은 종료하지 않는다는 견해(정동윤, 389, 최기원, 369)와 익명조합원의 지위는 양도할 수 없으므로 상속의 대상으로 되지 아니한다는 견해(이철송, 상법총칙, 348)가 대립하고 있다.

영업자인 회사가 해산한 경우에 익명조합의 종료사유가 되는가에 대하여, 회사의 해산 후에도 청산의 목적 범위 내에서 존속하고, 그 청산과정 중에 익명조합원에 대한 이익의 분배도 할 수 있으므로 회사의 해산은 익명조합의 종료사유로 되지 않는다는 견해(정찬형, (상) 259)와, 회사가 해산된 후에는 익명조합의 본질적 목적인 영업의 계속이 불가능하므로 종료사유로 보아야 한다는 견해(이철송, 상법총칙, 348)가 있다.

생각건대 회사가 해산된 후에는 청산절차에 들어가게 되나, 회사가 계속되는 때에는 영업도 계속되므로 이때에는 익명조합의 종료사유로 할 필요가 없다. 따라서 회사의 해산은 회사의 계속을 해제조건으로 하여 익명조합계약의 종료사유가 된다고 할 것이다.

2. 익명조합계약 종료의 효과

익명조합계약이 종료되면 영업자는 종료 당시의 재산상태를 기초로 익명조합원이 납입한 출자의 가액을 반환하여야 한다(상법§85 본문). 익명조합원이 현물을 출자한 경우에도 영업자는 이를 금전으로 평가하여 그 가액을 반환하면 된다. 다만 익명조합원이 영업자와의 특약에 의하여 사용권만을 출자한 때에는 익명조합원은 그 목적물에 대한 환취권(還取權)을 가진다.

익명조합원이 손실 분담을 약정한 경우에 손실 분담으로 인하여 출자가 감소된 때에는 그 잔액을 익명조합원에게 반환하여야 하나(상법§85 단서), 손실분담액이 출자 가액을 초과하는 경우에는 익명조합원은 출자하지 못한 부분을 영업자에게 이행하면 되고, 다른 약정이 없는 한 다시 출자할 필요는 없다.

제6절 합자조합

제1. 합자조합의 의의

합자조합(合資組合)은 조합의 업무집행자로서 조합의 채무에 대하여 무한책임을 지는 무한책임조합원과 출자가액을 한도로 하여 유한책임을 지는 유한책임조합원이 상호 출자하여 공동사업을 경영하는 공동기업형태의 조합이다(상법§86의2). 최근 내부적으로는 조합의 실질을 갖추고 대외적으로는 사원의 유한책임이 확보되는 기업 형태에 대한 수요가 늘어나고 있음을 반영하여 2011년 개정상법에서 신설된 공동기업형태이다.

제2. 합자조합의 법적 성질

합자조합은 무한책임을 지는 업무집행조합원과 유한책임조합원이 상호출자하여 공동사업을 경영할 것을 약정하고 일정한 사항이 기재된 조합계약을 체결하여야 하므로, 상법상 특수한 유상·쌍무의 요식계약이다. 합자조합은 합자회사와는 달리 법인격이 없으며, 그 내부관계에는 상법 또는 조합계약에 다른 규정이 없으면 민법의 조합에 관한 규정이 준용된다(상법§86의8④).

제3. 합자조합의 설립

1. 조합원

합자조합은 업무집행조합원과 유한책임조합원으로 구성된다. 조합원은 반드시 자연인이어야 하는 것은 아니며, 법인도 유한책임조합원은 물론 업무집행조합원이 될 수 있다. 업무집행조합원은 조합의 채무에 대하여 무한책임을 지며, 재산뿐만 아니라 노무나 신용도 출자의 목적으로 할 수 있다. 그러나 유한책임조합원은 조합계약에서 정한 출자가액에서 이미 이행한 부분을 뺀 가액을 한도로 하여 조합채무를 변제할 유한책임을 지며(상법§86의6①), 출자의 목적도 조합계약에서 특별히 정하지 않으면 재산에 한한다(상법§86의8③, §272).

2. 조합계약

합자조합은 업무집행조합원과 유한책임조합원이 상호출자하여 공동사업을 경영할 것을 약정하는 조합계약을 체결함으로써 성립된다. 조합계약은 계약서에 일정한 사항을 적고 총조합원이 기명날인하거나 서명하여야 한다(상법§86의3).

조합계약에 적어야 하는 사항은 ① 목적, ② 명칭, ③ 업무집행조합원의 성명 또는 상호, 주소 및 주민등록번호, ④ 유한책임조합원의 성명 또는 상호, 주소 및 주민등록번호, ⑤ 주된 영업소의 소재지, ⑥ 조합원의 출자에 관한 사항, ⑦ 조합원에 대한 손익분배에 관한 사항, ⑧ 유한책임조합원의 지분(持分)의 양도에 관한 사항, ⑨ 둘 이상의 업무집행조합원이 공동으로 합자조합의 업무를 집행하거나 대리할 것을 정한 경우에는 그 규정, ⑩ 업무집행조합원 중 일부 업무집행조합원만 합자조합의 업무를 집행하거나 대리할 것을 정한 경우에는 그 규정, ⑪ 조합의 해산 시 잔여재산 분배에 관한 사항, ⑫ 조합의 존속기간이나 그 밖의 해산사유에 관한 사항, ⑬ 조합계약의 효력 발생일 등이다.

3. 등기

합자조합이 설립된 경우 업무집행조합원은 그 설립 후 2주 내에 조합의 주된 영업소 소재지에서 일정한 사항을 등기하여야 한다(상법§86의4①). 이 때 등기를 하여야 하는 사항은 합자조합의 목적, 합자조합의 명칭, 조합원의 출자의 목적과 재산출자의 경우에는 그 가액과 이행한 부분, 업무집행조합원의 성명 또는 상호와 주소 및 주민등록번호, 유한책임조합원이 업무를 집행하는 경우 유한책임조합원의 성명 또는 상호와 주소 및 주민등록번호, 주된 영업소의 소재지, 둘 이상의 업무집행조합원이 공동으로 업무를 집행하거나 대리할 것을 정한 경우에는 그 규정, 업무집행조합원 중 일부 업무집행조합원만 합자조합의 업무를 집행하거나 대리할 것을 정한 경우에는 그 규정, 합자조합의 존속기간이나 그 밖의 해산사유에 관한 사항 등이다. 이러한 각 등기사항이 변경된 때에는 업무집행조합원은 그 변경된 날로부터 2주간 내에 변경등기를 하여야 한다(상법§86의4②). 합자조합이 본점을 이전하는 경우에는 2주간 내에 구소재지에서는 신소재지와 이전 년월일을, 신소재지에서는 위 등기사항을 등기하여야 한다(상법§86의8①, §182①).

제4. 합자조합의 내부관계

1. 업무집행

합자조합의 업무집행은 원칙적으로 업무집행조합원이 한다. 업무집행조합원은 조합계약에 다른 규정이 없으면 각자가 합자조합의 업무를 집행하고 대리할 권리와 의무가 있다(상법§86의5①). 업무집행조합원이 합자조합의 업무를 집행할 때에는 선량한 관리자의 주의로써 하여야 한다(상법§86의5②).

업무집행조합원이 둘 이상인 경우에 조합계약에 다른 정함이 없으면 그 각 업무집행조합원의 업무집행에 관한 행위에 대하여 다른 업무집행조합원의 이의가 있는 경우에는 그 행위를 중지하고 업무집행조합원 과반수의 결의에 따라야 한다(상법§86의5③). 업무집행조합원의 업무집행을 정지하거나 직무대행자를 선임하는 가처분을 하거나 그 가처분을 변경·취소하는 경우에는 본점 및 지점이 있는 곳의 등기소에서 이를 등기하여야 한다(상법§86의8②, §183의2). 직무대행자가 선임된 경우 그 직무대행자는 가처분명령에 다른 정함이 있거나 법원의 허가를 얻은 경우 외에는 합자조합의 통상업무에 속하지 아니한 행위를 하지 못한다(상법§86의8②, §200의2①).

유한책임조합원은 원칙적으로 업무집행권이 없으며(상법§86의8③, §278), 업무집행조합원의 업무집행에 대하여 감시권을 가진다(상법§86의8③, §277). 다만, 유한책임조합원도 조합계약에서 달리 정한 때에는 업무집행을 할 수 있으며, 이 경우에는 유한책임조합원의 성명 또는 상호와 주소 및 주민등록번호를 등기하여야 한다(상법§86의4①).

2. 손익의 분배

합자조합의 손익분배에 관하여는 조합계약에서 손익분배의 비율을 정하지 아니한 때에는 각 조합원의 출자가액에 비례하여 정하며, 이익 또는 손실에 대하여 분배의 비율을 정한 때에는 그 비율은 이익과 손실에 공통된 것으로 추정한다(상법§86의8④, 민법§711①②).

3. 지분양도

업무집행조합원은 다른 조합원 전원의 동의를 받지 아니하면 그 지분의 전부 또는 일부를 타인에게 양도(讓渡)하지 못한다(상법§86의7①). 유한책임조합원의 지분은 조합계약에서 정하는 바에 따라 타인에게 양도할 수 있다(상법§86의7②). 유한책임조합원의 지분을 양수(讓受)한 자는 양도인의 조합에 대한 권리·의무를 승계한다(상법§86의7③).

4. 경업 및 자기거래의 제한

업무집행조합원은 다른 조합원의 동의가 없으면 자기 또는 제3자의 계산으로 합자조합의 영업부류에 속하는 거래를 하지 못하며 동종영업을 목적으로 하는 다른 회사의 무한책임사원 또는 이사가 되지 못한다(상법§86의8②, §198①). 또한 업무집행조합원은 다른 조합원 과반수의 결의가 있는 경우를 제외하고는 자기 또는 제삼자의 계산으로 당해 합자조합과 거래(자기거래)를 하지 못한다(상법§86의8②, §199).

유한책임조합원도 자기거래에 관하여는 업무집행조합원의 경우와 같이 다른 조합원 과반수의 결의를 얻어야 하나(상법§86의8③, §199), 경업은 원칙적으로 허용된다. 업무집행조합원의 경업금지의무 위반의 효과는 합명회사 사원의 경우와 같다.

제5. 합자조합의 외부관계

1. 조합업무의 대리

업무집행조합원은 조합계약에 다른 규정이 없으면 각자가 조합의 업무를 집행하고 대리할 권리와 의무가 있다(상법§86의5①). 업무집행조합원은 조합의 영업에 관하여 재판상 또는 재판외의 모든 행위를 할 권한이 있으며, 이 권한에 대한 제한은 선의의 제삼자에게 대항하지 못한다(상법§86의8②, §209). 유한책임조합원은 조합계약에서 다른 정함을 한 경우를 제외하고는 조합의 업무에 관한 대리권이 없다(상법§86의8③, §278).

2. 조합원의 책임

조합의 재산으로 조합의 채무를 완제할 수 없거나 조합재산에 대한 강제집행이 주효하지 못한 때에 각 조합원은 연대하여 변제할 책임이 있다(상법§86의8②, §212①②). 조합원은 조합에 변제 자력이 있으며 집행이 용이한 것을 증명한 때에는 조합의 채무에 대한 변제책임이 없다(상법§86의8②, §212③).

업무집행조합원은 조합의 채무에 대하여 출자가액과 그 이행 여부에 관계없이 무한책임을 부담한다. 유한책임조합원은 조합계약에서 정한 출자가액에서 이미 이행한 부분을 뺀 가액을 한도로 하여 조합채무를 변제할 책임이 있다(상법§86의6①). 유한책임조합원이 조합에 이익이 없음에도 불구하고 배당을 받은 금액은 변제책임을 정할 때에 그 변제책임의 한도액에 더한다(상법§86의6②).

유한책임조합원이 조합계약에 의하여 조합의 업무집행을 하는 경우에 조합채무에 대하여 무한책임을 지는지, 그렇지 않으면 유한책임을 지는지 문제된다. 이에 관한 규정이 없는 현행 상법상으로는 유한책임을 진다고 할 수 밖에 없다. 그러나 이 때에는 유한책임조합원이 실질적으로 무한책임조합원과 똑같이 직접 업무를 집행하므로 무한책임을 지도록 하는 것이 타당하다.

제6. 합자조합의 해산과 청산

합자조합은 조합계약에서 조합의 존속기간이나 그 밖의 해산사유를 정한 경우에는 그 존속기간이 만료되거나 해산사유가 발생한 때, 또는 업무집행조합원 또는 유한책임조합원 전원이 탈퇴한 때에 해산된다(상법§86의8①, §285①). 조합이 해산된 때에는 그 해산사유가 있은 날로부터 본점소재지에서는 2주간 내, 지점소재지에서는 3주간 내에 해산등기를 하여야 한다(상법§86의8①, §228).

조합원의 탈퇴로 해산된 경우에는 잔존한 업무집행조합원 또는 유한책임조합원은 전원의 동의로 새로 유한책임조합원 또는 업무집행조합원을 가입시켜서 조합을 계속할 수 있다(상법§86의8①, §285②). 이 경우에 조합이 이미 해산등기를 하였을 때에는 본점소재지에서는 2주간 내, 지점소재지에서는 3주간 내에 조합의 계속등기를 하여야 한다(상법§86의8①, §285, §229③). 조합 성립 후에 가입한 조합원은 그 가입 전에 생긴 조합채무에 대하여 다른 조합원과 동일한 책임을 진다(상법§86의8①, §285, §213).

조합이 해산된 때에는, 조합이 계속되는 경우를 제외하고는, 청산을 하여야 한다. 청산은 청산인에 의하여 한다. 청산인이 선임된 때에는 일정한 기간 내에 청산인의 인적 사항을 등기해야 하고(상법§86의8①, §253①), 청산이 종결된 때에는 청산인은 총조합원의 승인을 얻어 일정한 기간 내에 청산종결의 등기를 해야 한다(상법§86의8①, §264).

제3장
상행위법 각칙

제1절 대리상

제1. 대리상의 의의

대리상(代理商)은 상업사용인이 아니면서 일정한 상인을 위하여 상시 그 영업부류에 속하는 거래의 대리 또는 중개를 하는 독립된 상인이다(상법§87). 대리상은 본인인 상인과 위임계약을 체결하여 본인인 상인의 영업부류에 속하는 거래를 상시 대리 또는 중개하는 자이므로, 불특정 다수의 상인 또는 상인 이외의 자를 위하여 거래의 대리 또는 중개를 하는 자는 대리상이 아니다. 대리상은 일정한 상인을 위하여 거래의 대리 또는 중개를 하지만 독립된 상인이라는 점에서 상업사용인과 구별되며, 본인의 명의로 거래의 대리 또는 중개를 하는 자라는 점에서 본인의 계산으로 자기의 명의로 거래를 하는 위탁매매인과 다르다.

제2. 대리상의 종류

대리상은 체약대리상(締約代理商)과 중개대리상(仲介代理商)으로 구분된다. 체약대리상은 본인의 영업부류에 속하는 거래를 대리하는 대리상을 말하고, 중개대리상은 그 거래를 중개하는 대리상을 말한다. 체약대리상은 본인인 영업주와의 대리상계약에 기하여 영업에 관한 계약 체결의 대리권을 가지나, 중개대리상은 본인인 영업주를 위하여 그 영업에 관한 계약의 체결을 중개하는 기능만 하므로 대리권이 없다. 그리하여 상법 제90조는 중개대리상이 중개하는 거래의 상대방을 보호하기 위하여 "물건의 판매나 그 중개의 위탁을 받은 대리상은 매매의 목적물의 하자 또는 수량부족 기타 매매의 이행에 관한 통지를 받을 권한이 있다"고 규정하여 그 수동대리권을 의제하고 있다.

이 외에도 대실상은 대리 또는 중개의 대상인 거래의 성질에 따라 판매 또는 수출대리상과 구매 또는 수입대리상으로 구분되기도 한다. 거래 현장에서는 상품의 공급자와 계속적인 상품공급계약을 체결하여 그 상품을 매입하여 자기의 명의와 계산으로 판매하는 자를 대리점 또는 특약점이라고 지칭하기도 하나, 이 특약점은 상품의 구입대금과 판매대금의 차액을 취하는 보통의 매매업에 지나지 않는다. 또 공급자로부터 제공받은 상품을 공급자의 계산 아래 자기 명의로 판매하는 자의 영업소를 대리점이라 부르기도 하는데, 이러한 자는 후술하는 위탁매매인에 해당한다.

[판례] 대법원 1999. 2. 5. 선고 97다26593 판결

어떤 자가 제조회사와 대리점 총판 계약이라고 하는 명칭의 계약을 체결하였다고 하여 곧바로 상법 제87조의 대리상으로 되는 것은 아니고, 그 계약 내용을 실질적으로 살펴 대리상인지의 여부를 판단하여야 하는바, 제조회사와 대리점 총판 계약을 체결한 대리점이 위 제조회사로부터 스토어(노래방기기 중 본체)를 매입하여 위 대리점 스스로 10여 종의 주변기기를 부착하여 노래방기기 세트의 판매가격을 결정하여 위 노래방기기 세트를 소비자에게 판매한 경우에는 위 대리점을 제조회사의 상법상의 대리상으로 볼 수 없고, 또한 제조회사가 신문에 자사 제품의 전문취급점 및 A/S센터 전국총판으로 위 대리점을 기재한 광고를 한 번 실었다고 하더라도, 전문취급점이나 전국총판의 실질적인 법률관계는 대리상인 경우도 있고 특약점인 경우도 있으며 위탁매매업인 경우도 있기 때문에, 위 광고를 곧 제조회사가 제3자에 대하여 위 대리점에게 자사 제품의 판매에 관한 대리권을 수여함을 표시한 것이라고 보기 어렵다.

제3. 대리상의 법률관계

1. 대리상과 본인의 관계

대리상은 본인에 대하여 선관주의의무와 통지의무, 영업비밀준수의무, 경업피지의무 등의 의무를 부담하고, 보수청구권과 보상청구권, 유치권 등의 권리를 가진다.

1) 대리상의 의무
  (1) 선관의무
대리상은 본인인 상인과 위임관계에 있으므로 본인에 대하여 선량한 관리자의 주의의무를 부담한다.

[판례-1] 대법원 2003. 4. 22. 선고 2000다55775,55782 판결

중장비를 장기간의 할부로 판매하는 경우에는 감가상각의 정도가 심하여 판매된 중장비 자체에 관한 근저당권 설정만으로는 미수채권의 회수가 충분히 담보되지 못하므로, 이와 같이 피고로부터 2억원 이상의 고가 중장비 판매를 위임받은 대리상인 원고 회사로서는 적어도 민법 제681조의 규정 취지에 따라 그 매수인과 연대보증인들의 변제자력을 면밀히 조사하여 계약을 체결함과 동시에 필요한 경우 충분한 담보를 확보함으로써 위임자인 피고의 이익을 해하지 않을 선량한 관리자의 주의의무를 부담한다

---

  (2) 통지의무
대리상은 거래의 대리 또는 중개를 한 때에는 지체없이 본인에게 통지하여야 한다(상법§88).
  (3) 영업비밀준수의무
대리상은 계약의 존속기간 중에는 물론 계약의 종료 후에도 계약과 관련하여 알게 된 본인의 영업상의 비밀을 준수하여야 한다(상법§92의3). 영업상의 비밀이란 본인의 기업경영과 관련하여 경제적 가치를 갖는 것으로서 공개되지 아니하고,

또 본인이 비밀로 하려는 의사가 있는 사실을 말한다. 본인이 상당한 노력에 의하여 비밀로 유지된 생산방법과 판매방법 기타 영업활동에 유용한 경영상 또는 기술상의 정보(부정경쟁방지및영업비밀보호에관한법률 §2의2 참조)는 물론, 제3자가 쉽게 접근할 수 없어 그 누설과 이용이 본인에게 불리한 모든 사실을 포함한다. 따라서 대리상은 대리상계약관계의 종료 후에도 그 종료 원인에 관계없이 거래의 대리 또는 중개를 통하여 알게 된 본인의 영업상의 비밀을 어떤 형태로든 누설하거나 이용하여서는 안 된다.

대리상이 이러한 영업비밀준수의무를 위반한 경우 본인에 대하여 이로 인한 손해배상책임을 진다. 이 경우 본인 기타 영업비밀보유자는 특히 '부정경쟁방지 및 영업비밀 보호에 관한 법률'에 의하여 영업비밀의 침해행위를 하거나 하고자 하는 자에 대하여 법원에 그 행위의 금지 또는 예방을 청구할 수 있다. 이 때 본인 기타 영업비밀보유자는 이와 함께 침해행위를 조성한 물건의 폐기나 침해행위에 제공된 설비의 제거 기타 침해행위의 제거 또는 예방에 필요한 조치도 청구할 수 있다(동 법률 §10①·②). 다만 이 영업비밀 침해 행위의 금지 또는 예방청구권은 그 침해행위에 의하여 그 영업상의 이익이 침해되거나 침해될 우려가 있는 사실 및 그 침해행위를 한 자를 안 날로부터 1년, 또는 그 침해행위가 시작된 날로부터 3년이 경과하면 시효로 소멸된다(동 법률 §14).

이 밖에 본인은 고의나 과실에 의한 영업비밀 침해행위로 발생한 영업상 손실에 대하여 손해배상에 갈음하거나 손해배상과 함께 영업상의 신용회복을 위하여 필요한 조치도 청구할 수 있다(동 법률 §11,12).

(4) 경업피지의무

대리상은 본인의 허락 없이 자기나 제3자의 계산으로 본인의 영업부류에 속하는 거래를 하거나 동종 영업을 목적으로 하는 다른 회사의 무한책임사원 또는 이사가 되지 못한다(상법§89①). 대리상은 본인을 위하여 상시 그 영업부류에 속하는 거래의 대리 또는 중개를 하므로 상업사용인의 경우와 같이 본인의 이익을 보호하기 위한 것이다. 대리상이 이 의무를 위반한 경우에 상업사용인의 경우와 같이 본인은 개입권 또는 이득반환청구권, 손해배상청구권, 계약해지권 등을 행사할 수 있다(상법§89②).

[판례-2] 대법원 2003. 4. 22. 선고 2000다55775,55782 판결

상법이 위탁매매인에 대하여 제105조와 같은 이행담보책임 규정을 두면서도 대리상에 대하여는 이러한 규정을 두지 않은 것은, 위탁매매에 있어서는 거래행위의 법률적 효과가 오직 위탁매매인(수탁자)에게만 귀속되고 위탁자는 거래상대방에 대하여 직접적인 법률관계에 서지 못하므로 거래상대방으로 하여금 이행을 시키기 위해서는 위탁매매인을 통하여 이행을 최고하거나 위탁매매인으로부터 채권을 양도받아 최고를 할 수밖에 없는 점을 참작하여 위탁자를 보호하기 위해서 위탁매매인에게 이행담보책임을 지울 필요가 있음에 반하여, 거래의 법률적 효과가 직접 본인에게 귀속되는 대리상에 대하여는 이러한 책임을 지울 필요가 없다는 데에 그 취지가 있는 것인데, 기록에 의하여 인정되는 바와 같이, 원고 회사가 판매한 중장비의 가격이 대당 2억 원 이상의 고가인 데 비하여, 원고 회사가 받는 수수료는 정상거래의 경우 딜러공급가 등의 5% 정도에 불과한 점, 피고는 원고 회사의 판매계약 체결에 의하여 인도금으로 수천만 원을 수령한 후 구매자로 하여금 리스금융회사와 24개월 또는 48개월의 시설대여계약을 체결하게 하고, 피고가 리스금융회사로부터 일단 매매대금을 수령하되 리스금융회사에 대한 구매자의 할부금채무를 연대보증하기 때문에, 구매자의 연체금액에는 할부금융 이용으로 인한 높은 이자가 포함되어 있는 점, 피고는 매도한 중장비에 관하여 1번 근저당권을 취득하여 두기 때문에 경매절차에서 우선적으로 일부 대금을 회수할 수 있고 별도로 확보된 담보도 직접 행사할 수 있는 지위에 있는 점 등 여러 사정에 비추어 볼 때, 이 사건 계약 중 대리상에 불과한 원고 회사에게 미회수 매매대금에 관한 무조건의 이행담보책임을 지우는 조항은 원고 회사가 수령하는 수수료의 액수에 비하여 고객의 무자력으로 인한 위험부담이 너무 커서 원고 회사에 부당하게 불리할 뿐만 아니라, 피고가 미리 매매대금을 리스금융회사로부터 수령하고 나름대로의 채권확보책을 가지고 있음에도 원고 회사에게 금융비용까지 합한 할부금 전액에 대하여 이행담보책임을 지우는 것은 상당한 이유 없이 피고가 부담하여야 할 책임을 원고 회사에게 이전시키는 것이라고 보아야 한다.

2) 대리상의 권리

　(1) 보수청구권

　대리상은 특약이 없더라도 본인에 대하여 상당한 보수를 청구할 수 있다(상법§61). 대리상의 보수청구권은 특약이 없는 한 거래의 대리 또는 중개에 의하여 계약이 성립되고, 그 이행이 종료한 때에 발생하다.

　(2) 보상청구권

　㉠ **의의**　대리상의 활동으로 본인이 새로운 고객을 획득하거나 영업상의 거래가 현저하게 증가하고 이로 인하여 대리상계약의 종료 후에도 본인이 영업상의 이익을 얻고 있는 경우에는 대리상은 본인에 대하여 보수와는 별도로 상당한 보상을 청구할 수 있다(상법§92의2①).

　이 보상청구권은 대리상의 종전 영업활동으로 대리상계약의 종료 후에도 본인이 영업상 현저한 이익을 얻는 경우에는, 대리상계약이 존속되었더라면 대리상에게 지급되었을 보수에 상당하는 금액을 대리상에게 지급하는 것이 형평의 원리에 부합된다는 취지에서 1995년 개정상법에서 신설된 것이다.

　대리상의 보상청구권은 대리상계약이 종료된 후에 생기는 것이므로 순수한 보수청구권이라고 할 수 없으며, 상법이 종래의 대리상계약에 기해 형평의 원리에 따라 대리상을 보호하기 위하여 인정하는 법정의 특수한 청구권이라 할 수 있다. 따라서 사전에 이 권리를 제한하거나 배제하는 특약은 무효이다.

　㉡ **보상청구권의 발생요건**　대리상의 보상청구권이 발생되기 위해서는, 첫째, 대리상계약이 종료되었어야 한다. 대리상계약의 종료원인은 계약기간의 만료, 본인의 해지, 해제조건의 성취, 대리상의 사망, 본인의 파산 등을 가리지 않으나, 다만 대리상의 귀책사유로 대리상계약이 종료한 때에는 이 청구권이 발생하지 않는다(상법§92의2① 단서).

　둘째, 대리상의 종전 활동으로 새로운 고객을 획득하거나 거래가 현저하게 증가하여 대리상계약의 종료 후에도 본인이 이로 인하여 이익을 얻어야 한다. 새로운 고객이란 대리상이 종래 본인과 거래하지 않았던 고객으로서 대리상과의 거래관계

존속 여부는 묻지 않는다. 거래의 현저한 증가란 새로운 판로를 개척하거나 판매시장을 확대해 판매량이 증가한 경우를 말한다. 새로운 고객의 확보나 거래의 증가여부에 대해서는 대리상이 입증책임을 진다.

셋째, 대리상은 대리상계약이 존속되었더라면 새로운 고객과의 거래나 거래의 증대로 받을 수 있었던 보수를 대리상계약의 종료로 인하여 받지 못해야 한다. 보상액의 산정 기준도 후술하는 바와 같이 보수이므로, 계약기간 중에 새로운 고객의 확보나 거래의 증가 등으로 통상적인 보수 외에 보상액에 상당하는 보상이나 수당을 이미 받았던 경우에는 이 보상청구권은 배제되거나 또는 적어도 그 보상액을 산정할 때 감액하는 것이 형평에 맞다.

ⓒ **보상청구권의 내용** 대리상이 본인에게 청구할 수 있는 보상금은 새로운 고객의 수와 거래량의 증가 폭, 기존 고객의 상실 여부, 본인의 이익 규모, 대리상의 성공보수 수령 여부 등 제반 사정을 고려하여 산정하여야 한다. 다만 그 보상액은 대리상계약이 종료되기 전 5년간의 평균 연보수액(年報酬額)을 최고한도로 하고, 계약존속기간이 5년 미만인 때에는 그 기간의 평균 보수액을 기준으로 한다(상법§92의2 ②).

대리상의 보상청구권은 대리상계약이 종료한 때 발생하며, 대리상계약의 종료일로부터 6개월이 경과하면 소멸된다(상법§92의2③). 이 기간은 제척기간이다.

(3) 유치권

대리상은 다른 의사표시가 없는 한 거래의 대리 또는 중개로 인한 채권이 변제기에 있을 때에는 그 변제를 받을 때까지 본인을 위하여 점유하는 물건 또는 유가증권을 유치할 수 있다(상법§91).

이 대리상의 유치권은 피담보채권이 거래의 대리 또는 중개로 인한 채권이라는 점에서, 피담보채권이 유치의 목적물에 관하여 생긴 채권인 민사유치권(民事留置權)(민법§320)과 다르고 일반상사유치권(一般商事留置權)(상법§58)과 같다.

그러나 대리상의 유치권에 있어서는 유치의 목적물이 본인을 위하여 점유하는 물건 또는 유가증권이면 충분하고, 그 점유취득원인과 소유권의 귀속주체 등은 묻지 아니한다는 점에서 민법상의 민사유치권(민법§320)과 같고, 일반상사유치권(상법§58)과 다르다. 유치권의 효력은 민사유치권의 효력과 같다.

2. 대리상과 제3자와의 관계

체약대리상은 대리상계약에 따라 계약체결의 대리권을 가지나, 이 밖에 상대방으로부터 지급수령 등의 권한이 인정되는지 문제된다. 또한 중개대리상은 계약체결의 권한이 없지만 일정한 범위에서 수동대리권을 인정할 필요가 있다. 여기서 상법은 물건의 판매 또는 중개의 위탁을 받은 대리상은 제3자로부터 매매 목적물의 하자 또는 수량의 부족 기타 매매의 이행에 관한 통지를 받을 권한이 있다(상법§90)고 하여 체약대리상과 중개대리상의 수동대리권을 법정하고 있다.

제4. 대리상계약의 종료

대리상계약은 민법상의 위임계약관계의 종료원인(민법§690)이 발생한 때에 종료된다. 다만 본인이 사망한 때에는 종료하지 않는다. 또한 본인의 영업양도, 폐업 및 대리상 계약의 존속기간의 만료로 종료된다. 대리상계약의 당사자가 그 존속기간을 정하지 아니한 때에는 각 당사자는 2개월 전에 예고하여 해지할 수 있고(예고해지)(상법§92①), 부득이한 사유가 있는 때에는 존속기간의 약정 유무에 관계없이 언제든지 해지할 수 있다(상법§92②).

제2절 중개상

제1. 중개상의 의의

중개상(仲介商)이란 타인 간의 상행위의 중개의 인수를 영업으로 하는 독립한 상인을 말한다. 중개인(仲介人)이라고도 한다. 중개상은 널리 불특정한 타인 간의 상행위를 중개하는 점에서 일정한 상인을 위하여 상행위를 중개하는 중개대리상과 구별되며, 또한 중개의 대상이 상행위라는 점에서 어느 일방에도 상행위가 아닌 법률행위(혼인 등)를 중개하는 민사중개인과 다르다.

중개상은 상행위의 중개를 하여야 하므로 적어도 타인의 일방은 상인이어야 하며, 그 상행위는 쌍방적 상행위뿐만 아니라 일방적 상행위를 포함하나, 그 상행위는 반드시 기본적 상행위에 한하며 보조적 상행위는 포함되지 않는다. 중개상은 이러한 상행위의 중개를 영업으로 하는데, 중개 자체는 타인간의 거래가 이루어지도록 노력하는 사실행위에 지나지 않으므로, 위탁자의 대리인으로서 또는 위탁자의 계산으로 계약을 체결하는 체약대리상 또는 위탁매매인과 구별된다.

제2. 중개계약

중개상과 중개행위의 당사자 간에 체결되는 중개계약은 당사자 일방이 상행위의 중개를 위임하고 상대방이 이를 승낙함으로써 성립하는 낙성계약(諾成契約)이다. 중개계약에는 중개인이 중개할 의무를 부담하는 쌍방적 중개계약과, 계약이 성립하면 보수를 청구할 수 있을 뿐 중개인이 중개할 의무를 부담하지 않는 일방적 중개계약이 있다. 전자는 위임계약이나, 후자는 도급계약에 준하는 계약으로 본다.

제3. 중개상의 의무

1. 선관의무

중개행위는 위임사무의 처리이므로 중개상은 중개위탁자에 대하여 수임자로서 선량한 관리자의 주의의무를 진다(民法 §687).

2. 견품보관의무

중개상은 중개한 행위에 관하여 견품을 수령한 때에는 그 행위가 완료될 때까지 그것을 보관하여야 한다(상법§95).

3. 결약서교부의무

중개가 성공하여 당사자 간에 계약이 성립되면 중개상은 지체 없이 각 당사자의 성명 또는 상호와 계약체결일 및 그 요령을 기재한 서면을 작성하여 기명날인 또는 서명한 후 이를 각 당사자에게 교부하여야 한다(상법§96①). 이 서면을 결약서, 계약증 또는 체약서(締約書)라고도 한다. 중개상이 중개한 계약에 관한 사항을 명백히 하여 당사자 간의 분쟁을 사전에 예방하기 위한 것이다.

결약서에는 각 당사자의 성명 또는 상호, 계약의 연월일, 계약요령(契約要領) 등을 기재하고, 중개인이 기명날인 또는 서명을 하여야 한다(상법§96①). 계약의 요령은 계약내용의 요점으로서 목적물의 명칭·수량·품질·이행의 방법과 시기 및 장소 등이다. 결약서의 기재에 있어서 그 형식에 대한 제한은 없으나, 기재의 오류로 당사자가 손해를 입은 때에는 중개인이 손해배상책임을 진다.

이 결약서는 당사자 간에 계약이 성립한 후에 중개상이 작성하는 것이므로 계약서가 아니고, 또 계약 성립의 요건도 아니며, 단순한 증거증서에 지나지 않는다. 중개상은 계약이 즉시 이행할 것인 때에는 지체 없이 결약서를 작성하여 각 당사자에

교부하여야 하나, 즉시 이행할 것이 아닌 때에는 결약서를 작성하여 이에 각 당사자로 하여금 기명날인 또는 서명시킨 후 상대방에게 교부하여야 한다(상법§96②). 당사자 일방이 결약서를 수령하지 않거나 이것에 기명날인 또는 서명하지 않을 때에는 중개상은 상대방에게 지체 없이 그 통지를 발송하여야 한다(상법§96③).

4. 장부 작성 및 등본교부의무

중개상은 장부를 비치하여 당사자의 성명이나 상호, 체약 연월일 및 그 요령을 기재하여야 한다(상법§97①). 이 장부를 중개인일기장이라고도 하나, 상법상의 회계장부와는 그 성질이 다르다. 당사자는 언제든지 중개상이 자기를 위하여 중개한 행위에 관하여 그 등본의 교부를 청구할 수 있다(상법§97②).

5. 성명묵비의무

당사자가 자신의 성명 또는 상호를 상대방에게 표시하지 않도록 요구한 때에는 중개상은 결약서와 일기장의 등본에 그 성명 또는 상호를 기재해서는 안 된다(상법§98).

6. 개입의무(이행담보책임)

중개상이 임의로 또는 당사자의 요구에 따라 당사자 일방의 성명 또는 상호를 상대방에게 묵비한 경우에는 그 상대방에 대하여 중개의 목적인 계약상의 의무를 이행할 책임을 진다(상법§99). 중개상은 중개행위를 할 뿐 계약의 당사자가 아니므로 계약상의 의무를 부담할 이유가 없으나, 이 경우에는 익명의 당사자와 계약한 상대방의 신뢰를 보호하기 위하여 중개상에게 이행담보책임을 부담시키는 것이다. 상대방에게 계약상의 의무를 이행한 중개상은 자신의 성명을 묵비한 당사자에 대하여 구상권(求償權)을 가진다.

제4. 중개상의 권리

1. 보수청구권

중개상은 자기의 중개로 당사자 간에 계약이 성립되고 이에 대해 결약서를 작성하여 교부한 때에는 특약이 없더라도 보수(仲介料 또는 口錢)를 청구할 수 있다. 보수는 특약 또는 다른 관습이 없는 한, 당사자 쌍방이 균분하여 부담한다(상법§100②).

2. 비용상환청구권의 부존재

중개상이 중개행위에 관하여 지급한 비용은 보수에 포함되므로, 중개상이 중개와 관련하여 비용을 지출하여도 특약 또는 관습이 없는 한, 보수와는 별도의 비용상환을 청구하는 것은 인정되지 않는다. 다만 중개상이 당사자의 특별한 지시에 의하여 통상적으로 소요되는 것을 초과하는 비용을 지출한 때에는 상법 제61조에 의하여 상당한 보수를 청구할 수 있다고 본다.

3. 급여수령권한

중개상은 당사자의 대리인이 아니므로 특약이나 관습이 없는 한, 당사자를 위한 지급 기타 급여의 수령 권한은 인정되지 아니한다(상법§94). 다만 당사자의 일방이 그 성명 또는 상호의 묵비를 요구한 때에는 중개상은 상대방에게 이행의무를 지므로 그 급여수령권도 인정된다고 보아야 한다.

제3절 위탁매매업

제1. 위탁매매인의 의의

위탁매매인이라 함은 자기의 명의로, 타인의 계산으로 물건 또는 유가증권의 매매의 주선을 영업으로 하는 상인을 말한다(상법§101). 여기서 물건이라 함은 동산을 말하며, 매매의 위탁행위가 위탁자에게 상행위가 되는가 여부는 가리지 않는다. 자기의 명의로 한다는 것은 자기가 그 매매에 있어서 권리의무의 귀속주체로 되는 것을 의미하고, 타인의 계산이란 자기가 인수한 거래에서 생기는 손익이 전부 위탁자인 타인에게 귀속되는 것을 말한다.

위탁매매인은 위탁자를 위하여 자기의 명의로 매매계약을 체결하므로, 상행위 등을 중개하는 중개인이나 본인의 명의로 계약을 체결하는 체약대리상과 구별된다. 여기서 위탁매매인의 주선행위를 특히 간접대리 또는 '숨은 대리'라고도 한다. 위탁매매인과 위탁자 간의 주선계약(周旋契約)의 법적 성질은 위임계약이다.

제2. 위탁매매업의 법률관계

1. 위탁매매인의 의무

1) 선관의무
위탁매매인은 위탁자에 대하여 선량한 관리자의 주의로 그 위임사무를 처리하여야 할 의무를 진다.

2) 통지의무 및 계산서제출의무
위탁매매인이 위탁자를 위하여 위임받은 매매를 한 때에는 위탁자에 대하여 지체없이 그 계약의 요령과 상대방의 주소와 성명에 관한 통지를 발송하여야 하고 계산서를 제출하여야 한다.

3) 지정가액준수의무

위탁매매인은 위탁자가 매매가격을 지정한 경우에는 이를 지켜야 하며, 그렇지 않은 때에는 위탁자는 그 매매의 결과를 인수하지 않을 수 있다. 다만 위탁매매인이 그 차액을 부담하는 때에는 그 매매는 위탁자에게 효력이 있다. 위탁매매인이 지정 가격 이상으로 매매한 경우에 그 차익은 위탁자에게 귀속한다(상법§106②).

4) 이행담보책임

위탁자를 위하여 한 매매에 관하여 상대방이 그 채무를 이행하지 않는 경우에는 다른 특약 또는 관습이 없는 한 위탁매매인이 그 이행을 하여야 할 책임을 부담한다 (상법§105). 이 책임은 위탁자를 보호하고 위탁매매인의 신용을 유지하기 위하여 둔 법정의 무과실책임이다. 상대방이 이행을 하지 않는 경우라 함은 상대방이 위탁매 매인과의 사이에서 한 매매계약에 의하여 위탁매매인에 대해 부담하는 의무를 이 행하지 않는 것을 말한다.

이 때 위탁자가 위탁매매인으로 부터 그 채권을 양수하였는가 여부는 관계없다. 위탁매매인의 이행담보책임의 범위는 상대방이 위탁매매인에 대하여 부담하는 의 무와 같다. 따라서 대금지급 또는 물건인도 의무뿐만 아니라 매매계약에 관한 목적 물의 하자로 인한 대금감액 또는 손해배상책임도 포함한다.

위탁매매인이 이행담보책임을 부담하는 경우에 위탁매매인은 상대방이 위탁매 매인에게 대항할 수 있는 항변으로써 위탁자에 대항할 수 있으나, 상대방의 채무가 소멸되면 위탁매매인의 담보책임도 소멸한다. 다만, 위탁매매인의 이행담보책임은 상대방의 채무의 시효와 관계없이 5년의 시효로 소멸한다.

5) 하자통지의무

위탁매매인은 위탁물을 인도받은 후 그 물건의 멸실, 훼손 또는 하자를 발견하 였거나 부패의 염려 또는 가격 하락의 상황을 안 때에는 위탁자에게 지체없이 통 지하여야 한다. 이 경우 위탁자의 지시가 있으면 그 지시에 따라야 한다. 그러나 위탁매매인이 위탁자로부터 그 지시를 받을 수 없거나 지시가 지연되는 때에는 위탁매매인은 위탁자의 이익을 위하여 위탁물에 대하여 적당한 처분을 할 수 있다(상법§106①·②).

2. 위탁매매인의 권리

1) 보수청구권
위탁매매인은 위탁자를 위하여 한 매매에 관하여 특약이 없더라도 상당한 보수를 청구할 수 있다.

2) 비용상환청구권
위탁매매인이 위탁자를 위하여 필요한 비용을 체당한 경우에 그 체당금과 체당일 이후의 법정이자를 청구할 수 있다.

3) 유치권
위탁매매인은 위탁자를 위하여 물건의 매도 또는 매수로 인한 채권에 대하여 대리상과 같은 유치권을 가진다(상법§111, §91).

4) 공탁 및 경매권
매수위탁에 있어서 위탁매매인이 매수한 물건을 위탁자가 수령하지 아니하거나 수령할 수 없는 경우에 위탁매매인은 상사매매의 매도인과 같이 위탁자를 위하여 매수한 목적물에 대한 공탁권과 경매권을 가진다(상법§109, §67).

5) 개입권
(1) 의 의
위탁매매인이 거래소의 시세있는 물건의 매매위탁을 받은 때에는 스스로 매도인 또는 매수인이 될 수 있다(상법§107①). 거래소의 시세있는 물건의 매매를 위탁받은 경우에 그 가격은 거래소의 시세에 의하여 정하여지므로, 위탁매매인이 직접 매도인 또는 매수인으로 되어도 위탁자와의 이해충돌의 염려가 거의 없고 위탁사무의 처리가 간편하게 되기 때문이다.

(2) 개입의 요건

위탁매매인이 개입권을 행사하기 위하여는 위탁받은 목적물에 관하여 거래소의 시세가 있어야 한다. 이는 목적물의 가격을 명확히 하고 개입권의 공정한 행사를 기하기 위한 것이다. 거래소는 위탁자의 명시적인 의사표시나 관습에 의하여 매매를 할 지역이 정해진 경우에는 그 지역의 거래소이며, 이러한 사정이 없는 때에는 위탁매매인의 소재지의 거래소이어야 한다. 또 위탁매매인이 위탁매매의 실행을 하기 전이어야 하며, 특히 당사자 사이에 개입을 금지하는 특약이 없어야 한다.

(3) 개입의 효과

위탁매매인의 개입권은 위탁매매인의 일방적 의사표시로 그 효과가 생기는 형성권이다. 위탁매매인이 개입권을 행사하면 위탁매매인과 위탁자 사이에 매매계약관계가 성립되며 매매에 관한 민법과 상법 규정이 적용된다. 매매 목적물의 대가는 위탁매매인이 개입의 통지를 발송할 때의 거래소의 시세에 의하여 정한다(상법§107①).

위탁매매인이 개입권을 행사한 경우에는 개입과 동시에 위탁사무도 처리한 것으로 되어 위탁매매인은 위탁자에 대하여 보수 및 비용의 상환을 청구할 수 있다(§107②). 다만 위탁매매인은 위탁자로부터 위탁을 받은 매매를 합리적인 시기 내에 위탁자에게 최대의 이익이 되도록 실행할 의무를 부담하므로, 위탁매매인의 개입권 행사가 선관주의의무에 위반하여 위탁자에게 손해를 발생시킨 때에는 위탁매매인은 위탁자에 대하여 손해배상책임을 부담한다. 또한 개입이 위탁의 본지에 현저하게 어긋나는 때에는 위탁자가 개입의 효과를 부인할 수 있음은 물론이다.

3. 위탁매매의 대외적 법률관계

1) 위탁매매인과 제3자의 관계

위탁매매인은 자기의 명의로 매매를 하므로, 위탁매매인과 제3자의 관계는 일반적인 매매에 있어서 매도인과 매수인의 관계에 있다. 따라서 위탁매매인의 상대방이 상인인 때에는 상사매매에 관한 규정이 적용되며, 상인이 아닌 때에는 민법의 매매에 관한 규정이 적용된다.

2) 위탁자와 제3자의 관계

위탁자와 제3자 간에는 위탁매매에 관하여 직접적인 법률관계가 생기지 않는다.

3) 위탁자와 위탁매매인의 채권자와의 관계

위탁자와 위탁매매인의 채권자 사이에도 직접적인 법률관계가 없는 것이 원칙이나, 위탁물의 귀속에 관하여 일정한 예외가 인정된다. 즉 위탁매매인이 위탁자로부터 받은 물건 또는 유가증권이나, 위탁매매로 인하여 취득한 물건, 유가증권 또는 채권은 위탁자와 위탁매매인의 채권자간의 관계에서는 위탁매매인의 이전행위가 없더라도 위탁자의 소유 또는 채권으로 본다(상법§103).

제3. 준위탁매매인

준위탁매매인(準委託賣買人)은 물건 또는 유가증권의 매매 또는 물건운송의 주선 이외의 행위의 주선을 영업으로 하는 상인을 말한다. 출판이나 광고의 주선, 임대차의 주선, 임치계약의 주선, 여객운송의 주선 등이 그 대표적인 예에 해당한다. 준위탁매매에 대해서는 개입권에 관한 규정을 제외하고는 위탁매매에 관한 규정이 준용된다(상법§113). 그러나 위탁매매업은 위탁의 목적이 물건 또는 유가증권의 매매이고, 준위탁매매업은 물건 또는 유가증권의 매매 이외의 행위의 위탁이므로, 물건 또는 유가증권의 매매를 전제로 하는 위탁매매인의 개입권(상법§107), 위탁물에 대한 통지·처분의무(상법§108), 위탁매매인의 공탁·경매권(상법§109), 상사매매에 관한 규정의 준용규정(상법§110) 등의 규정은 준위탁매매업에 준용되지 아니한다.

제4절 운송주선업

제1. 운송주선인의 의의

　운송주선인은 자기의 명의로 위탁자인 송하인의 계산으로 물건운송의 주선을 영업으로 하는 상인이다(상법§114). 운송주선인의 주선행위의 대상은 육상이나 해상 또는 공중운송을 불문하나, 물건운송에 한하며, 운송계약의 체결뿐만 아니라 운송물의 수령, 보관, 인도, 보험계약의 체결 기타 운송의 실현에 필요한 행위도 포함한다. 운송주선업은 주선의 목적이 물건운송이라는 점을 제외하고는 위탁매매업과 같다. 따라서 운송주선업에 대하여 상법에 다른 규정이 없는 한 위탁매매업에 관한 상법 규정이 준용된다(상법§123).

제2. 운송주선업의 법률관계

1. 운송주선인의 의무

1) 일반적 의무
　운송주선계약은 위임이므로 운송주선인은 위탁자에 대하여 선량한 관리자의 주의의무를 부담하는 외에 위탁매매인과 같이 통지의무(상법§104) 및 운임에 관한 지정가격준수의무(상법§106)를 부담한다.

2) 손해배상책임
　운송주선인은 자기나 그 사용인이 운송물의 수령, 인도, 보관, 운송인이나 다른 운송주선인의 선택 기타 운송에 관하여 주의를 해태하지 아니하였음을 증명하지 아니하면 운송물의 멸실, 훼손 또는 연착으로 인한 손해를 배상할 책임을 면하지 못한다(상법§115). 즉 운송주선인은 자기의 무과실뿐만 아니라 그 이행보조자의 무과실도 증명하여야 손해배상책임을 면하게 된다. 손해배상액은 민법의 일반원칙(民法§393)에 의하여 결정한다. 다만 운송주선인의 손해배상책임에 관한 상법 제115조는 임의규정이므로, 운송주선인이 고의인 경우를 제외하고 약관이나 특약에 의하여 그 책임을 면제 또는 제한할 수 있다. 운송주선인의 손해배상책임에도 고가물에 대한 특칙(상법§136)이 준용되므로(상법§124), 그 책임의 내용은 운송인의 경우와 동일하다.

운송주선인의 손해배상책임의 시효기간은, 운송물의 일부멸실, 훼손, 연착의 경우에는 수하인이 운송물을 수령한 날로부터, 전부 멸실의 경우에는 그 인도가 있었을 날로부터 1년이 경과되면 소멸시효가 완성된다(상법§121). 다만 운송주선인이나 그 사용인이 악의인 경우에는 소멸시효기간은 5년이다(상법§64).

2. 운송주선인의 권리

1) 보수청구권

(1) 일반적인 경우

운송주선인은 상인이므로 보수에 관한 특약이 없더라도 위탁자에 대하여 상당한 보수를 청구할 수 있다(상법§61). 보수청구권의 행사시기에 관하여 상법은 운송주선인이 운송계약을 체결하여 운송물을 운송인에게 인도한 때에는 즉시 보수를 청구할 수 있도록 하고 있다(상법§119①). 따라서 운송주선인이 운송인에게 운송물을 인도하였더라도 운송계약이 성립되지 아니한 경우에는 운송주선인은 위탁자에 대하여 보수를 청구할 수 없다.

(2) 확정운임운송주선계약의 경우

운송주선계약에서 운임액을 정한 확정운임운송주선계약의 경우에는 특약이 없는 한 따로 보수를 청구하지 못한다(상법§119②). 확정운임운송주선계약에서는 운송의 대가인 운임액이 정해져 있고, 운송주선인은 확정운임과 운송인에게 실제 지급하는 운임의 차액을 보수로 취득하므로 따로 보수를 청구하지 못하는 것이다.

확정운임운송주선계약이 체결된 경우에 그 법적 성질을 어떻게 볼 것이냐에 관하여 개입설과 운송계약설이 대립하고 있다. 개입설은 운송주선인이 운임에 의하여 손익을 보게 된다면 운송을 기업으로 하는 운송인의 지위에 있으므로 개입의 한 경우로 이해해야 한다고 한다. 운송계약설은 개입은 상법에 규정된 형성권의 행사로서 일방적인 의사표시에 의하여 행사되는 것이지, 특약에 의한 법률관계가 아니므로 이 경우에는 운송계약이 체결된 것으로 보아야 한다고 한다.

생각건대 운송계약설에 의하면 확정운임운송주선계약에 있어서 운송주선인은 처음부터 운송인의 지위만을 가지나, 개입설에 따르면 운송주선인은 확정운임운송주선계약에 의하여 운송주선인으로서의 지위와 운송인으로서의 지위를 겸유하게 된다. 이 경우 운송주선인이 개입권을 행사한 것으로 보게 되면 운임 외에 따로 운송주선의 보수를 청구할 수 있게 되는데, 이러한 결과는 확정운임운송주선계약의 운송주선인에 대해 그 계약에서 정한 운임 외에 따로 보수를 청구하지 못하게 한 상법 제116조 제1항에 반하게 된다.

따라서 확정운임운송주선계약이 체결되는 경우에는 운송계약이 체결된 것으로 보는 것이 타당하다. 운송주선인이 선정한 운송인은 운송주선인의 이행보조자로서 그 귀책사유로 인하여 운송물에 손해가 발생한 때에는 운송주선인이 손해배상책임을 부담하며(상법§135), 그 보수에 관하여도 운송주선인은 운송이 완료된 때에 확정운임만 청구할 수 있을 뿐이다.

[판례] 대법원 1987.10.13. 선고 85다카1080 판결

상법 제119조 제2항은 "운송주선계약으로 운임의 액을 정한 경우에는 다른 약정이 없으므로 따로 보수를 청구하지 못한다"고 규정하고 있다. 이것은 이미 본 바와 같이 본래 운송주선계약은 위임계약으로서 운송의 결과에 관계없이 다만 운송인과 운송계약을 체결하고 운송품을 운송인에게 인도하기만 하면 위임사무는 완료한 것이 되므로 그때에 보수청구권이 생기고 지급시기가 도래하는 것이나 (같은 조 제1항) 운송주선인이 운송주선계약으로 운임의 액을 정한 경우 즉, 이른바 확정운임운송주선계약이 체결되었을 때에는 바로 그때에 위탁자와 운송주선인과의 사이에 운송계약이 체결된 것으로 보아 운송의 결과에 따라 지급되는 운임에 의하여 운송주선인의 보수와 운송인으로서의 보수가 함께 약정된 것으로 해석되므로 특약이 없는 한 운송주선인으로서의 보수를 따로 구하지 못한다는 뜻인 것이다. 그런데 운송주선인이 해상운송인으로서의 기능을 수행하는데는 그것이 가능한재산적 바탕이 있어야 한다는 것은 이미 본 바와 같으므로 운송주선계약으로 운임의 액이 정해진 경우라도 그것을 확정운임운송주선계약으로 볼 수 있으려면 첫째로, 주선인에게 위와 같은 재산적 바탕이 있어야 하고 둘째로, 그 정해진 "운임의 액"이 순수한 운송수단의 댓가 즉 운송부분의 댓가만이 아니고 운송품이 위탁자로부터 수하인에게 도달되기까지의 액수가 정해진 경우라야만 한다 할 것이므로 구체적인 경우에 당사자의 의사표시를 해석함에 있어서는 위와 같은 요소가 갖추어져 있었느냐를 따져 보아 확정운임운송계약인가의 여부를 확정해야 하는 것이다.

[판례] 대법원 2007.4.27. 선고 2007다4943 판결

물품운송계약은 당사자의 일방에게 물품을 한 장소로부터 다른 장소로 이동할 것을 약속하고 상대방이 이에 대하여 일정한 보수를 지급할 것을 약속함으로써 성립하는 계약으로서, 운송계약에 따른 권리·의무를 부담하는 운송인은 운송의뢰인에 대한 관계에서 운송을 인수한 자가 누구인지에 따라 확정된다. 한편, 운송주선인은 자기의 명의로 물건운송의 주선을 영업으로 하는 사람으로서, 자기의 이름으로 주선행위를 하는 것이 원칙이지만 하주나 운송인의 대리인 또는, 위탁자의 이름으로 운송계약을 체결하였다고 하더라도 실제로 주선행위를 하였다면 운송주선인임에는 변함이 없다(대법원 1987. 10. 13. 선고 85다카1080 판결 참조). 그런데 운송주선인이 상법 제116조에 따라 위탁자의 청구에 의하여 화물상환증을 작성하거나 상법 제119조 제2항에 따라 운송주선계약에서 운임의 액을 정한 경우에는 운송인으로서의 지위도 취득할 수 있지만, 운송주선인이 위 각 조항에 따라 운송인의 지위를 취득하지 않는 한, 운송인의 대리인으로서 운송계약을 체결하였더라도 운송의뢰인에 대한 관계에서는 여전히 운송주선인의 지위에 있음에 지나지 아니한다고 할 것이다. … 운송주선업자가 운송의뢰인으로부터 운송관련 업무를 의뢰받았다고 하더라도 운송을 의뢰받은 것인지, 운송주선만을 의뢰받은 것인지 여부가 명확하지 않은 경우에는 당사자의 의사를 탐구하여 운송인의 지위를 취득하였는지 여부를 확정하여야 할 것이지만, 당사자의 의사가 명확하지 않은 경우에는 하우스 선하증권의 발행자 명의, 운임의 지급형태 등 제반 사정을 종합적으로 고려하여 논리와 경험칙에 따라 운송주선업자가 운송의뢰인으로부터 운송을 인수하였다고 볼 수 있는지 여부를 확정하여야 한다.

2) 비용상환청구권

운송주선인은 자기가 운송을 위하여 운송인에게 지급한 비용의 상환을 위탁자에게 청구할 수 있다(상법§123, §112, 민법§688).

3) 유치권

운송주선인은 운송물에 관하여 수령할 보수와 운임 기타 위탁자를 위하여 지급한 체당금에 관하여만 그 운송물을 유치할 수 있다(상법§120). 운송주선인의 유치권에 있어서는 피담보채권이 제한되며, 또 목적물과의 개별적인 견연관계가 요구된다는 점에서 민법상의 유치권과 같다. 피담보채권을 보수와 운임 기타 위탁자를 위하여 지급한 체당금에 한하여 제한하는 것은 수하인을 보호하기 위한 것이다. 유치의 목적물은 운송물에 한하며, 그 소유권자가 누구인지는 묻지 아니한다.

운송주선인의 유치권에 있어서 운송주선인이 운송물을 직접 점유하지 않는 경우에도 그 행사가 가능한지 문제된다. 그러나 운송인이 운송물을 직접 점유하고 있더라도 운송주선인은 운송계약의 당사자로서 운송인을 통하여 운송물을 간접점유하고 있으므로, 운송인에 대한 운송물 처분 청구를 통해 운송물을 유치할 수 있다.

4) 개입권
(1) 의 의

운송주선인의 개입권이라 함은 운송주선인이 운송주선의 목적물을 직접 운송하는 것을 말한다(상법§116①). 운송주선인은 개입금지의 특약이 없는 한 운송물을 자신이 직접 운송할 수 있다. 운송주선인의 개입권은 일방적 의사표시로 행사하는 형성권으로서, 단독의 의사표시에 의하여 행사한다.

(2) 행사요건

운송주선인은 송하인과의 사이에 개입을 금지하는 특약이 없는 한 개입권을 행사할 수 있다. 개입권을 행사함에 있어서는 위탁매매인의 개입권과 같이 운임에 관한 시세가 있을 것이 요구되지 아니한다. 또한 운송인과의 운송계약 체결 여부도 묻지 아니한다. 따라서 운송주선인이 운송인과 운송계약을 이미 체결한 경우에도 위탁자에게 그 운송계약 체결의 사실을 통지하기 전에는 그 운송계약을 해지하고 개입권을 행사할 수 있다.

(3) 행사효과

운송주선인이 개입권을 행사한 때에는 위탁자에 대하여 운송주선인으로서의 의무를 부담하고 권리를 가짐과 동시에, 개입에 의하여 운송주선인 스스로 운송인의 지위에도 서게 되는 것이므로 운송인과 동일한 권리와 의무를 갖는다(상법§116①). 따라서 개입권을 행사한 운송주선인은 위탁자에 대해 운송주선인으로서 보수 등을 청구함과 동시에 운송인으로서 운송물의 운송에 따른 운임 및 비용의 청구를 할 수 있다.

(4) 개입권의 행사 의제

운송주선인이 위탁자의 청구에 의하여 자기의 명의로 화물상환증 또는 선하증권을 발행한 때에는 개입권을 행사한 것으로 의제된다(상법§116②). 운송주선인이 자기의 명의로 이러한 운송증권을 발행한 경우에는 개입을 한다는 묵시적인 의사표시로 볼 수 있고, 또 이 때 발행된 운송증권의 유효성과 신용을 제도적으로 보장해줄 필요가 있기 때문이다. 따라서 운송주선인이 운송증권을 발행하여도 자기의 명의가 아니라 타인의 대리인으로 발행한 때에는 개입권의 행사로 의제되지 아니한다.

이 밖에 확정운임운송주선계약이 체결된 경우에 이를 개입의 하나로 볼 수 있는가에 관하여 학설이 대립하고 있으나, 운송계약설에 따르면 이 경우에 운송계약이 체결된 것으로 보아야 하므로, 개입으로 보는 것은 타당하지 않다.

5) 소멸시효

위탁자 또는 수하인에 대한 운송주선인의 채권은 1년의 시효로 소멸한다(상법§122).

제3. 수하인의 지위

수하인은 운송물이 목적지에 도착한 후에는 위탁자가 운송주선계약에 의하여 가지는 권리와 동일한 권리를 취득한다. 운송물이 도착지에 도착한 후 수하인이 그 인도를 청구한 때에는 수하인의 권리는 송하인의 권리에 우선한다. 수하인이 운송물을 수령할 때에는 운송주선인에 대하여 보수 기타 비용을 지급할 의무를 부담한다(상법§124, §140, §141).

제4. 순차운송주선

1. 순차운송주선의 의의

순차운송주선(順次運送周旋)은 수인의 운송주선인이 동일한 운송물의 운송을 순차로 주선하는 경우를 말한다. 여기에는 ⅰ) 운송주선인이 다른 운송주선인을 사용하는 하수운송주선(下手運送周旋), ⅱ) 송하인이 각 구간의 운송에 관하여 수인의 운송주선인과 각각 독립하여 운송주선계약을 체결하는 부분운송주선(部分運送周旋), ⅲ) 제1의 운송주선인이 위탁자의 계산으로 자기의 명의로 제2의 중간운송주선인을 선임하는 중간운송주선(中間運送周旋)이 있다. ⅰ)의 경우는 운송주선인이 다른 운송주선인을 이행보조자로 이용하는 것이고, ⅱ)는 수개의 독립한 운송주선계약이 체결되는 경우이다. 상법상의 순차운송주선은 ⅲ)의 경우이다.

2. 순차운송주선의 특칙

순차운송주선에 있어서 후자인 중간운송주선인은 전자인 발송지운송주선인의 운송주선에 관한 권리를 행사할 의무를 부담하고(상법§117①), 후자가 전자에게 변제한 때에는 송하인과 수하인 등에 대한 전자의 권리를 취득한다(상법§117②). 중간운송주선인이 운송인에게 변제한 때에는 송하인과 수하인에 대해 운임 기타 비용에 관한 운송인의 권리를 취득한다(상법§118).

제5절 운송업

제1. 운송인의 의의

운송인(運送人)이란 육상 또는 호천, 항만에서 물건 또는 여객의 운송의 인수를 영업으로 하는 상인을 말한다(상법§125). 여기서 말하는 운송인은 육상운송인을 말하고, 해상운송인에 관하여는 상법 제5편 '해상'에서, 항공운송에 관하여는 상법 제6편 '항공운송'에서 따로 규정하고 있다.

운송인은 운송의 목적에 따라 물건운송인과 여객운송인으로 구분된다. 육상운송인은 육상에서뿐만 아니라 호천과 항만에서 운송하는 자를 포함하는데, 호천(湖川)과 항만(港灣)의 범위는 평수구역(平水區域)에 의하고, 평수구역은 호소·하천 및 항내의 수역과 국토해양부령으로 정하는 수역을 말한다(선박안전법시행령§2①3호). 여기서 항내의 수역이라 함은 항만법에 의하여 항만구역이 지정된 항만의 항만구역과 어촌·어항법에 의하여 어항구역이 지정된 어항의 어항구역을 가리키다(선박안전법시행령§2①3호).

제2. 운송의 종류

운송은 그 목적물을 기준으로 하여 물건운송, 여객운송, 통신운송으로 구별된다. 육상 또는 해상에서의 물건운송과 여객운송에 관하여는 상법에서 규정하고 있으나, 통신운송은 공익사업으로서 우편법 등의 특별법에서 규율하고 있다. 또한 운송이 이루어지는 공간에 따라 육상운송, 해상운송, 공중운송으로 구별된다. 해상운송과 항공운송은 육상운송에 비하여 운송용구, 위험의 정도 등에 현저한 특수성이 있으므로 상법의 해상편 및 항공운송편에서 따로 규정하고 있다. 특히 상법의 항공운송편은 2011년 4월에 제정되어 2011년 11월 24일부터 시행되고 있다.

제3. 운송계약의 법적 성질

운송계약(運送契約)은 운송이라는 일의 완성을 목적으로 하는 일종의 도급계약(都給契約)이다(민법§664). 운송계약은 송하인 또는 여객과 운송인 사이에 체결되는 낙성(諾成)·불요식(不要式)의 계약이나, 물건운송에 있어서는 송하인 등 운송물의 인도를 청구하는 자, 여객운송에 있어서는 여객이 운송의 대가로서 운임을 지급하여야 하므로 원칙적으로 유상의 쌍무계약이다.

제4. 물건운송

1. 운송인의 의무

1) 선관의무
운송인은 송하인 또는 운송주선인으로부터 운송물을 수령하여 목적지까지 운송하고 도착지에서 수하인 또는 화물상환증소지인에게 운송물을 인도할 때까지 선량한 관리자의 주의의무로 운송물을 보관하여야 한다(상법§135).

2) 화물상환증교부의무
운송인은 운송물을 수령한 후 송하인의 청구가 있는 때에는 화물상환증(貨物相換證)을 작성하여 교부하여야 한다(상법§126).

3) 운송물처분의무
운송인은 운송 도중에 또는 도착지에서 수하인이 권리를 행사하기 전에 송하인 또는 화물상환증소지인이 운송의 중지, 운송물의 반환 기타 처분을 지시하는 때에는 그 지시에 따라야 한다(상법§139① 전단).

운송인의 이러한 처분의무는 운송이 개시된 이후 도착지에서 수하인 등에게 운송물을 인도하기 전에 송하인과 수하인 간의 매매계약이 해제·취소되거나 시장상황에 변동이 생긴 경우에 송하인이 그 손해를 최소화하거나 또는 이익을 도모할 수 있도록 하기 위한 것이다. 여기서 '운송의 중지'란 운송물의 현재지에서 운송을 중지함을 말하고, 운송물의 반환이란 현재지에서 송하인에게 운송물을 인도하는 것을 말한다. 또 '기타의 처분'이라 함은 운송인에게 부담을 주지 않는 운송노선의 변경, 적하방법의 변경, 수하인의 변경 등과 같은 사실행위를 말하며, 양도 경매 등의 법률적 처분이나 운송노선의 연장·포장의 개체(改替) 등은 포함되지 않는다(이 철송, 403). 운송인이 송하인 등의 지시에 따라 운송물을 처분한 때에는 이미 운송한 비율에 따라 운임과 체당금 기타 비용의 변제를 청구할 수 있다(상법§139①).

4) 운송물 인도의무

(1) 화물상환증이 발행된 경우

운송물이 목적지에 도착한 경우에 운송인은 화물상환증이 발행된 때에는 이 증권과 상환하여 운송물을 인도할 의무를 부담한다(상법§129). 화물상환증이 발행된 경우에는 이와 상환하지 아니하면 수하인이라 하더라도 운송물의 인도를 청구할 수 없다(상법§129). 화물상환증이 발행되었음에도 불구하고 운송인이 화물상환증을 소지하지 않은 자에게 운송물을 인도하면 운송인은 화물상환증소지인에게 불법행위로 인한 손해배상책임을 진다.

다만 실무상으로는 화물상환증이 발행된 경우에도 운송인은 화물상환증을 소지하지 않은 자에게 운송물을 인도하거나, 은행이나 제3자의 보증 아래 화물상환증을 환수 받지 아니하고 운송물을 인도하는 경우가 있다. 전자를 가도(假渡) 또는 공도(空渡)라 하고, 후자를 보증도(保證渡)라고 한다. 그러나 이러한 관행이 있더라도 후일 화물상환증의 정당한 소지인이 운송물의 인도를 청구하는 경우에 운송인이 이로 인하여 운송물을 인도하지 못하는 경우에 채무불이행으로 인한 손해배상책임을 지게 된다.

(2) 화물상환증이 발행되지 않은 경우

화물상환증이 발행되지 않은 경우에 운송물이 도착지에 도착하면 수하인은 운송인에 대하여 송하인과 동일한 권리를 취득하며(상법§140①), 운송물이 도착지에 도착한 후 수하인이 운송물의 인도를 청구한 때에는 수하인의 권리가 송하인에 우선하므로, 운송인은 수하인의 청구에 따라 운송물을 인도하여야 한다(상법§140②).

5) 운송인의 손해배상책임

(1) 책임의 원인

운송인은 자기 또는 운송주선인이나 사용인 기타 운송을 위하여 사용한 자가 운송물의 수령, 인도, 보관 및 운송에 관하여 주의를 게을리 하지 않았음을 증명하지 아니하면 운송물의 멸실, 훼손 또는 연착으로 인한 손해의 배상책임을 부담한다(상법§135). 운송물의 멸실이란 운송물의 도난·파괴 등 물리적으로 존재하지 아니하는 경우는 물론 수령권한이 없는 자에게 인도되어 그 반환을 기대할 수 없거나 운송물이 존재하지만 운송인 측의 귀책사유로 그 인도에 법률적 장애가 있어 인도할 수 없게 된 경우를 포함한다. 운송물의 훼손은 운송물의 파손·변질 등 물리적 성상(性狀)의 변화로 경제적 가치가 감소된 경우를 말한다. 운송물의 연착이란 당초 예정된 인도할 날에 인도하지 못하고 그 이후의 날에 인도하게 된 경우를 가리키다.

운송에 관한 운송인 또는 그 이행보조자의 무과실에 대한 입증책임은 운송인이 부담한다. 운송물의 멸실, 훼손, 연착으로 운송인에게 손해배상을 청구할 수 있는 자는 송하인 또는 수하인이나, 화물상환증이 발행된 경우에는 그 소지인만이 손해배상을 청구할 수 있다.

(2) 책임의 범위

① 원 칙 　운송물에 발생한 손해에 대한 운송인의 손해배상액은 정형화되어 ⅰ) 운송물이 전부 멸실된 경우에는 인도할 날의 도착지의 가격을, ⅱ) 운송물의 일부 멸실 또는 훼손된 경우에는 인도한 날의 도착지 가격을, ⅲ) 운송물이 연착된 경우에는 인도할 날의 도착지 가격을 기준으로 산정한다(정액배상주의)(상법§137① · ②). 운송물이 일부 멸실 또는 훼손된 상태에서 연착된 경우에는 연착의 경우와 같이 인도할 날의 가격에 의하는 것이 타당하다.

운송인의 이러한 손해배상액의 정형화는 민법의 채무불이행 책임에 대한 특칙으로서 손해배상책임을 경감하는 의미가 있다. 이는 다수의 송하인과 운송계약을 체결하여 대량의 운송물을 운송하는 운송업을 보호·육성함과 동시에 나아가 운송물에 손해가 발생한 경우에 개개의 운송물에 관한 손해배상의 법률관계를 획일적 기준에 의하여 신속하게 해결하기 위한 취지이다.

② **예 외** 운송물에 발생한 손해에 관하여 운송인이나 그 이행보조자에게 고의 또는 중과실이 있는 때에는 운송인은 민법의 일반원칙에 따라 모든 손해를 배상하여야 한다(상법§137③). 즉 운송인은 운송물의 멸실·훼손·연착과 상당인과관계 있는 손해뿐만 아니라 운송인이 알았거나 알 수 있었던 때에는 특별한 사정으로 인한 손해도 배상해야 한다(민법§393①·②). 운송인의 고의나 중과실은 손해배상을 청구하는 송하인이나 수하인 등이 입증하여야 한다.

또한 운송인의 손해배상의 정형화는 운송물의 멸실·훼손·연착의 경우에 적용되므로 운송인의 그 밖의 의무 위반으로 인한 손해에 대해서도 민법의 일반원칙에 의한다. 따라서 운송인의 화물상환증교부의무 위반이나 운송물처분의무 위반 등으로 인한 손해에 대해서는 운송인은 민법의 채무불이행 책임에 관한 일반원칙에 따라 상당인과관계 있는 모든 손해를 배상하여야 한다.

③ **운임 등의 공제** 운송인이 손해배상을 하는 경우에 그 배상액 중에는 운임 기타 비용이 포함되어 있는 것이 보통이므로 운송물의 멸실, 훼손 등으로 그 비용을 지급하지 않는 경우에는 그 금액을 배상액에서 공제하여야 한다(상법§137④).

(3) 고가물에 대한 특칙

운송물이 화폐, 유가증권, 보석 기타 고가물(高價物)인 경우에는, 송하인이 운송을 위탁할 때에 그 종류와 가액을 명시하지 않으면 그 운송물에 발생한 손해에 대하여 운송인은 손해배상책임을 부담하지 않는다(상법§136). 즉 이 경우에 운송인은 자신이나 그 이행보조자의 과실로 손해가 발생한 고가물에 대하여 보통물(普通物)로서의 손해배상책임도 부담하지 않는다.

송하인이 고가물임을 명시하였으나, 그 실제가격이 명시가격보다 낮은 때에는 운송인이 이를 증명하여 실제가격의 범위 내에서 배상하면 된다. 실제가격 보다 높은 명시가격을 기준으로 손해배상을 하게 되면 송하인은 그만큼 부당이득을 하기 때문이다. 반대로 실제가격이 명시가격보다 높을 때에는 송하인이 이를 증명하여도 그 초과액을 청구하지 못한다. 이 경우에 명시가격 보다 높은 실제 가격을 기준으로 배상을 하게 하는 것은 송하인이 실제 보다 낮은 가격을 명시하여 운임을 절약한 것 등에 비하여 신의칙에 어긋나기 때문이다.

송하인이 고가물임을 명시하지 않은 경우에도 운송인이 우연히 고가물임을 안 때에는, 보통물로서의 주의를 해태한 때에만 고가물로서의 손해배상책임을 부담한다는 것이 다수설이다. 또 송하인이 고가물임을 명시하지는 않았지만 운송인 또는 그 이행보조자가 고의로 운송물을 멸실하거나 훼손한 때에는 운송인은 고가물로서의 손해배상책임을 부담하나, 과실에 의한 경우에는 중과실이라도 그 책임을 지지 아니한다.

[판례] 대법원 1991.1.11. 선고 90다8947 판결

이 사건 기계의 소유자인 소외 쌍용제지주식회사가 이 사건 기계를 포함한 조직기의 운송 및 하역을 피고 국화운수주식회사에 맡기면서 그 운송물의 내용을 같은 피고 회사에게 알렸고 피고 한양중기주식회사는 피고 국화운수주식회사의 의뢰를 받고 이 사건 하역작업을 하게 되었다면 위 소외 회사는 피고 한양중기주식회사에 대하여 까지 이 사건 기계가 고가물임을 알릴 의무가 있다 할 수 없으므로 이를 이유로 내세운 피고의 과실상계 항변을 배척한 원심의 조치에 과실상계에 관한 법리 오해의 위법이 있다 할 수 없다.

(4) 불법행위책임과의 관계

운송인 또는 그 이행보조자의 과실로 운송물에 손해가 생긴 경우 운송계약상의 채무불이행이 동시에 민법상의 일반 불법행위의 요건을 갖춘 때에는 상법상의 채무불이행으로 인한 손해배상책임만 인정되는가 아니면 민법상의 불법행위로 인한 손해배상책임도 경합하여 인정되는가 문제된다.

운송계약상의 채무불이행책임에 대해서는 운송인의 손해배상책임에 관한 상법상의 규정이 적용되어 책임이 경감되나, 불법행위책임에 대해서는 민법의 불법행위에 관한 규정이 적용되고 상법의 손해배상액의 제한(상법§137)과 고가물에 대한 특칙(상법§136)・책임의 특별소멸사유(상법§146, §147) 등의 규정이 적용되지 않으므로 운송인의 책임이 채무불이행책임에 비하여 무겁다.

이에 관하여 법조경합설(法條競合說)과 청구권경합설(請求權競合說)이 대립하고 있다. 운송물에 발생한 손해에 관하여 운송인의 채무불이행책임과 불법행위책임이 경합하는 경우에 법조경합설에 의하면 운송인에게 상법상의 채무불이행책임만 인정되나, 청구권경합설에 따르면 두 가지 책임이 다 인정되어 손해배상을 청구하는 자가 어느 한 쪽을 선택하여 권리를 행사할 수 있다. 청구권경합설이 우리나라의 다수설이고, 대법원 판례의 입장이다.

(5) 면책약관

운송인의 손해배상책임에 관한 상법의 규정은 임의규정이므로 운송인은 운송계약에 있어서 그 손해배상책임을 경감하거나 면제하는 특약조항을 정할 수 있다. 즉 운송인이 자신이나 그 사용인의 과실에 대하여는 책임을 지지 않거나 손해배상액을 일정한 금액으로 제한하기도 하며, 운송물의 내용에 대하여 확인이 없었다는 부지문언을 기재하여 책임을 지지 않는 것과 같다. 이를 면책약관이라 한다. 이 면책약관은 선량한 풍속 기타 사회질서 또는 약관의규제에관한법률에 위반하지 않는 한 일반적으로 유효하다.

이 면책약관은 운송계약상의 채무불이행책임에 관한 것이므로 운송계약상의 채무불이행에 따른 손해배상책임에는 당연히 적용되나, 운송계약과는 관계 없는 불법행위책임에 대해서도 적용되는지 문제된다. 이에 관하여 학설은 불법행위책임에도 면책약관을 적용하는 것이 당사자의 의사에 부합한다는 설과 당사자의 명시적 또는 묵시적 합의가 없는 한 청구원인을 달리하는 불법행위책임에는 적용되지 않는다는 설이 대립하고 있다.

대법원은 과거 불법행위책임에 대하여도 면책약관을 적용하기로 하는 당사자 간의 숨은 합의가 포함되어 있다고 보아 당사자 간의 명시적 합의가 없더라도 면책약관의 효력은 당연히 운송인의 불법행위책임에 적용된다고 하였으나, 그 후 약관 규정은 운송계약상의 채무불이행을 원인으로 한 청구에만 적용되고 불법행위를 원인으로 한 청구에 적용되지 않는다고 판시하였다.

운송인이 운송도중 운송인이나 그 사용인 등의 고의 또는 과실로 인하여 운송물을 멸실 또는 훼손시킨 경우에 운송계약상의 운송물 인도청구권과 그 운송물의 소유권을 아울러 가지고 있는 선하증권 소지인은 운송인에 대하여 운송계약상의 채무불이행으로 인한 손해배상청구권과 아울러 소유권 침해의 불법행위로 인한 손해배상청구권을 취득하며 이 두 청구권은 서로 경합하여 병존하고, 운송계약상의 면책특약이나 상법상의 면책조항은 오로지 운송계약상의 채무불이행책임에만 적용될 뿐 당사자 사이에 명시적 또는 묵시적인 합의가 없는 한 불법행위로 인한 손해배상 책임에는 영향을 미치지 않는다.… 그러나 해상운송인이 발행한 선하증권에 기재된 면책약관은 운송계약상의 채무불이행책임뿐만 아니라 그 운송물의 소유권 침해로 인한 불법행위책임에 대하여도 이를 적용하기로 하는 당사자간의 숨은 합의가 포함되어 있다고 보는 것이 타당하므로, 별도로 당사자 사이에 위 면책약관을 불법행위책임에도 적용키로 한 합의를 인정할 증거가 없더라도 그 면책약관의 효력은 당연히 운송인의 불법행위책임에까지 미친다고 보아야 할 것이다.

운송계약상의 채무불이행책임과 불법행위로 인한 손해배상책임은 병존하고, 운송계약상의 면책특약은 일반적으로 이를 불법행위책임에도 적용하기로 하는 명시적 또는 묵시적 합의가 없는 한 당연히 불법행위책임에 적용되지 않는다(대법원 1987. 6. 9. 선고 87다34 판결 등 참조). 원심이, 이 사건 항공화물운송장의 이면약관에 항공화물운송장의 발행일로부터 120일 이내에 화물의 미인도 또는 분실 등의 사실을 항공운송인에게 서면으로 통지하도록 규정되어 있더라도 위와 같은 약관 규정은 운송계약상의 채무불이행을 원인으로 한 청구에만 적용되고 불법행위를 원인으로 한 청구에 당연히 적용되는 것은 아니므로 피고 항공은 위 약관 규정을 들어 책임을 면할 수 없다고 판단한 것은 정당하고, 거기에 항공화물운송약관에 관한 법리오해의 위법이 있다고 할 수 없다.

(6) 손해배상책임의 소멸

상법은 운송인을 보호하기 위하여 손해배상책임의 특별소멸사유와 단기소멸시효를 정하고 있다.

① **특별소멸사유**　운송인의 손해배상책임은 수하인 또는 화물상환증소지인이 유보없이 운송물을 수령하고 운임 기타 비용을 지급한 때에 즉시 소멸한다. 운

송물에 즉시 발견할 수 없는 훼손 또는 일부 멸실이 있는 경우에는 그 운송물을 수령한 날로부터 2주일 내에 운송인에게 그 통지를 발송하지 않으면, 운송인 또는 그 사용인이 악의인 경우를 제외하고, 운송인의 손해배상책임은 소멸한다(상법§146).

② **단기소멸시효**   운송인의 손해배상책임은 운송물의 전부멸실의 경우에는 운송물을 인도할 날로부터, 그 밖의 경우에는 운송물이 수하인 등에게 인도된 날로부터 1년이 경과하면 소멸시효가 완성되나, 운송인 또는 그 사용인이 악의인 때에는 5년이다(상법§147, §124① · ②).

이 특별소멸사유와 단기소멸시효는 운송계약에 기한 운송인의 채무불이행책임에 적용되며, 운송인의 불법행위에 의한 책임에는 적용되지 아니한다.

[판례] 대법원 1985.5.28. 선고 84다카966 판결

상법 제812조에 의하여 준용되는 같은 법 제121조 제1항, 제2항의 단기소멸시효의 규정은 운송인의 운송계약상의 채무불이행으로 인한 손해배상청구에만 적용되고 일반 불법행위로 인한 손해배상청구에는 적용되지 아니하는 것이고, 또한 상법 제64조의 일반상사시효 역시 상행위로 인한 채권에만 적용되고 상행위 아닌 불법행위로 인한 손해배상채권에는 적용되지 아니하는 것이라 할 것인바(당원 1983.3.22. 선고 82다카1533, 1977.12.13. 선고 75다107 판결 참조) 원심이 그 판시와 같이 피고에 대하여 불법행위로 인한 손해배상책임을 인정하고 있은 이상, 그 소멸시효는 민법 제766조의 불법행위채권에 관한 소멸시효(3년)규정이 적용되어야 할 것이고 운송인의 운송계약상의 채무불이행책임에 관한 상법 제121조 제1, 2항의 단기소멸시효의 규정이나 같은 법 제64조의 상사채권에 관한 소멸시효 규정은 적용되지 아니한다 할 것이다. 원심이 위 불법행위책임에 관하여 위 상법 제121조 제1항, 제2항의 단기소멸시효 규정이 적용되는 것을 전제로 하고 다만 같은 조 제3항에 의하여 그 적용을 배제하는 한편 일반상사채권에 관한 소멸시효 규정인 같은 법 제64조가 적용된다고 판시한 것은 위 상법 제121조 제3항의 악의에 관한 해석의 당부를 가릴 것 없이 법률의 적용을 잘못한 위법이 있다 할 것이다.

2. 운송인의 권리

1) 운송물인도청구권

운송인은 운송계약을 체결한 후 운송을 실행하기 위하여 송하인이나 운송주선인에게 운송물의 인도를 청구할 수 있다.

2) 화물명세서 교부청구권

(1) 의 의

운송인은 송하인에 대하여 화물명세서(貨物明細書, way-bill)의 교부를 청구할 수 있다(상법§126①). 운송장은 송하인이 운송물에 관한 사항을 운송인과 수하인에게 고지하는 서면으로서, 운송장(運送狀) 또는 출하안내서(出荷案內書)라고도 한다. 이 화물명세서는 송하인이 운송인의 청구에 따라 작성하여 교부하는 사서증서(私署證書)로서, 재산권을 표창하는 것이 아니므로 유가증권이 아니며, 운송계약의 성립과 내용을 증명하는 단순한 증거증권에 지나지 않는다. 운송인은 이 화물명세서를 기초로 화물상환증을 작성하고, 수하인은 도착지에서 운송물을 인도받을 때 화물명세서에 의하여 운송물의 동일성 여부와 하자 유무를 판단하게 된다.

(2) 기재사항

화물명세서에는 운송물의 종류, 중량 또는 용적, 포장의 종별, 개수와 기호, 도착지, 수하인과 운송인의 성명 또는 상호 및 영업소 또는 주소, 운임과 그 선급(先給) 또는 착급(着給)의 구별, 화물명세서의 작성지와 증서의 작성 연월일을 기재하고 송하인이 기명날인 또는 서명을 하여야 한다(상법§126②). 물론 이 밖의 기재가 있거나 어느 사항이 누락되어 있더라도 화물명세서의 효력에는 영향이 없다.

(3) 부실기재의 책임

송하인이 화물명세서에 허위 또는 부실 기재를 하여 운송인에게 손해가 발생한 때에는 송하인은 운송인에게 그 손해를 배상할 책임을 진다(상법§127①). 이 책임은 무과실책임(無過失責任)으로서 부실기재에 대한 송하인의 고의나 과실 여부는 묻지 아니한다. 다만 그 부실기재에 관하여 운송인이 악의인 때에는 송하인은 손해배상책임을 지지 아니한다(상법§127②).

3) 운임 및 비용 상환청구권

(1) 의 의

운송인은 운송물을 도착지에서 수하인이나 화물상환증소지인에게 인도한 때에 운임을 청구할 수 있다(상법§61). 운임은 운송인이 운송에 관하여 상인으로서 영리성을 실현하는 대가이므로, 운송계약에서 운임에 관한 약정이 없더라도 운송인은 수하인이나 화물상환증소지인에게 당연히 운임을 청구할 수 있다. 따라서 운송 도중에 송하인이나 화물상환증 소지인이 운송물을 처분한 때에도 운송인은 이미 운송한 비율에 따른 운임을 청구할 수 있다(상법§139①).

(2) 운임청구의 시기와 동시이행의 항변권

운송인이 운임을 청구할 수 있는 시기는, 운송계약에서 선급의 약정을 한 경우를 제외하고는, 도착지에서 운송물을 수하인 또는 화물상환증소지인에게 인도하는 때이다. 이 때 운송인은 수하인 또는 화물상환증소지인의 운임 지급과 운송물의 인도에 관하여 동시이행(同時履行)의 항변권을 가진다.

(3) 운송물의 멸실과 운임청구권

운송물의 전부 또는 일부가 송하인의 책임 없는 사유로 인하여 멸실한 때에는 운송인은 그 운임을 청구하지 못한다. 운송인이 운임의 전부 또는 일부를 받은 때에는 이를 반환하여야 한다(상법§134①). 송하인의 책임 없는 사유라 함은 불가항력과 운송인에게 책임 있는 사유를 말하며, 특히 운송인에게 책임 있는 사유로 운송물이 멸실된 때에는 운송인이 손해배상책임을 부담한다. 운송물의 전부 또는 일부가 그 성질이나 하자 또는 송하인의 과실로 인하여 멸실한 때에는 운송인은 운임의 전액을 청구할 수 있다(상법§134②).

(4) 비용상환청구권

운임 외에 운송인은 운송물에 관하여 지급한 체당금 기타 비용의 상환과 그 체당일 이후의 법정이자의 지급을 청구할 수 있다(상법§141, §200).

4) 유치권

운송인은 민법상의 일반유치권(민법§320)과 상인간의 일반상사유치권(상법§58) 외에 운송물에 관하여 받을 운임 기타 송하인을 위한 체당금 및 선대금에 대하여 특별상 사유치권으로서 운송인의 유치권을 행사할 수 있다(상법§147, §120). 운송인의 유치권 은 유치의 목적물이 운송물에 한정되나, 채무자의 소유 여부는 묻지 아니한다. 피담 보채권은 운임과 송하인을 위한 체당금·선대금에 한하고, 운송물과 피담보채권 사이에 견련관계가 있어야 한다.

[판례] 대법원 1993.3.12. 선고 92다32906 판결

상법 제147조, 제120조 소정의 운송인의 유치권에 관한 규정의 취지는, 운송실행에 의하여 생긴 운송인의 채권을 유치권행사를 통해 확보하도록 하는 동시에 송하인과 수하인이 반드 시 동일인은 아니므로 수하인이 수령할 운송물과 관계가 없는 운송물에 관하여 생긴 채권 기 타 송하인에 대한 그 운송물과는 관계가 없는 채권을 담보하기 위하여 그 운송물이 유치됨으 로써 수하인이 뜻밖의 손해를 입지 않도록 하기 위하여 그 피담보채권의 범위를 제한한 것이 라고 볼 것이다. 따라서 위 강철재와 무관하게 이미 발생된 피고의 소외 회사에 대한 위 금 16,482,950원의 채권담보를 위하여 이 사건 강철재 40톤을 유치할 수는 없다 할 것이니 이 점에 관한 원심의 판단은 정당하다.

그러나 동일한 기회에 동일한 수하인에게 운송하여 줄 것을 의뢰받은 운송인이 그 운송물의 일부를 유치한 경우 위 운송물 전체에 대한 운임채권은 동일한 법률관계에서 발생한 채권으 로서 유치의 목적물과 견련관계를 인정하여 피담보채권의 범위에 속한다고 할 수 있을 것이 고, 이와 같이 보는 것이 수하인의 보호와 아울러 운송인의 채권확보를 목적으로 한 위 상법 규정의 취지에도 부합하는 것이라 할 것이다. 그리고 운임은 특약 또는 관습이 없는 한 상법 이 인정하는 예외적인 경우를 제외하고는 운송을 완료함으로써 청구할 수 있는 것이고, 운송 의 완료라 함은 운송물을 현실적으로 인도할 필요는 없으며, 운송물을 인도할 수 있는 상태를 갖추면 충분하다 할 것이다.

5) 운송물의 공탁·경매권

(1) 의 의

운송물이 도착지에 도착한 경우 수하인 또는 화물상환증소지인이 운송물을 수령하지 아니하는 경우에 운송인이 운송물인도채무를 면하고 운임채권을 확보하는 등 운송계약관계를 신속하게 종결시킬 수 있게 하기 위하여 상법은 운송인에게 운송물의 공탁·경매권을 인정하고 있다.

(2) 공탁권

운송인이 수하인을 알 수 없거나 또는 수하인이 운송물의 수령을 거부하거나 수령할 수 없는 때에, 운송인은 운송물을 공탁하여 그 인도의무를 면할 수 있다. 여기서 수하인이라 함은 운송계약에서 송하인이 지정한 수하인만을 의미하는 것이 아니고, 화물상환증이 발행된 경우에는 그 소지인을 포함한다.

운송인이 운송물을 공탁한 때에는 지체 없이 송하인 또는 화물상환증소지인에게 그 통지를 발송하여야 한다(상법§142③).

(3) 경매권

운송인이 수하인 또는 화물상환증소지인을 알 수 없는 경우에는 송하인에 대하여 상당한 기간을 정하여 운송물의 처분에 관한 지시를 최고하였음에도 불구하고 그 기간 내에 지시를 하지 아니하는 때에는 운송물을 경매할 수 있다(상법§142②). 운송인이 수하인 또는 화물상환증소지인을 알고 있으나, 수하인 또는 화물상환증소지인이 운송물의 수령을 거부하거나 수령할 수 없는 때에는 송하인에게 최고를 하기 전에 수하인 또는 화물상환증소지인에게 그 수령을 최고하여야 한다(상법§143②).

운송인이 이러한 최고를 할 수 없거나 운송물이 멸실 또는 훼손될 염려가 있는 때에는 최고 없이 경매할 수 있다(상법§145, §67②). 운송인이 송하인과 수하인 및 화물상환증소지인을 모두 알 수 없는 경우에는 운송인은 6월 이상의 기간을 정하여 그 기간 내에 권리자에게 권리를 주장할 것을 관보나 일간신문에 2회 이상 공시최고를 하고, 그 기간 내에 권리를 주장하는 자가 없을 때에 운송물을 경매할 수 있다(상법§144).

운송인이 운송물을 경매한 때에는 지체 없이 송하인, 수하인 또는 화물상환증소지인에게 경매의 통지를 발송하여야 한다(상법§142③). 운송인이 운송물을 경매한 때에는 그 대금에서 경매비용을 공제한 잔액을 공탁하여야 하나, 그 전부 또는 일부를 운임 및 체당금 기타 비용에 충당할 수 있다(상법§145, §67②).

6) 운송채권의 시효

운송인이 송하인 또는 수하인에 대하여 가지는 채권의 소멸시효기간은 1년이다(상법§147, §122).

3. 수하인의 지위

수하인은 운송계약상 도착지에서 자기의 명의로 운송물을 인도받을 자를 말한다. 화물상환증이 발행된 경우에는 그 소지인만이 운송물에 대한 권리를 행사할 수 있으므로, 수하인의 지위는 화물상환증이 발행되지 않은 경우에 문제된다. 이 경우에 ⅰ) 운송물이 도착지에 도착하면 수하인은 운송인에 대하여 송하인과 동일한 권리를 취득하며, 송하인의 권리와 병존한다(상법§140). ⅱ) 운송물이 도착지에 도착한 후 수하인이 운송물의 인도를 청구한 때에는 수하인의 권리가 송하인에 우선하며 송하인의 운송물처분권은 잠재적 상태에 놓인다(상법§139②). 운송계약의 당사자가 아닌 수하인에 대해 운송인이 운송물인도의무를 지는 것은 운송물의 장소적 이동에 따른 운송계약의 특성에 기인한다. ⅲ) 수하인이 운송물을 수령한 때에는 운송인에 대하여 운임 기타 운송에 관한 비용과 체당금을 지급할 의무를 부담한다(상법§141).

4. 순차운송

1) 의 의

순차운송(順次運送)이라 함은 동일한 운송물을 수인의 운송인이 순차로 운송하는 경우를 말한다. 순차운송에는 다음의 네 종류가 있다. ㉠ 수인의 운송인이 각자 독립하여 각각 특정 구간의 운송을 인수하는 부분운송(部分運送), ㉡ 제1 운송인(元受運送人)이 전구간의 운송을 인수하고 그 전부 또는 일부를 제2 운송인(下受運送人)에게 운송시키는 하수운송(下受運送), ㉢ 수인의 운송인이 공동으로 모든 구간의 운송을 인수하고 운송인간의 내부관계에서 담당 운송구간을 정하는 동일운송(同一運送), ㉣ 수인의 운송인이 운송 상의 연락관계를 가지며 송하인이 최초의 운송인에게 운송을 위탁함으로써 다른 운송인도 이용할 수 있는 공동운송(共同運送 또는 連帶運送)이다. 상법 제138조의 순차운송은 공동운송을 가리킨다.

2) 순차운송인의 연대책임에 관한 특칙
(1) 적용 범위

순차운송에 있어서 운송인의 책임에 관하여 상법 제138조는 연대책임이 있음을 정하고 있는데, 이 규정은 공동운송에 관한 것이다. 부분운송에 있어서는 각 운송구간 마다 송하인과 각 운송인 사이에 독립된 운송계약이 성립되어 존속하므로 각 운송인은 자신의 운송구간에 발생한 손해에 대하여 단독책임을 부담한다.

하수운송에 있어서는 원수운송인만이 계약당사자이므로 하수운송인의 귀책사유로 발생한 손해에 대해서는 원수운송인이 책임을 부담하게 된다. 또 동일운송의 경우에는 각 운송인이 상법 제57조 제1항에 의하여 당연히 연대책임을 부담하게 되므로, 이에 관한 별도의 규정을 둘 필요가 없다.

따라서 상법 제138조는 공동운송에 있어서 운송물에 손해가 발생한 구간에 대한 입증책임을 면하게 함으로써 송하인이나 수하인 또는 화물상환증소지인을 보호하는데 그 취지가 있다.

(2) 책임의 내용

공동운송에 있어서 운송물의 멸실, 훼손 또는 연착으로 인한 손해에 대하여 각 운송인은 연대하여 손해배상책임을 부담한다(상법§138①). 공동운송에 있어서는 운송과정에서 발생한 손해가 어느 운송인의 과실로 인한 것인가에 관한 입증이 거의 불가능하기 때문이다.

공동운송인 중 1인이 운송물에 발생한 손해를 배상한 때에는 그 손해의 원인행위를 한 운송인에 대하여 구상권을 행사할 수 있다(상법§138②). 그러나 손해의 원인행위를 한 운송인을 알 수 없는 때에는 각 운송인은 그 운임액의 비율에 따라 손해를 분담한다. 다만 이 경우에도 그 손해가 자기의 운송구간에서 발생하지 않았음을 증명한 때에는 손해분담책임(損害分擔責任)을 면한다(상법§138③).

3) 순차운송인의 대위

순차운송에 있어서 후자인 운송인은 전자인 운송인이 화물상환증소지인이나 수하인 등에 대하여 가지는 운임청구권과 유치권, 질권 등의 권리를 행사할 의무를 부담한다(상법§147, §117①). 이 대위의무는 운송물의 장소적 이동을 고려하여 전자인 운송인의 권리를 보호하기 위하여 상법이 정하는 법정의무이다. 수인의 운송인이 순차로 운송하는 경우에 운송물을 먼저 운송한 전자인 운송인이 후자인 운송인에게 운송물을 인도한 후에는, 운임 기타 채권을 행사하고자 하여도 운송물에 대한 유치권을 행사할 수 없기 때문에 실제 운송물을 점유하고 있는 후자로 하여금 전자의 권리를 행사하도록 의무화한 것이다. 따라서 후자가 이 대위를 지체하여 전자에게 손해가 발생한 때에는 전자에 대하여 손해배상책임을 진다.

후자가 전자에게 운임 기타 채권을 변제한 때에는 후자는 전자에 대위하여 그 권리를 취득한다(상법§147, §117②).

5. 화물상환증

1) 화물상환증의 의의

화물상환증(貨物相換證)은 운송인에 대한 운송물인도청구권을 표창하는 유가증권이다. 화물상환증이 발행된 경우에 운송물인도청구권은 그 소지인에게 배타적으로 귀속되며, 운송물의 인도와 처분은 화물상환증에 의하여야 한다. 화물상환증은 육상운송에서 발행되는 것으로서 해상운송에서 발행되는 선하증권과 함께 송하인 등 증권소지인으로 하여금 운송 중인 물건을 양도 또는 입질하는 방법에 의하여 금융의 편의를 얻을 수 있게 하는 기능을 하나, 육상운송의 운송기간이 단기간이어서

실무에서는 거의 이용되지 않고 있다.

2) 화물상환증의 법적 성질

화물상환증은 운송인에 대한 운송물인도청구권을 표창하는 채권적 유가증권으로서 기재사항이 법정된 요식증권(要式證券)이며(상법§128②), 운송계약을 증권발행의 원인관계로 하는 요인증권(要因證券)(상법§129)이다. 화물상환증은 법률상 당연한 지시증권(상법§130)이며, 제시증권 및 상환증권(상법§129), 문언증권(상법§131), 처분증권(상법§132), 인도증권(상법§133)으로서의 성질을 가진다.

3) 화물상환증의 발행

송하인이 운송계약에 의하여 운송인에게 운송물을 인도한 후 화물상환증의 교부를 청구한 때에 운송인 또는 그 대리인이 이를 작성하여 송하인에게 교부한다(상법§128①). 화물상환증은 요식증권으로서 상법에서 정하는 일정한 법정사항을 기재하여야 한다. 즉 운송인은 화물상환증에 운송물의 종류, 중량 또는 용적, 포장의 종별, 개수와 기호, 도착지, 수하인과 운송인의 성명 또는 상호 및 영업소 또는 주소, 송하인의 성명 또는 상호 및 영업소 또는 주소, 운임 기타 운송물에 관한 비용과 그 선급(先給) 또는 착급(着給)의 구별, 화물상환증을 작성한 곳과 작성연월일을 기재하고 기명날인 또는 서명하여야 한다(상법§128②).

4) 화물상환증의 양도

화물상환증은 법률상 당연한 지시증권으로서 증권상의 권리는 배서·교부에 의하여 양도된다. 따라서 운송인이 증권면에 배서금지문언을 기재한 경우를 제외하고는 기명식인 때에도 배서·교부로 양도할 수 있다. 배서는 증권상의 권리 전부에 대하여 무조건으로 하여야 하며, 배서에 붙인 조건은 기재하지 아니한 것으로 보고, 일부 배서는 무효로 본다(상법§65, 어음법§12①②).

화물상환증의 배서에는 권리이전적 효력과 자격수여적 효력이 있으며, 선의취득과 인적 항변의 절단도 인정되나(상법§65, 민법§513, §514, §515), 어음·수표의 배서에서와 같은 담보적 효력은 인정되지 아니한다(어음법§15, 수표법§18).

다만 화물상환증에는 증권소지인이 배서를 금지하는 문언을 기재할 수 있는데, 이때에는 기명증권으로 되어 배서에 의하여 양도할 수 없고, 지명채권양도방법(민법 §450)에 의하여만 양도할 수 있다. 또 그 양도의 효력에 있어서도 지명채권양도의 효력만이 있고 배서의 효력이 없으므로, 선의취득이나 인적항변의 절단 등도 인정되지 않는다.

5) 화물상환증의 효력

(1) 채권적 효력

화물상환증의 채권적 효력은 증권소지인이 운송인에 대하여 운송물의 인도를 청구하고 채무불이행의 경우에 손해배상을 청구할 수 있는 효력을 말한다. 이에 관하여 운송계약의 내용과 화물상환증의 기재가 일치하지 않는 경우, 특히 운송물을 사실상 수령하지 않았지만 화물상환증이 발행된 공권(空券)이거나 또는 실제 수령한 운송물과 증권상의 기재가 다른 경우에는 운송인에 대한 운송물인도청구권 등 운송계약상의 권리를 증권상의 문언에 따라 결정할 것인지 또는 운송계약의 실제 내용에 따라 결정할 것인지 문제된다.

① **요인성을 중시하는 학설**　운송에 관한 채권관계는 실제의 운송계약을 중심으로 하여야 하고, 증권의 문언성에 관한 상법 제131조의 '운송에 관한 사항'은 운임의 기재와 같은 경미한 사항에 한하여 적용되며 운송물의 수령 등 운송에 관한 근본적 사항에는 적용되지 않는다고 한다. 따라서 공권은 무효이며, 공권의 발행에 관하여 운송인에게 고의 또는 과실이 있으면 운송인은 그 소지인에게 불법행위책임을 부담하고, 또 운송물이 증권상의 기재와 다른 경우에는 실제 수령한 것을 반환하면 된다고 한다.

② **문언성을 중시하는 학설**　화물상환증의 요인성은 증권상에 원인인 운송계약의 존재를 기재해야 하는 정도로 보고, 증권이 유효하게 작성된 이상 운송계약관계가 없더라도 증권은 유효하며 그 권리관계도 증권의 문언에 따라 판단하여야 한다고 본다. 따라서 공권도 유효하며, 운송인은 그 증권의 문언에 따라 책임을 져야하는데, 운송물이 없으므로 운송인은 채무불이행에 의한 손해배상책임을 지고,

실제 운송물이 증권상의 기재와 다른 경우에도 증권상의 문언에 따라 채무불이행 책임을 진다고 한다(이철송, 429).

　　③ **절충설**　화물상환증의 요인성을 중시하면서 그 유통성을 보호하는 범위에서 문언성에 의하여 수정하는 설이다. 즉 공권이나 증권에 기재된 운송물이 실제와 다른 화물상환증은 원칙적으로 무효이나 선의의 증권소지인에 대해서는 증권에 기재된 외관에 따라 책임을 지지 않으면 안 된다고 한다.

　　생각건대 상법은 화물상환증이 발행된 경우에는 운송인과 송하인 사이에 화물상환증에 적힌 대로 운송계약이 체결되고 운송물을 수령한 것으로 추정하고(상법§131 ①), 화물상환증을 선의로 취득한 소지인에 대하여 운송인은 화물상환증에 적힌 대로 운송물을 수령한 것으로 보고 화물상환증에 적힌 바에 따라 운송인으로서 책임을 진다고 규정하고 있다(상법§131①).

　　따라서 운송인과 송하인 사이에는 증권에 기재된 운송물과 실제로 수령한 물건이 다른 경우에는 운송인은 반증이 없는 한 송하인에 대하여 증권의 기재에 따라 채무불이행책임을 져야 하고, 실제 수령한 운송물이 증권의 기재와 다르다는 반증이 있는 때에는 실제의 운송계약에 따라 책임을 진다. 그러나 화물상환증을 선의로 취득한 소지인에 대하여는 운송인은 화물상환증에 적힌 대로 운송물을 수령한 것으로 간주하여 그 기재에 따라 운송인으로서 책임을 지게 되며, 이 때에는 반증이 허용되지 않는 것이다.

　　결국 화물상환증은 운송계약의 존재를 전제로 하는 요인증권이나 유통성을 고려하여 문언증권성이 인정되는 것이다. 운송인은 송하인 및 송하인과 동일성이 인정되는 자 또는 악의의 증권소지인에 대해서는 반증에 의하여 운송계약에 기한 모든 항변으로 대항할 수 있으나, 선의의 증권소지인에 대해서는 증권에 기재되어 있는 문언에 따라 책임을 지고 증권에 기재되지 않은 사실로써 대항할 수 없다는 절충설이 타당하다.

　　④ **문언성의 적용 범위**　화물상환증의 문언성은 선의의 증권소지인을 보호하여 그 유통성을 확보하기 위한 것이므로, 악의의 증권소지인에 대해서는 적용되

지 아니한다. 또한 운송인이 화물상환증에 내용불명(內容不明) 등과 같은 부지약관(不知約款)의 기재를 한 경우에는 선의의 증권소지인에 대해서도 증권의 문언성에 따른 책임을 지지 않는다. 그리고 증권작성행위에 있었던 사기나 강박 또는 착오 등의 하자나 불가항력에 의한 운송물의 멸실, 운송채권의 시효소멸 등 증권의 성질에서 생기는 사유, 운송인이 화물상환증소지인에게 직접 대항할 수 있는 사유 등에 관한 항변은 선의의 증권소지인에 대해서도 주장할 수 있다.

(2) 물권적 효력

① **의 의** 화물상환증의 물권적 효력은 화물상환증에 의하여 운송물을 인도받을 수 있는 자에게 화물상환증이 교부된 때에는 운송물 위에 행사하는 권리의 취득에 관하여 운송물을 인도한 것과 동일한 효력이 인정되는 것(상법§133)을 말한다(인도증권 또는 물권적 유가증권).

화물상환증의 교부에 이러한 물권적 효력이 인정되기 위해서는 화물상환증이 표창하는 운송물이 실제 운송인의 지배 아래 있어야 한다. 따라서 화물상환증에 기재되어 있는 운송물이 실제 존재하지 않는 공권(空券)이거나 운송물이 멸실된 경우, 또는 운송물이 제3자에 의하여 이미 선의취득 된 경우에는 이러한 물권적 효력이 생기지 아니한다.

또한 화물상환증의 물권적 효력이 생기기 위해서는 그 「화물상환증에 의하여 운송물을 받을 수 있는 자」에게 증권이 교부되지 않으면 안 된다. 「화물상환증에 의하여 운송물을 받을 수 있는 자」라 함은 증권 상의 배서가 연속된 최후의 피배서인이나 선의취득자 등 정당한 소지인을 말하며, 증권의 단순한 점유자는 포함하지 아니한다.

② **이론구성** 화물상환증의 물권적 효력에 관하여 민법 제190조와 관련해 학설이 대립하고 있다. 민법 제190조는 양도인이 직접점유자에 대해 가지는 목적물반환청구권을 양수인에게 양도함으로써 목적물을 인도한 것으로 보는데, 이 경우 양수인에게 목적물반환청구권을 양도하기 위한 절차로서 민법 제450조에 의하여 양도인과 양수인은 목적물반환청구권의 양도 사실을 목적물의 직접점유자에게 통

지하거나 또는 그 승낙을 받아야 한다(민법§450).

그런데 상법 제133조는 화물상환증의 물권적 효력에 관하여 「화물상환증을 교부한 때에는 … 운송물을 인도한 것과 동일한 효력이 있다」라고 규정하고 있으므로, 민법 제190조의 경우와 같이 민법 제450조에 의한 통지 또는 승낙의 대항요건을 갖춰야 하는지 문제된다. 이에 관하여 절대설과 엄정상대설(嚴正相對說), 대표설(代表說) 등의 학설이 있다.

절대설에 의하면 상법 제133조는 민법 제190조의 특칙으로서 민법 제450조에 의한 대항요건을 갖출 필요 없이 화물상환증의 교부만으로 그 교부를 받은 자는 운송물에 대한 점유를 취득하며, 이 경우 운송인이 운송물을 직접 점유하지 않아도 증권의 교부에 의한 운송물의 인도가 가능하다고 한다.

엄정상대설에 의하면 상법 제133조는 민법 제190조의 예시규정이고, 운송물의 점유는 운송인이 하고 있으며, 증권의 교부는 운송물의 간접점유를 이전하기 위한 것이므로 그 간접점유의 이전에는 민법 제190조와 같이 민법 제450조에 의한 반환청구권의 양도절차를 밟아야 한다고 한다.

대표설에 의하면 화물상환증은 운송물을 대표하는 것이므로 증권의 교부에는 운송물의 간접점유를 이전하는 효과가 있으며, 따라서 민법 제190조에서와 같은 목적물반환청구권의 양도절차를 거칠 필요가 없다고 한다. 우리나라에서는 대표설이 다수설이다.

③ **물권적 효력의 내용**   화물상환증의 물권적 효력은 「운송물 위에 행사하는 권리의 취득」에 관하여 인정된다. 운송물 위에 행사하는 권리는 소유권, 유치권, 질권, 위탁매매인의 처분권 등이며, 이러한 권리의 취득에 관하여 화물상환증의 교부가 운송물의 인도와 동일한 효력을 가지고 있는 것이다.

화물상환증에 이러한 물권적 효력이 인정되는 결과 운송인에 대한 운송의 중지, 운송물의 반환 기타 운송물에 관한 처분은 이 증권에 의하여야 하며(처분증권)(상법§132), 증권과 상환하지 않고는 운송물의 인도를 청구할 수 없다(상환증권)(상법§139①).

④ **물권적 효력의 한계**   화물상환증의 물권적 효력은 운송물이 운송인의 지배 아래 있는 경우에 발생되므로, 운송인이 운송물을 수령하지 않고 화물상환증을 발

행한 경우나 운송물이 멸실된 경우에는 그 물권적 효력이 생기지 않는다. 또한 운송물이 운송인의 점유에서 이탈하여 제3자에 의하여 선의취득 될 수 있는데, 이 경우에도 물권적 효력은 인정되지 아니한다.

제5. 여객운송

1. 여객운송계약의 의의

여객운송계약은 운송인이 여객, 즉 자연인을 운송할 것을 인수하는 도급계약(都給契約)으로서 불요식(不要式)의 낙성계약(諾成契約)이다. 운송계약은 무상(無償)의 경우도 있지만, 유상(有償)이 원칙이다.

여객운송계약의 성립 시기는 운송인이 운송을 개시하기 전에 운임을 받고 승차권을 교부하는 때에는 승차권의 교부 시에, 여객이 승차한 후에 승차권을 교부하는 때에는 승차 시에 성립한다. 이 때 승차권은 다수의 여객에 대한 운송관계를 획일적이고 신속하게 처리하기 위한 제도로서 운임의 선급을 증명하고 여객의 운송청구권을 표창하는 증서이므로, 유가증권으로서의 성질을 갖는다고 보는 것이 통설이다. 다만 승차권이 개찰된 후에는 그 양도가 제한되므로 유가증권성을 상실한다는 견해가 있으나, 이때에도 승·하차 시에 승무원의 요구에 따라 제시하여야 하므로 유가증권성을 잃지 않는다는 견해가 다수설이다.

2. 여객운송계약의 효력

1) 여객에 대한 손해배상책임

여객운송인은 자기나 사용인이 운송에 관한 주의를 해태하지 아니하였음을 증명하지 않으면 여객이 운송으로 인하여 받은 손해를 배상할 책임을 면하지 못한다(상법§148①). 여객운송인이 기울여야 하는 운송에 관한 주의는 여객운송차량의 사전 안전점검과 노선의 안전성 등 차량운행과 여객 운송에 있어서 손해가 발생하지 않도록 하는데 필요한 사항에 미치며, 그 무과실에 대한 입증책임은 운송인이 진다.

여객운송인의 이 손해배상책임은 채무불이행 책임이며, 배상책임을 지는 손해는 여객이 받은 모든 손해로서 생명이나 신체의 손상으로 인한 장례비·치료비·장래의 일실이익(逸失利益) 뿐만 아니라 의복에 발생한 손해, 연착에 기한 손해 및 정신적인 손해도 포함한다. 법원은 손해배상액의 산정 시 피해자와 그 가족의 정상을 반드시 참작하여야 한다(상법§148②). 피해자와 가족의 구체적인 사정을 고려하여 손해배상액을 산정하게 함으로써 손해배상액을 여객에 따라 개별화하도록 함과 동시에 운송인이 알 수 없었던 특별손해까지 배상을 하게 함으로써 손해배상의 범위를 확대한 것이다. 이 책임의 소멸시효기간은 5년이다(상법§64).

이 상법 제148조에 의한 손해배상에 있어서는 피해자와 그 가족의 정상을 참작하므로 피해자의 가족이 입은 정신적 손해에 대한 위자료는 따로 청구하지 못하나, 운송인의 행위가 불법행위에 해당하는 경우에는 피해자나 그 가족은 민법의 불법행위책임을 추궁할 수 있으며, 이 때에는 피해자의 가족이 입은 정신적 손해에 대해서도 위자료를 청구할 수 있다(이철송, 441).

[판례] 대법원 1979.11.27. 선고 79다628 판결

> 운행하던 열차의 약 20센티미터 가량 열려진 유리창문의 틈 사이로 유리조각이 날아 들어와서 열차 내에 승차하고 있던 원고 1의 우측 안구에 박혔다는 것이고 또한 일반적으로 열차의 운행으로 인하여 철로 변에 떨어져 있던 작은 유리조각, 분진 등이 열차내로 날아 들어올 수 있는 것이며, 기록상으로도 이 건에 있어서 유리조각이 날아 들어온 것이 제 3 자의 투척 등의 행위에 기인된 것으로는 보이지 아니하고, 오히려 기록을 정사하면 위 유리조각이 날아 들어온 것은 열차진행에서 그에 수반해서 통상적으로 발생된 것으로 보이므로 그와 같은 사태에 대하여는 운송인인 피고나 그의 사용인이 적절한 조치를 취하여 그의 발생을 미연에 방지하고 여객운송의 안전을 도모하여 그로 인해서 여객에게 손해가 발생하지 아니하도록 하여야 할 것이 기대되는 것이라고 할 것이니 이건 사고는 피고 또는 그 사용인의 운송에 관한 주의의무 범위에 속하는 사항에 원유하는 것이라고 봄이 상당하다 할 것인 즉 같은 취지에서 자기 또는 그 사용인의 위 운송에 관한 주의를 해태하지 아니하였음을 증명하지 못하는 피고에게 위 사고에 관한 손해배상책임을 인정한 원심의 조치는 정당하고 거기에 위 상법 제148조의 여객운송인의 손해배상 책임에 관한 법리를 오해한 위법이 있다고 할 수 없…다.

[판례] 대법원 1993.2.26. 선고 92다46684 판결

열차가 영등포역에 도착한 줄도 모르고 객실좌석에서 계속 잠을 자다가 정차시간 내에 하차하지 못하고 열차가 출발할 무렵 잠에서 깨어나 옆에 앉은 승객에게 물어보고 비로소 영등포역 도착사실을 알고는 황급히 객실 뒤쪽 승강구로 나가 이미 출발하여 서서히 진행 중인 열차의 열려있는 출입문 승강대 계단을 내려와 승강대 손잡이를 잡고 있다가 그대로 플랫홈으로 뛰어 내리는 바람에 위 열차와 플랫홈 사이에 다리가 빠지면서 다소 끌려가 위 열차의 정차위치로부터 약 60미터 진행한 지점에 추락한 사실을 인정할 수 있는바, ··· 피해자가 스스로 진행 중인 열차에서 밖으로 뛰어 내리다가 사고를 당한 이 사건에 있어, 출입문이 열려 있었다는 점이 사고발생의 원인이라 보기도 어려울 뿐 아니라(당원 1991.11.8. 선고 91다20623 판결참조), 기록에 의하면 위 열차는 당시 11개 이상의 차량을 달고 있었고 영등포역에서 2분간을 정차하는 중에 하차한 승객만도 150여명에 달하였다는 것이므로 그러한 상황에서 당시 여객운송을 책임지고 있던 소수의 피고 피용자들에게 사고예방을 위하여 위와 같이 안내방송 및 유도안내를 실시하는 등 조치를 취하는 이외에 열차의 출발 전에 모든 객차의 여객이 자유로이 개폐할 수 있는 출입문을 일일이 폐쇄할 것을 기대할 수는 없다 할 것이고, 한편 영등포역 역무원들이 당시 예정된 정차시간 경과 후 더 하차하는 승객이 없음을 확인한 후 발차신호를 보낸 것이므로 그들에게 어떠한 과실이 있다 할 수도 없는 것이다.

2) 수하물에 대한 손해배상책임

(1) 탁송 수하물에 대한 책임

탁송수하물은 운송인의 보관아래 운송되는 여객의 수하물로서, 운임을 받지 않는 경우에도 여객운송인은 여객에 대해 물건운송인과 동일한 손해배상책임을 진다(상법§149①).

(2) 휴대 수하물에 대한 책임

휴대수하물은 여객 자신이 보관하므로 운송인은 자기 또는 사용인의 과실로 인하여 수하물이 멸실되거나 훼손된 경우에만 손해배상책임을 부담한다(상법§150). 운송인이나 그 사용인의 과실은 여객이 입증하여야 한다.

3) 운송인의 공탁 및 경매권

수하물이 도착지에 도착한 날로부터 10일 이내에 여객이 그 인도를 청구하지 않을 때에는 여객운송인은 수하물을 공탁하거나 경매할 수 있다(상법§149②, §69). 탁송수하물을 경매하는 경우에는 사전에 최고를 하여야 하나, 여객의 주소나 거소를 알지 못하거나, 수하물이 멸실 또는 훼손될 염려가 있으면 최고 없이 경매할 수 있다. 여객운송인이 여객의 수하물을 경매한 때에는 그 대금에서 경매비용을 공제한 잔액을 공탁하여야 한다.

제6절 공중접객업

제1. 공중접객업자의 의의

공중접객업자(公衆接客業者)는 극장, 여관, 음식점, 이발소, 골프장, 유기장 등 공중이 이용하는 시설에 의한 거래를 영업으로 하는 자를 말한다. 공중이 이용할 수 있는 인적·물적 시설을 갖추고, 그 시설을 이용하게 하는 행위를 영업으로 하는 것이다.

공중접객업자는 다수인이 출입하는 시설에 의하여 일반 공중을 상대로 영리를 목적으로 거래를 하는 자이므로, 공안 또는 위생상 국가 또는 지방자치단체에 의한 사전 및 사후의 행정적 규제를 받는 경우가 많다.

공중접객업자와 고객과의 계약은 공중접객업의 영업내용에 따라 다양하므로 상법에서 일률적으로 규정하기 곤란하다. 따라서 상법은 공중접객업소의 시설을 이용하는 고객의 물건에 발생한 손해에 대해 공중접객업자가 부담하는 배상책임에 관하여만 규정하고 있다.

제2. 공중접객업자의 임치책임

1. 임치물에 대한 책임

공중접객업자는 자기 또는 그 사용인이 고객으로부터 임치(任置)받은 물건의 보관에 관하여 주의를 게을리하지 아니하였음을 증명하지 아니하면 그 물건의 멸실 또는 훼손으로 인한 손해를 배상할 책임이 있다(상법§152①). 종래 상법은 공중접객업자의 임치물에 대한 책임에 관하여 그 손해가 불가항력으로 인한 것임을 증명하지 아니하면 손해배상책임을 부담하는 로마법상의 레셉툼책임(물건의 수령에 따른 결과 책임)을 인정하였으나, 다른 사업자와의 형평성을 고려하여 2010년 상법개정에서 과실책임으로 완화하였다.

여기서 고객이라 함은 공중접객업자가 관리하는 시설의 이용자를 말하는데, 공중접객업자와 시설이용계약을 체결한 자에 국한하는 것은 아니다. 당해 시설을 이용할 의사로 들어가서 물건을 임치한 경우에는 비록 시설이용계약이 성립되지 아니한 경우에도 고객의 범위에 포함된다.

공중접객업자의 임치물에 대한 책임은 고객으로부터 임치 받은 물건에 한하여 인정된다. '임치 받은 물건'이라 하기 위해서는 그 물건에 관하여 공중접객업자와 고객 사이에 임치에 관한 명시적 또는 묵시적 합의가 있어야 한다.

[판례] 대법원 1998. 12. 8. 선고 98다37507 판결

공중접객업자와 객 사이에 임치관계가 성립하려면 그들 사이에 공중접객업자가 자기의 지배영역 내에 목적물 보관의 채무를 부담하기로 하는 명시적 또는 묵시적 합의가 있음을 필요로 한다고 할 것이고, 여관 부설주차장에 시정장치가 된 출입문이 설치되어 있거나 출입을 통제하는 관리인이 배치되어 있는 등 여관 측에서 그 주차장에의 출입과 주차시설을 통제하거나 확인할 수 있는 조치가 되어 있다면, 그러한 주차장에 여관투숙객이 주차한 차량에 관하여는 명시적인 위탁의 의사표시가 없어도 여관업자와 투숙객 사이에 임치의 합의가 있는 것으로 볼 수 있다. 그러나 공중접객업자가 이용객들의 차량을 주차할 수 있는 주차장을 설치하면서 그 주차장에 차량출입을 통제할 시설이나 인원을 따로 두지 않았다면, 그 주차장은 단지 이용객의 편의를 위한 주차장소로 제공된 것에 불과하고, 공중접객업자와 이용객 사이에 통상 그 주차 차량에 대한 관리를 공중접객업자에게 맡긴다는 의사까지는 없다고 봄이 상당하므로, 공중접객업자에게 차량시동열쇠를 보관시키는 등의 명시적이거나 묵시적인 방법으로 주차 차량의 관리를 맡겼다는 등의 특수한 사정이 없는 한, 공중접객업자에게 선량한 관리자의 주의로써 주차차량을 관리할 책임이 있다고 할 수 없다.

2. 임치받지 않은 물건에 대한 책임

고객이 공중접객업자에 임치하지 않고 그 시설에서 휴대한 물건이 멸실 또는 훼손된 경우에 공중접객업자는 자기나 그 사용인에게 과실이 있는 때에 한하여 손해배상책임을 부담한다(상법§152②). 공중접객업자가 고객으로부터 임치 받지 아니한 물건에 대한 책임은 임치 받은 물건의 경우에 비해 책임요건이 완화되어 있고, 공중접객업자 또는 그 사용인의 과실에 대한 입증책임도 고객이 부담한다. 이 책임은 임치계약상의 채무불이행 책임이나 불법행위 책임이 아니며, 공중접객업의 시설이용관계에 기초하여 상법이 고객을 보호하기 위하여 특별히 인정하는 법정책임이라고 보는 것이 통설이다.

3. 고가물에 대한 특칙

고가물에 대해서는 고객이 그 종류와 가액을 명시하여 임치한 경우에 한하여 공중접객업자는 그 물건의 멸실 또는 훼손으로 인한 손해배상책임을 부담한다(상법§153). 따라서 고가물의 종류와 가격을 명시하지 않고 임치하거나, 그 명시를 하여도 고객이 계속 점유한다면 공중접객업자의 책임을 물을 수 없다. 이 책임의 내용은 운송물이 고가물인 경우에 운송인이 부담하는 책임과 같다.

4. 면책특약

공중접객업자가 객으로부터 임치 받은 물건 또는 임치 받지 아니한 물건에 대한 책임에 관한 규정은 강행규정이 아니므로, 공중접객업자는 객과의 특약으로 그 책임을 경감 또는 면제할 수 있으나, 고객의 휴대물에 대하여 일방적으로 책임이 없음을 알린 경우에도 공중접객업자는 그 책임을 면하지 못한다(상법§152③).

5. 책임의 소멸시효

공중접객업자의 손해배상책임은, 임치 받은 물건에 대해서는 공중접객업자가 고객에게 임치물을 반환한 후, 임치 받지 않은 휴대물에 대해서는 고객이 휴대물을 가져간 후 6개월이 경과되면 시효로 소멸한다(상법§154①). 시효기간의 기산일은 임치물의 경우에는 고객에게 반환한 날, 임치 받지 아니한 물건의 경우에는 고객이 그 물건을 가져간 날이 되나, 그 물건이 전부 멸실된 경우에는 고객이 그 시설을 퇴거한 날로부터 기산한다(상법§154②).

그러나 공중접객업자나 그 사용인이 악의인 때에는 소멸시효기간은 5년이다. 여기서 악의라 함은 멸실 훼손의 사실을 알고 있는 것이 아니라, 공중접객업자나 그 사용인이 물건에 대하여 고의로 멸실시키거나 훼손한 경우를 말한다.

제7절 창고업

제1. 창고업자의 의의

창고업자는 타인의 물건을 창고에 보관함을 영업으로 하는 상인이다(상법§155). 여기서 보관이라 함은 창고에 물건을 임치하여 그 멸실 또는 훼손을 방지하고 현상을 보존하는 것을 말한다. 창고는 물건의 보관에 제공되는 설비로서 지붕과 사면이 벽으로 된 건물이어야 하는 것은 아니며, 목재 등을 보관하는 야적장이나 자동차를 보관하는 주차장시설 등도 포함되며, 그 설비의 소유관계는 묻지 아니한다.

창고업자는 창고에 물건을 보관하여 현상을 유지하는 상인이므로, 수치인이 임치물을 처분할 수 있고, 임치인의 반환청구가 있을 때에는 동량(同量)·동질(同質)의 다른 물건을 반환할 것을 약정하는 소비임치(消費任置)의 인수를 영업으로 하는 자는 창고업자가 아니다. 창고업자는 타인의 물건을 창고에 보관하는 임치의 인수를 영업으로 하는 자이므로, 임치의 주선을 영업으로 하는 자는 창고업자가 아니라 준위탁매매인(準委託賣買人)(상법§113)이다.

창고업자는 다른 상인의 보조상(補助商)으로서, 창고를 이용하는 상인은 저렴한 비용으로 안전하게 상품을 보관하여, 상품의 생산과 유통 사이의 시간적 차이를 극복함으로써 상품의 가치를 유지·증대시킬 수 있다. 또한 임치인은 창고증권을 이용함으로써 창고에 보관중인 상품을 처분하고 금융의 편의를 얻을 수 있는 경제적 효용도 크다.

창고업은 운송업 등과 함께 물류사업에 속하므로 물류정책기본법의 적용을 받는다. 동법은 물류가 국가 경제활동의 중요한 원동력이라는 인식 아래 신속·정확하면서도 편리하고 안전한 물류활동을 촉진하고, 물류산업의 체계적인 발전을 도모하는 것을 기본이념으로 하여, 국가에 대해 국가 전체의 물류와 관련된 정책 및 계획을 수립·시행하도록 하고, 지방자치단체에 대해 이와 조화를 이루면서 지역적 특성을 고려하여 지역물류에 관한 정책 및 계획을 수립·시행하도록 하고 있다.

제2. 창고임치계약의 법적 성질

창고임치계약은 임치인이 창고에 물건(부동산은 제외)의 보관을 위탁하고 창고업자가 물건의 보관을 인수함으로써 성립되며, 물건의 인도나 그 밖의 다른 형식을 요건으로 하는 것이 아니므로 불요식의 낙성계약이다. 창고임치계약은 창고에 물건을 보관하는 대가로서 다른 약정이 없는 한 창고업자는 보관료청구권을 가지는 유상(有償)·쌍무(雙務)계약이므로, 원칙적으로 무상(無償)·편무(片務)계약인 민법상의 임치와는 다른 상법상의 특수한 임치계약이다.

제3. 창고임치계약의 효력

1. 창고업자의 의무

1) 임치물보관의무

창고업자는 선량한 관리자의 주의로 임치물을 창고에 보관하여야 한다. 임치기간을 정한 때에는 창고업자는 그 임치기간 동안 보관하여야 할 의무를 부담하나, 임치기간의 정함이 없는 때에는 창고업자는 부득이한 사유가 있는 경우를 제외하고 임치를 받은 날로부터 6개월을 경과한 후에는 2주일 전에 예고하여 언제든지 반환할 수 있다(상법§163①·②). 임치인 또는 창고증권소지인은 임치기간에 관계없이 임치물의 반환을 청구할 수 있다(민법§698 단서).

2) 임치물 검사 등의 수인의무

창고업자는 임치인 또는 창고증권소지인의 청구가 있으면 영업시간 내에는 언제든지 창고에 보관하고 있는 임치물의 검사, 견품의 적취(見品摘取) 및 보존행위에 응할 의무를 부담한다(상법§161). 이 경우 창고업자는 임치인의 이러한 행위를 단순히 수인하는데 그치지 않고, 필요한 때에는 상당하다고 인정되는 범위 내에서 협력을 해야 할 의무를 부담하며, 이에 대한 별도의 보수를 청구하지 못한다.

3) 창고증권교부의무

임치인의 청구가 있으면 창고업자는 창고증권을 작성하여 교부하여야 한다.

4) 임치물의 하자통지의무

창고업자가 임치물의 인도를 받은 후 목적물의 훼손 또는 하자를 발견한 때나, 그 물건이 부패할 염려가 있는 때 또는 가격 저락의 상황을 안 때에는 지체 없이 임치인에게 그 통지를 발송하여야 하고, 그 지시를 받을 수 없거나 지연되는 때에는 임치인의 이익을 위하여 적당한 처분을 할 수 있다(상법§168, §108).

5) 손해배상책임

창고업자는 자기 또는 사용인이 임치물의 보관에 관하여 주의를 해태하지 아니하였음을 증명하지 않으면, 그 멸실 또는 훼손에 대한 손해배상책임을 면하지 못한다(상법§160). 이 책임의 내용은 물건운송인의 경우와 같다.

6) 임치물의 반환의무

창고업자는 임치인의 청구가 있는 때에는 언제든지 임치물을 반환하여야 한다(민법§698 단서, §699). 임치물에 대하여 창고증권이 발행된 경우에는 증권소지인의 청구가 있는 때에만 임치물을 반환할 의무가 있다(상법§157, §129).

2. 창고업자의 권리

1) 보수청구권

창고업자는 무상임치를 인수한 경우를 제외하고 임치물을 출고하는 때 또는 임치기간이 경과된 후에는 임치인에 대하여 상당한 보관료 기타 비용 및 체당금의 지급을 청구할 수 있다(상법§61, §162①).

2) 손해배상청구권

창고에 보관하는 임치물이 그 성질이나 하자로 창고업자에게 손해가 발생한 경우에는 임치인이나 창고증권소지인에 대하여 그 손해의 배상을 청구할 수 있다(민법§697).

3) 임치물 공탁·경매권

창고업자는 임치인 등이 임치물을 수령할 수 없거나 수령하지 않는 경우에 임치물에 대한 공탁권과 경매권을 가진다(상법§165, §67①·②).

4) 유치권

임치인이나 창고증권소지인에 대한 창고업자의 채권에 관하여 상법상 임치물에 대한 특별한 유치권이 인정되지 않는다. 따라서 창고업자는 임치물에 대하여 임치인이 상인인 경우에는 상인간의 유치권(상법§58), 그렇지 않은 경우에는 민법상의 유치권(민법§320)을 행사할 수 있다.

5) 권리의 소멸시효

임치인 또는 창고증권소지인에 대한 창고업자의 채권은 그 임치물을 출고한 날로부터 1년간 행사하지 아니하면 소멸시효가 완성된다(상법§167).

제4. 창고증권

1. 창고증권의 의의

창고증권이란 창고업자에 대한 임치물반환청구권을 표창한 유가증권으로서 임치인의 청구에 따라 창고업자가 발행하여 교부한다. 창고증권은 물건의 인도청구권을 표창하는 유가증권으로서 그 법적 성질이 화물상환증이나 선하증권과 유사하므로, 상법은 창고증권에 관하여 화물상환증에 관한 규정을 준용하고 있다(상법§158①).

창고증권에 관하여는 단권주의(單券主義)와 복권주의(復券主義) 및 병용주의(倂用主義)의 세 가지 입법례가 있다. 단권주의는 화물상환증과 같이 한 장의 창고증권에 의하여 임치물의 양도와 질권 설정을 모두 가능하게 하는 것으로서 미국, 독일, 스웨덴, 네덜란드 등의 국가들이 채택하고 있는 입법이다. 복권주의는 임치물의 양도를 위한 예증권(預證券)과 질권 설정을 위한 입질증권(入質證券)의 두 장의 증권을 한 짝으로 발행하도록 하는 입법으로 프랑스와 이탈리아, 벨기에 등이 채택하고 있다. 병용주의는 단권주의와 복권주의를 모두 인정하여 임치인이 이중 하나를 선택할 있도록 하는 입법으로 일본이 그 대표적인 예이다. 현행 상법은 단권주의에 의하고 있다.

2. 창고증권의 발행

창고업자는 임치인의 청구에 의하여 창고증권을 교부하여야 한다(상법§156①). 창고증권에는 임치물의 종류·품질·수량·포장의 종별, 개수와 기호, 임치인의 성명 또는 상호 및 영업소 또는 주소, 보관 장소, 보관료 보관기간을 정한 때에는 그 기간, 임치물을 보험에 붙인 때에는 보험금액과 보험기간 및 보험자의 성명 또는 상호·영업소 또는 주소, 창고증권의 작성지와 작성연월일을 기재하고 창고업자가 기명날인 또는 서명하여야 한다(상법§156②). 이 경우 임치물이 수개로 분할 할 수 있는 가분물(可分物)이고, 임치인이 임치물을 분할하여 양도하거나 입질하고자 하는 때에는 임치물을 수개로 분할하여 각 부분마다 별개의 창고증권의 발행을 청구할 수 있다(상법§158①). 이 때 임치물의 분할과 증권 발행 비용은 증권소지인이 부담한다(상법§158①②).

3. 창고증권의 양도

창고증권의 양도와 효력 등은 화물상환증의 경우와 같다. 즉 창고증권은 법률상 당연한 지시증권으로서, 창고증권이 기명식으로 발행되어 있는 경우에도 배서금지 문언(背書禁止文言)이 없는 한 배서에 의하여 양도할 수 있다. 창고증권의 배서에는 권리이전적 효력과 자격수여적 효력이 있다(상법§157, §130).

4. 창고증권의 분할 청구

창고증권이 발행된 임치물이 가분물인 경우에 이미 발행된 창고증권의 소지인은 창고업자에게 그 증권을 반환하고, 창고증권이 표창하는 임치물을 분할하여 각 부분에 대한 창고증권의 교부를 청구할 수 있다(상법§158①). 창고증권 소지인이 임치물을 분할하여 수인의 매수인에게 매도하거나, 또 일부는 입질하고 일부는 매도하는 등 시장의 상황에 따라 적절하게 대응할 수 있도록 하기 위한 것이다. 이 경우 임치물의 분할과 증권 교부의 비용은 증권소지인이 부담한다(상법§158①②).

5. 창고증권의 효력

창고증권의 법적 효력으로서 채권적 효력과 물권적 효력이 있음은 화물상환증의 경우와 같다(상법§157). 창고증권의 채권적 효력으로서 ① 창고업자와 증권소지인 간에 임치에 관한 사항은 원칙적으로 창고증권의 기재를 기준으로 하며, ② 증권소지인은 증권과 상환하여 임치물의 반환을 청구할 수 있다. 창고증권의 물권적 효력으로서 ③ 창고증권이 발행된 경우에는 그 증권만으로 임치물을 처분할 수 있고, ④ 임치인이나 증권소지인이 임치물을 받을 자에게 창고증권을 교부한 때에는 임치물의 인도와 동일한 효력이 있다.

6. 창고증권에 의한 입질과 일부 출고

창고증권소지인이 임치물을 입질(入質)하는 경우에는 화물상환증의 경우와 같이 채권자와 질권설정계약을 하고, 증권 자체를 채권자에게 교부하여야 한다(상법 §157, §133, 민법§330). 임치인이 창고증권을 입질한 경우에는 질권자에게 채권을 변제하기 전에는 창고증권을 반환 받지 않는 한 임치물의 반환을 청구할 수 없는 것이 원칙이나, 그 임치물의 일부 반환에 관하여 질권자의 승낙이 있으면 피담보채권의 변제기 전이라도 창고업자에 대하여 임치물의 일부 반환을 청구할 수 있다(상법§159 전단). 이 경우 창고업자는 반환한 임치물의 종류와 품질 및 수량을 창고증권에 기재하여야 한다(상법§159 후단).

제8절 금융리스업

제1. 금융리스의 개념

금융리스는 금융리스이용자가 선정한 기계, 시설, 그 밖의 재산(금융리스물건)을 제3의 공급자로부터 취득하거나 대여받아 금융리스이용자에게 이용하게 하는 것을 목적으로 하는 영업을 말한다(상법§168의2). 즉 금융리스는 기계·시설 기타 재산에 대한 시설대여계약의 인수를 목적으로 하는 물적 금융으로서 특정 물건을 취득하거나 대여 받아 리스이용자에게 일정한 기간 이상 이용하게 하고, 그 기간에 걸쳐 일정한 대가(리스료)를 지급받는 일종의 금융이다(여신전문금융업법§2).

금융리스는 그 이용 목적에 따라 운용리스와 구분된다. 금융리스는 리스이용자에게 리스물건의 구입자금을 대여하는 대신에 리스물건을 직접 구입하여 대여하는 것으로서, 형식적으로는 물건의 임대차이지만, 실질적으로는 시설자금의 대여이다. 따라서 금융리스는 리스기간이 내용연수와 같은 장기간이며, 계약의 해지가 제한되고, 리스물건의 관리책임과 위험부담은 리스이용자에게 있다. 이에 비하여 운용리스는 리스의 목적물 자체의 이용에 목적이 있으며 리스기간이 그 내용연수에 비하여 단기간이고, 리스물건의 관리책임도 일반적으로 리스회사가 부담한다. 상법은 이중 금융리스업을 상행위로 규정하고 있다.

제2. 금융리스계약의 구조

금융리스는 리스계약의 당사자로서 금융리스업자와 금융리스이용자가 있고, 금융리스업자와의 매매계약에 의하여 리스이용자에게 물건을 공급하는 공급자가 있다. 금융리스업자는 시설대여를 영업으로 하는 주식회사로서 납입자본금이 200억원 이상이어야 하고 금융위원회에 등록하여야 한다(여신전문금융업법§3②, §5).

금융리스이용자는 자신이 사용하고자 하는 기계·시설 등을 선정하여 공급자와 가격·인도시기 등에 관하여 실질적인 합의를 하고, 이를 토대로 금융리스업자에 리스를 신청한다. 금융리스이용자의 신청에 대해 금융리스업자는 승낙 여부를 결정하여 금융리스계약을 체결하고, 금융리스이용자가 합의한 대로 공급자와 매매계약을 체결하면서 목적물을 금융리스이용자에게 인도하게 하고 매매대금을 지급하며, 금융리스이용자는 그 대가로서 금융리스업자에게 약정 기간 동안 리스료를 지급한다.

이러한 금융리스는 단순한 물건 또는 시설의 대여가 아니라 실질적으로 시설자금의 대여로서의 성질을 갖는다. 금융금융리스업자는 금융리스이용자가 원하는 고가의 기계·기구 또는 산업시설을 구입하여 대여하고, 그 대가로 리스료를 받아 투자자금을 회수하는 반면, 금융리스이용자는 고가 장비의 구입에 따른 막대한 자금부담을 덜어주고 고가의 기계·기구 또는 산업시설을 비교적 저렴한 비용으로 용이하게 이용할 수 있는데 그 경제적 기능이 있다.

제3. 금융리스계약의 법적 성질

금융리스계약의 법적 성질에 관하여 금융리스계약은 리스목적물을 일정한 기간 동안 유상으로 사용시킬 목적으로 리스이용자에게 임대하는 특수한 임대차계약이라고 보는 설과, 금융리스계약은 민법상의 매매·임대차·소비대차 등의 요소가 혼합된 무명계약(無名契約)으로 보는 설, 금융리스계약은 금융리스업자가 리스이용자에 융자를 하고 그 담보로서 리스목적물의 소유권을 유보하는 계약으로서 임대차형식을 취한 특수한 소비대차로 보는 설 등이 있다.

이러한 학설 중에서 무명계약설이 다수설이며 판례이다. 그러나 금융리스는 임대차의 형식을 취하나 실질적으로는 금융이므로, 그 본질을 소비대차라고 보는 것이 타당하다.

> 시설대여(리스)는 시설대여 회사가 대여시설 이용자가 선정한 특정 물건을 새로이 취득하거
> 나 대여받아 그 물건에 대한 직접적인 유지·관리책임을 지지 아니하면서 대여시설 이용자에
> 게 일정기간 사용하게 하고 그 기간 종료 후에 물건의 처분에 관하여는 당사자 간의 약정으로
> 정하는 계약으로서, 형식에서는 임대차계약과 유사하나, 그 실질은 대여시설을 취득하는데
> 소요되는 자금에 관한 금융의 편의를 제공하는 것을 본질적인 내용으로 하는 물적 금융이고
> 임대차계약과는 여러 가지 다른 특질이 있기 때문에 이에 대하여는 민법의 임대차에 관한 규
> 정이 바로 적용되지 아니한다(대법원 1986. 8. 19. 선고 84다카503, 504 판결, 1994. 11. 8.
> 선고 94다23388 판결 등 참조).

제4. 금융리스계약의 법률관계

금융리스계약의 법률관계는 금융리스업자와 리스이용자의 관계, 금융리스업자
와 공급자의 관계, 금융리스이용자와 공급자의 관계로 나누어 볼 수 있다.

1. 금융리스업자와 리스이용자의 관계

1) 금융리스 목적물의 수령

금융리스이용자는 자신이 사용하고자 하는 리스물건을 선정하여 공급자와 실질
적인 합의를 하고, 이를 토대로 금융리스업자와 금융리스계약을 체결하고, 금융리
스업자는 리스이용자가 지정하는 리스목적물의 공급자와 매매계약을 체결한다. 이
때 금융리스업자는 금융리스이용자가 금융리스계약에서 정한 시기에 금융리스계
약에 적합한 금융리스물건을 수령할 수 있도록 하여야 한다(상법§168의3①).

2) 수령증의 발급

금융리스이용자가 공급자로부터 금융리스물건을 수령한 때에는 수령증을 발급
하여야 하며, 금융리스이용자가 수령증을 발급한 경우에는 금융리스계약 당사자

사이에 적합한 금융리스물건이 수령된 것으로 추정한다(상법§168의3③). 이 수령증의 발급에 의하여 금융리스이용자는 금융리스계약에서 정한 적합한 물건을 수령한 것으로 법률상 추정되므로, 목적물의 규격과 성능 등의 부적합 또는 불완전, 그 밖의 하자에 대하여 금융리스이용자의 반증이 없는 한 금융리스업자는 아무런 담보책임을 지지 아니한다.

3) 금융리스료의 지급

금융리스기간은 금융리스이용자가 금융리스물건을 수령한 때부터 개시된다. 금융리스이용자는 공급자로부터 금융리스물건을 수령함과 동시에 금융리스료를 지급하여야 한다(상법§168의3②). 금융리스료는 금융리스물건의 사용·수익에 대한 대가가 아니라 금융리스업자가 공급자에게 지급한 매매대금에 관한 금융의 대가이며, 그 지급방법은 당사자간의 약정이나 약관 등에 의한다. 리스료의 지급에 관하여 금융리스이용자는 약관 등에 의하여 금융리스업자에 대해 그 지급을 확보하기 위한 담보를 제공할 의무도 부담한다.

4) 금융리스물건에 대한 소유권의 귀속

금융리스이용자는 리스기간 동안 약정된 조건에 따라 목적물을 사용·수익할 권리를 가지며, 리스물건에 대한 소유권은 금융리스업자에게 귀속한다. 따라서 금융리스이용자는 리스기간 동안 약관에 의하여 리스물건에 금융리스업자가 소유자임을 명시하는 표시를 부착하여야 하며, 리스물건을 타인에게 양도하거나 타인으로 하여금 그 사용·수익을 하게 하지 못한다. 다만 리스기간이 종료되면 리스이용자는 약정에 따라 리스물건의 소유권을 취득할 수 있으나, 그러한 약정이 없으면 그 목적물을 금융리스업자에게 반환하여야 한다.

5) 금융리스물건의 유지·관리

금융리스물건의 소유권은 금융리스업자에게 있으므로 금융리스이용자는 리스기간 동안 선량한 관리자의 주의로 금융리스물건을 유지 및 관리하여야 하고(상법§168의3④), 리스물건의 정비·보수·손해보험 가입 등에 필요한 비용을 부담하여야 한다. 민법상 임대차에 있어서 목적물에 대한 수선의무는 임대인이 부담하나, 금융리스계약에 있어서는 금융리스이용자가 이 의무를 부담하는 것이다. 따라서 금융리스물건이 천재지변·전쟁 등 금융리스이용자에게 책임 없는 사유로 멸실 또는 훼손되더라도 그 손해는 금융리스이용자가 부담한다.

[판례] 대법원 2001. 6. 12. 선고 99다1949 판결

…금융리스에 있어서 리스료는 금융리스업자가 리스이용자에게 제공하는 취득자금의 금융편의에 대한 원금의 분할변제 및 이자·비용 등의 변제의 기능을 갖는 것은 물론이거니와 그 외에도 금융리스업자가 리스이용자에게 제공하는 이용상의 편익을 포함하여 거래관계 전체에 대한 대가로서의 의미를 지닌다. 따라서 리스료 채권은, 그 채권관계가 일시에 발생하여 확정되고 다만 그 변제방법만이 일정 기간마다의 분할변제로 정하여진 것에 불과하기 때문에(기본적 정기금채권에 기하여 발생하는 지분적 채권이 아니다) 3년의 단기 소멸시효가 적용되는 채권이라고 할 수 없고, 한편 매회분의 리스료가 각 시점별 취득원가분할액과 그 잔존액의 이자조로 계산된 금액과를 합한 금액으로 구성되어 있다 하더라도, 이는 리스료액의 산출을 위한 계산방법에 지나지 않는 것이므로 그 중 이자부분만이 따로 3년의 단기 소멸시효에 걸린다고 할 것도 아니다.

[판례] 대법원 2006.5.25. 선고 2005다19163 판결

지입계약에 있어서 지입된 중기 또는 차량은 대외적으로는 지입회사의 소유라고 보는 것이 당원의 확립된 견해인바(대법원 1985. 10. 8. 선고 85다카351 판결, 대법원 1987. 5. 26. 선고 86다카2677 판결, 대법원 1989. 7. 25. 선고 88다카17273 판결, 대법원 1995. 11. 10. 선고 95다34255 판결, 대법원 2000. 10. 13. 선고 2000다20069 판결 등 참조), 중기에 대한 시설대여계약 후 시설대여이용자가 시설대여회사의 승낙 아래 이를 지입회사에 지입하였다면, 따로 지입회사와 시설대여회사 사이에 시설대여계약상의 시설대여이용자 명의를 원래의 시설대여이용자에서 지입회사로 변경하기로 하는 등 지입회사가 시설대여이용자의 계약상 지위를 인수하였다고 볼 사정이 없는 이상 일반적인 지입계약과 달리 볼 이유가 없으므로, 그 대외적인 소유권자는 지입회사라고 할 것이다. 따라서 원심이 평화건기 주식회사가 중앙리스금융 주식회사로부터 시설대여를 받은 이 사건 천공기에 대하여 피고들의 과세처분 및 압류처분 당시의 소유자가 지입회사인 대건중기 주식회사라고 본 것은 정당하고, 거기에 상고이유에서 주장하는 바와 같은 법리오해의 잘못이 있다고 할 수 없다.

2. 금융리스업자와 공급자의 관계

금융리스업자는 리스이용자가 지정하는 목적물을 공급자로부터 구매하게 되므로 금융리스업자와 공급자는 통상적인 매매계약관계에 있다. 따라서 공급자는 매도인으로서 금융리스업자와의 매매계약에 따라 리스이용자에게 목적물제공의무와 그 목적물의 하자담보책임을 부담하는 반면, 금융리스업자에 대해서는 그 대금지급청구권을 가진다. 금융리스업자는 매수인으로서 리스이용자가 목적물을 인도받는 조건으로 공급자에게 리스목적물의 대금을 지급할 의무를 진다.

3. 금융리스이용자와 공급자의 관계

공급자는 금융리스업자와의 매매계약에 따라 금융리스이용자에게 목적물을 인도하여야 할 의무를 부담하므로, 금융리스이용자와 직접적인 법률관계는 없다. 그러나 금융리스이용자는 공급자로부터 목적물을 인도받고 금융리스업자에게 리스료를 지급하는 것이므로, 리스이용자는 실질적으로 매수인의 지위에 있으며, 금융리스물건의 공급자는 공급계약에서 정한 시기에 그 물건을 금융리스이용자에게 인도하여야 한다(상법§168의4①). 금융리스물건이 공급계약에서 정한 시기와 내용에 따라 공급되지 아니한 경우 금융리스이용자는 공급자에게 직접 손해배상을 청구하거나 공급계약의 내용에 적합한 금융리스물건의 인도를 청구할 수 있다(상법§168의4②). 금융리스이용자가 공급자에 대하여 이러한 권리를 행사하는 경우에 금융리스업자는 필요한 협력을 하여야 한다(상법§168의4③).

제5. 금융리스계약의 종료

금융리스계약은 존속기간의 만료 등에 의하여 종료된다. 금융리스계약의 존속기간이 만료된 경우에 리스이용자는 리스계약을 갱신하여 리스기간을 연장하거나 또는 리스물건을 저렴한 가격으로 매수할 수 있다.

금융리스이용자는 중대한 사정변경으로 인하여 금융리스물건을 계속 사용할 수 없는 경우에는 3개월 전에 예고하고 금융리스계약을 해지할 수 있다(상법§168의5③ 1문). 이 경우 금융리스이용자는 계약의 해지로 인하여 금융리스업자에게 발생한 손해를 배상하여야 한다(상법§168의5③ 2문).

금융리스업자도 금융리스이용자의 채무불이행 등에 대하여 금융리스계약을 해지할 수 있다. 금융리스이용자의 책임 있는 사유로 금융리스계약을 해지하는 경우에는 금융리스업자는 잔존 리스료 상당액의 일시 지급 또는 금융리스물건의 반환을 청구할 수 있다(상법§168의5①). 금융리스업자의 이 청구는 금융리스이용자에 대한 손해배상청구에 영향을 미치지 아니한다(상법§168의5②).

[판례] 대법원 1995.9.29. 선고 94다60219 판결

금융리스에 있어서 리스업자는 리스기간의 도중에 이용자로부터 리스물건의 반환을 받은 경우에는 그 원인이 이용자의 채무불이행에 있다고 하여도 특단의 사정이 없는 한 위 반환에 의하여 취득한 이익을 반환하거나 또는 리스채권의 지불에 충당하는 등으로 이를 청산할 필요가 있다 할 것인바, 이는 위 리스계약에 있어서 리스업자는 이용자의 채무불이행을 원인으로 하여 리스물건을 반환받을 때라도 리스기간 전부에 대한 리스료 채권을 상실하는 것이 아니기 때문에 위 리스료 채권을 지불받은 외에 리스물건의 중도반환에 의한 이익까지도 취득하는 것은 리스계약이 약정대로 존속하여 기간이 만료된 경우와 비교하여 과대한 이익을 취득하는 것이 되므로 형평의 원칙에 반하기 때문인데, 이 때 청산의 대상이 되는 것은 리스물건의 반환 시에 그 물건이 가지고 있던 가치와 본래의 리스기간의 만료 시에 있어서 가지는 리스물건의 잔존가치의 차액이라 함이 상당하다 할 것이다. 따라서 청산금액을 구체적으로 산정하기 위하여는 리스물건 반환 시와 리스기간의 만료 시에 있어서의 리스물건의 교환가치를 확정할 필요가 있는데, 통상 리스물건은 범용성이나 시장성이 없는 경우가 많고 교환가치의 확정이 곤란한 경우가 많으므로 리스업자는 리스계약에 사후 청산조항으로 이 사건 시설대여계약서 제21조 제3항과 같이 "물건처분대금에서 처분에 관련된 모든 비용을 공제한 잔액을…채무의 변제 충당할 것을…요구할 수 있다"는 조항을 두고 있는 것이므로, 위 조항에 있어서 '물건처분대금'이라 함은 특별한 사정이 없는 한 그 문언 그대로 리스업자가 리스물건을 처분하면서 취득한 대금이라고 해석하여야 할 것이다. 원심이 확정한 사실에 의하면, 원고가 그 반환을 청구하는 금원은 피고가 이 사건 리스물건을 처분하면서 받은 대금이 아니고,

소외 안정옥 등에게 이 사건 리스물건을 매매하는 과정에서 위 소외인들이 계약을 위약함으로 몰수한 계약보증금(이하 해약금이라 한다)임이 명백하므로, 위 해약금의 귀속 여부는 계약법의 일반원리에 따라 그 계약의 당사자인 피고에게 귀속된다고 봄이 상당하다 할 것인데(민법 제565조), 원심이 이와 다른 견해에서 민사소송법 제655조 제1항 제3호, 제648조 제5항의 규정을 유추적용하여 위 해약금을 이 사건 시설대여계약서 제21조 제3항 소정의 '물건처분대금'에 포함된 것으로 판단한 조치는 필경 리스계약에 관한 법리오해가 있다는 비판을 면할 수 없다 할 것이다.

제9절 가맹업

제1. 가맹업의 개념

가맹업(加盟業)은 상호 또는 상표 등의 영업표지를 가진 가맹업자(franchisor)가 가맹상(franchisee)에게 자기의 상호 등 영업표지를 사용하여 영업할 것을 허락하고, 가맹상은 가맹업자가 지정하는 품질기준이나 영업방식에 따라 영업을 하고 사용료를 지급하는 것을 내용으로 하는 상행위이다(상법§168의6).

가맹업은 가맹업자에게는 저렴한 비용과 노력으로 판매망을 용이하게 확충하고 경영위험을 극소화할 수 있도록 하며, 가맹상은 영업에 관한 특별한 경험이 없더라도 가맹업자의 경영지도를 받아 영업을 하고, 자기의 영업에 가맹업자의 명성과 신용을 이용할 수 있는 이점이 있다.

제2. 가맹계약의 법적 성질

가맹계약은 가맹업자가 가맹상에게 자신의 상호 또는 상표의 사용권을 부여함과 동시에 상품 또는 원료를 공급하고, 경영을 지도 또는 통제하는 것을 계약의 주요

요소로 하므로, 가맹계약은 명의대여와 매매 등 다양한 계약요소들이 유기적으로 결합되어 있는 복합적인 비전형 혼합계약이다.

제3. 가맹업의 특징

가맹계약은 가맹상의 가맹업자의 영업표지 사용, 가맹상의 독립적 지위, 가맹업자의 통제와 지원, 가맹상의 사용료 지급을 계약의 요소로 한다.

1. 영업표지의 사용 허락

가맹업자는 자신의 상호 또는 상표 등의 영업표지를 가맹상으로 하여금 사용할 것을 허락하여야 하며, 가맹상은 자기의 영업에 관하여 계약의 존속기간 동안 이러한 영업표지를 사용할 권리를 가진다. 상호 또는 상표 등의 영업표지라 함은 상호나 상표 외에도 가맹업자의 서비스표·로고·디자인·의장 등 가맹업자의 영업의 동일성을 표현하는 각종 표시를 포함하며, 그 사용방법도 간판이나 선전탑, 포장지 또는 제품 부착 등 통상적인 방법에 의한다.

2. 가맹상의 독립성

가맹상은 가맹업자로부터 독립된 상인이다. 가맹상은 자기의 명의와 계산으로 독자적으로 영업활동을 하며, 그 영업활동의 결과는 자기에게 귀속된다.

3. 가맹업자의 통제·지원

가맹업자는 가맹상에 대하여 그 영업활동에 대한 지휘 및 통제를 하며, 영업을 위하여 필요한 지원을 한다. 가맹업자는 가맹상에 대하여 자기가 제공하는 원료와 제조·가공방법에 의하여 상품을 생산·판매하게 하거나 서비스를 공급하도록 하고, 가격과 점포입지·점포시설·종업원의 복장·판매지역·각종 표지물 부착 등 영업활동에 관하여 지휘·통제를 하며, 영업 및 고객관리방법, 포장방법·종업원에 대한 교육 등 영업활동에 필요한 지원을 한다.

4. 사용료의 지급

가맹상은 가맹업자에 대하여 상호 등의 영업표지의 사용, 원료 및 제조방법의 제공, 경영지원 등에 대한 대가로서 사용료를 지급한다. 사용료는 가맹상이 가맹계약에 의하여 가맹업자에게 지급하는 것인 한, 개설비, 예치금, 이행보증금, 광고비 등 그 명칭과 지급형태를 가리지 않는다.

제4. 가맹계약의 법률관계

1. 가맹업자와 가맹상의 관계

가맹업자는 가맹상에 대하여 자기의 상호와 상표 등의 영업표지를 사용하도록 허락하여야 하며, 가맹상의 영업을 위하여 필요한 지원을 하여야 한다(상법§168의7①). 이 지원에는 개업준비행위 지원, 상품 등의 제조·가공 및 판매방법 전수, 직원들에 대한 연수교육의 실시 등 영업활동에 필요한 전반적인 사항을 포함한다.

또한 가맹업자는 다른 약정이 없으면 가맹상의 영업지역 내에서 동일 또는 유사한 업종의 영업을 하거나, 동일 또는 유사한 업종의 가맹계약을 체결할 수 없다(상법§168의7②). 가맹업자가 이 의무에 위반하여 가맹상에게 손해가 발생한 때에는 그 손해를 배상할 책임을 진다.

가맹상은 영업활동에 관하여 가맹업자의 상호 등의 사용과 지원 등에 대한 대가로서 약정된 금액(프랜차이즈료 또는 로열티)을 가맹업자에게 지급할 의무를 부담하며, 가맹업자의 영업에 관한 권리가 침해되지 아니하도록 하여야 한다(상법§168의8

①). 가맹상은 계약이 종료한 후에도 가맹계약과 관련하여 알게 된 가맹업자의 영업상의 비밀을 준수하여야 한다(상법§168의8②).

2. 가맹업자와 제3자(고객)의 관계

가맹업자와 가맹상은 독립한 상인이므로 가맹상과 거래하는 제3자와 가맹업자는 직접적인 법률관계가 없다. 따라서 가맹상의 채무나 손해에 대해서는 가맹업자는 아무런 책임을 부담하지 않는 것이 원칙이다.

그러나 가맹상은 가맹업자의 상호나 상표·로고 등의 영업표지를 사용하므로 외관상 가맹업자의 영업과 동일한 영업으로 오인하게 할 가능성이 있다. 가맹상이 가맹업자의 명칭이나 상호를 사용하고 있으므로 제3자가 가맹상의 영업을 가맹업자의 영업으로 중대한 과실 없이 오인한 때에는 가맹업자는 선의의 제3자에 대하여 상법 제24조의 명의대여자의 책임을 지게 된다. 또한 가맹상이 그 영업에 관하여 가맹업자의 대리인과 같은 외관이 있는 경우에는 가맹업자는 표현대리의 법리에 의하여 책임을 질 수도 있다.

3. 가맹상과 제3자의 관계

가맹상은 독립된 상인이므로 가맹상과 제3자의 관계는 그 영업에 관한 매매 기타 계약관계에 따라 정해진다. 따라서 가맹상이 상품이나 서비스의 제공 과정에서 채무불이행 또는 불법행위로 제3자에게 손해를 발생시킨 경우에는 가맹상은 계약의 당사자로서 당연히 민법 또는 상법에 의한 책임을 진다.

제5. 가맹계약의 종료

가맹업계약은 약정기간의 만료, 당사자의 해지, 가맹상 영업의 양도 등에 의하여 종료된다. 가맹업계약의 당사자는 가맹계약상 존속기간에 대한 약정의 유무와 관계없이 부득이한 사정이 있으면 상당한 기간을 정하여 예고한 후 가맹계약을 해지할 수 있다(상법§168의10). 가맹계약은 가맹상이 가맹계약의 목적인 영업을 양도하는 경우에도 종료된다. 다만 가맹상이 그 영업을 양도하는 경우에는 가맹업자의 동의를 받아야 한다(상법§168의9①). 이 경우 가맹업자는 특별한 사유가 없으면 그 영업양도에 동의를 하여야 한다(상법§168의9②).

제10절 채권매입업

제1. 채권매입업의 개념

채권매입업(債權買入業, factoring)은 채권매입업자가 거래기업(client)이 물건·유가증권의 판매, 용역의 제공 등에 의하여 취득하였거나 취득할 영업상의 채권(영업채권)을 매입하여 그 채무자(customer)로부터 추심·회수하는 것을 목적으로 하는 영업을 말한다(상법§168의11). 채권매입업은 채권매입업자가 거래기업의 외상매출채권을 인수하여 관리·회수하고 거래기업에 대하여 경영정보 등 각종 서비스를 제공함과 동시에 금융을 제공하는 금융제도이며, 외상매출채권의 추심에 이용되는 어음에 갈음하는 새로운 신용제도라 할 수 있다.

제2. 채권매입업의 종류와 경제적 기능

채권매입업은 채권회수의 가능성이 없는 경우에 그 위험을 누가 부담하는가에 따라 진정(眞正)채권매입업과 부진정(不眞正)채권매입업으로 구분된다. 진정 채권매입업은 채권회수불능의 위험을 채권매입업자가 부담하고 채권을 회수하지 못하는 경우에 거래기업에 대하여 상환청구권을 가지지 않는 것이다. 부진정 채권매입업은 채권회수불능의 위험을 거래기업이 부담하며, 채권회수불능 때 거래기업은 채권매입업자에게 상환의무를 부담한다.

또 채권매입업자가 영업채권을 매입한 후 그 변제기 전에 거래기업에게 그 대가를 선지급하는가 그렇지 않은가에 따라 선급(先給) 채권매입업과 만기(滿期) 채권매입업으로 나누어진다. 이 밖에 채무자의 업종에 따라 도매채권매입업과 소매채권매입업, 거래지역이 국내인가 국외인가에 따라 국내채권매입업과 국제채권매입업으로 구분되기도 한다.

채권매입업은 거래기업이 그 영업상의 채권을 일괄하여 채권매입업자에게 양도하고 채권매입업자가 채권의 관리와 회수, 채무자의 신용조사를 담당하므로 채무자의 지급능력을 담보하는 기능을 한다. 거래기업은 영업채권의 관리와 회수에 따른 위험부담을 덜게 되는 것은 물론, 그 양도채권액에 따라 선급 금융을 받을 수 있어 적기에 영업자금을 확보할 수 있는 경제적 이점이 있다.

제3. 채권매입계약의 법적 성질

채권매입계약은 채권매입업자가 거래기업으로부터 그 영업채권을 포괄적으로 양도받아 그 관리와 회수, 금융 등의 업무를 취급하므로 그 법적 성질에 관하여 채권매입업의 금융기능을 중시하여 소비대차라고 하는 설, 소비대차의 담보를 위한 외상매출채권의 양도라는 설, 진정채권매입계약을 채권의 매매로 보면서 부진정채권매입에 대해서는 소비대차라는 설 등이 있다.

거래기업의 상환의무가 없는 진정채권매입은 채권매입업자가 자신의 위험부담으로 영업채권을 인수하는 것이므로 채권의 매매라고 하겠으나, 부진정 채권매입은 채권회수의 가능성이 없을 때 거래기업이 상환의무를 부담하므로 양도채권을 담보로 하는 소비대차라고 보는 것이 타당하다. 다수설이다.

제4. 채권매입계약의 법률관계

1. 채권매입업자와 거래기업의 관계

채권매입업자가 거래기업으로부터 양도받는 채권은 현존 채권뿐만 아니라 장래의 영업채권도 포함한다. 영업채권을 양도하는 방법은 당사자 간의 약정에 따르는데, 일반적으로 영업채권이 발생할 때마다 거래기업이 개별적으로 채권을 양도하는 경우와, 채권매입계약의 이행으로서 영업채권이 발생될 때마다 자동으로 포괄양도되는 경우가 있다.

채권매입업자는 거래기업으로부터 양도받은 영업채권을 변제기에 추심하게 되므로 채권양도 시에 채권양도의 대항요건을 갖추어야 한다. 따라서 양도되는 채권이 지명채권인 때에는 민법 제450조에 의하여 채무자에게 채권양도의 통지를 하거나 그 승낙을 받아야 하며, 양도의 대상인 채권이 어음채권인 때에는 배서·교부를 하는 등 채권양도의 성립 및 대항요건을 갖추어야 한다.

선급 채권매입에 있어서는 채권매입업자는 일반적으로 거래기업에 대하여 매출채권을 담보로 금융을 제공하는데, 채무자가 채무를 이행하지 아니하는 경우 채권매입업자는, 채권매입계약에서 다르게 정한 경우를 제외하고는, 거래기업에 대하여 그 영업채권액의 상환을 청구할 수 있다(상법§168의12). 이 경우 담보가 있는 때에는 그 담보의 실행도 가능하다.

2. 채권매입업자와 채무자의 관계

채권매입업자가 거래기업으로부터 양도받은 영업채권에 관하여 채무자에게 자신의 명의로 추심할 수 있고 자기의 책임아래 관리·처분할 수 있다. 이 경우 채무자는 본래의 채권자인 거래기업에 대해 항변사유를 가지고 있는 때에는 채권매입업자가 대항요건을 갖추기 전에는 항변을 제출할 수 있으나, 대항요건을 갖춘 때에는 특히 이의가 보류된 경우를 제외하고는 항변을 제출할 수 없다. 채무자가 거래기업에 대해 반대채권을 가지고 있는 경우에도 같다.

3. 거래기업과 채무자의 관계

거래기업과 채무자 간에는 채권매입업자에게 양도되는 채권의 발생원인인 매매 기타 통상적인 거래관계에 있으므로 양자 간의 관계는 그 계약관계에 의한다. 거래기업이 채무자에 대하여 채권을 채권매입업자에게 양도하지 않기로 약정을 한 경우에 그 채권을 채권매입업자에게 양도할 수 있는가에 대하여, 채권양도는 당사자의 일방적인 통지에 의해서도 그 대항요건을 갖추게 되므로, 채권양도의 효력에는 영향이 없다고 본다. 다만 이 때 거래기업은 채무자와의 계약을 위반하였으므로 계약위반에 따른 책임은 진다고 할 것이다.

찾아보기

| 정쾌영 |

신라대학교 법경찰학부 교수

[저서 및 논문]
상법 하 (21세기사)
상법원론(교서관)
전자거래법(21세기사)
이사의 제3자에 대한 책임
독일 주주포럼제도의 도입에 관한 연구
책임보험계약의 법리
전자선하증권의 도입에 관한 연구
사외이사제도의 개선방향
실권된 주식·전환사채의 제3자 배정에 관한 문제점
내부통제제도에 관한 고찰 외 다수
중국 외상투자기업의 종류와 특성
중국 회사법상 주식유한회사의 지배구조

상법총칙·상행위법

1판 1쇄 발행 2015년 03월 02일
1판 2쇄 발행 2021년 03월 15일
저   자 정쾌영
발 행 인 이범만
발 행 처 **21세기사** (제406-00015호)
        경기도 파주시 산남로 72-16 (10882)
        Tel. 031-942-7861   Fax. 031-942-7864
        E-mail : 21cbook@naver.com
        Home-page : www.21cbook.co.kr
        ISBN 978-89-8468-567-3

        정가 15,000원